POR QUE O BRASIL É UM PAÍS ATRASADO?

© 2022 por Luiz Philippe de Orleans e Bragança
Todos os direitos desta publicação são reservados por Maquinaria Editorial.

Nenhuma parte desta obra poderá ser reproduzida, copiada, transcrita ou transmitida por meios eletrônicos ou gravações, assim como traduzida, sem a permissão, por escrito, do autor. (Lei nº 9.610/98)

Editores
Kaíke Nanne e Guther Faggion

Preparação e edição de texto
Carlos Fernandes

Diagramação
Bruno Menezes

Revisão
João Rodrigues Ferreira

Capa
Leandro Rodrigues

Projeto Gráfico
Jonatas Belan

4ª Edição – Janeiro de 2022

DADOS INTERNACIONAIS DE CATALOGAÇÃO NA PUBLICAÇÃO (CIP)
Angelica Ilacqua CRB-8/7057

Bragança, Luiz Philippe de Orleans e
Por que o Brasil é um país atrasado: o que fazer para entrarmos de vez no século XXI/ Luiz Philippe de Orleans e Bragança. – 4. ed. - São Paulo : Maquinaria Sankto Editorial e Distribuidora, LTDA, 2022.
288p.

Bibliografia.

ISBN 978-65-88370-58-2

1. Brasil - Política e governo 2. Economia – Brasil 3. História – Brasil 4. Liberalismo I. Título

CDD: 320.981

ÍNDICE PARA CATÁLOGO SISTEMÁTICO:
1. Brasil - Política e governo

R. Leonardo Nunes, 194 - Vila da Saúde, São Paulo – SP – CEP: 04039-010
www.mqnr.com.br

LUIZ PHILIPPE DE ORLEANS E BRAGANÇA

POR QUE O BRASIL É UM PAÍS ATRASADO?

4ª edição

maquinaria
EDITORIAL

SUMÁRIO

Um autor essencial para entender o país 9

Introdução 11
1. Estado ou governo? 17
2. Uma sociedade (des)organizada 25
3. Constituição, essa desconhecida 35
4. Estado grande, povo amarrado 53
5. Neossocialismo (ou oligarquismo) 77
6. Problema de raiz 101
7. O mito da ideologia igualitária 117
8. Sucessão de oligarquias 133
9. Várias oportunidades e poucos capazes de aproveitá-las 165
10. Karl Marx e a psiquê do brasileiro 179
11. Democracia é o objetivo? 197
12. Optamos pelo pior 219
13. Conscientização coletiva 237

Conclusão – A Nossa Missão 261
O retrocesso constitucional do Brasil no século 20 273
A ditadura pelas minorias 277
O início do fim da era progressista no Brasil 281
Bibliografia 285

Dedico esta obra aos meus eternos avós

Luiz e Maria do Carmo de Moraes Barros,

e a vida e os valores que eles me transmitiram.

UM AUTOR ESSENCIAL PARA ENTENDER O PAÍS

Por que o Brasil não é de primeiro mundo, com todo o potencial que tem? Por que acumulamos problemas após problemas, sem resolvê-los à medida que aparecem? Em que ponto da nossa história escolhemos a trilha errada? E por qual caminho precisamos retornar?

Luiz Phillipe de Orleans e Bragança, descendente direto de nossos antigos monarcas, tem uma visão abrangente e especial, usando o passado e as experiências paralelas para demonstrar como e onde temos falhado na construção da nossa história mais recente – e o faz com a agudeza de um crítico, a energia de um acadêmico e o rigor de um cientista político.

A obra nasce em um momento de mudança em nossa trajetória, após um dos momentos mais delicados e instáveis da história brasileira. Dizer que o Brasil é um país atrasado é lugar-comum. E há muitas respostas prontas, segundo o autor. Por esta razão, ele se propõe a oferecer elementos para que o leitor não seja compelido a reproduzir o que é de fácil compreensão, mas que quase sempre não corresponde à realidade.

Ele se insurge ao defender, com coragem, o melhor caminho para tirar o Brasil do atraso em que se encontra. E vai além, denunciando que todos os governos brasileiros, nos últimos cem anos, se tornaram donos das leis, centralizaram poder e reforçaram seus interesses acima dos interesses dos brasileiros.

Chegamos ao momento atual em que fica óbvio que nossos governantes não nos protegem. Nem sequer nos representam; eles nos espoliam. Não temos mais o *noblesse oblige,* ou seja, a obrigação dos nobres. Nossos governantes gastam mais fortunas hoje do que aquelas consumidas pelos castelos reais de outrora. Preferem arrecadar 40% em impostos a doarem 2% diretamente a entidades beneficentes honestas e eficientes.

Vale a pena conhecer toda uma forma de pensar que perdemos ao longo do caminho. E fico feliz porque meu amigo Luiz se dispôs a colocar tudo numa forma acessível. A contribuição de *Por que o Brasil é um país atrasado?* é, portanto, inestimável ao debate que sempre evitamos.

Stephen Kanitz

INTRODUÇÃO

A partir de 2013, o país viu despertar uma força política adormecida havia muito tempo: a da sociedade brasileira. Desde então, ficou patente que o Estado brasileiro é inadequado para atender aos anseios daquela nova força. Em função direta dessa participação popular aumentada, dos escândalos de corrupção que o sistema permitiu e de um estabelecimento burocrático avesso a mudanças, o país vive um período de alta instabilidade política.

Ao aumento dos escândalos de corrupção e o início da Operação Lava Jato, em 2014, somaram-se o avanço do desemprego e a recessão econômica. Assim, os poderes públicos ficaram abalados. Em paralelo a esses fatores, o esgotamento das narrativas progressistas e socialistas defendidas pela mídia, pelas universidades e por décadas de representantes políticos responsáveis pelos escândalos e pela crise deram moralidade e profundidade à massa popular contrária ao estado de coisas. A canalização desses diversos fatores para promover um impeachment e a subsequente troca de presidente, bem como uma eleição colocando novos representantes políticos com viés conservador nos Poderes Executivo e Legislativo em todo o Brasil, apontam para um cenário de renovação na realidade política nacional – porém, com provável instabilidade. Meu propósito é apresentar subsídios para discussões propositivas e sugerir uma linha esquematizada de raciocínio. Esses instrumentos poderão ser úteis a todos os brasileiros que, desde o começo das manifestações anticorrupção espalhadas pelas grandes cidades brasileiras em junho de 2013, vêm se perguntando como direcionar o anseio popular por mudanças perenes e o renovado interesse do povo na política em ganhos substanciais.

Este livro é uma tentativa de consolidar discussões com os mais variados grupos de ativistas, burocratas, empresários e políticos eleitos por diversos partidos para estimular brasileiros a criarem seus próprios grupos de debate. Acredito que o Brasil poderá usar a energia por renovação que se faz presente em todos esses grupos para, de fato, superar limitações e entraves históricos ao desenvolvimento.

O primeiro passo nesse sentido é preencher uma lacuna de conhecimentos básicos a respeito de conceitos da ciência política e revisar o significado de termos e chavões que vêm sendo usados acriticamente, apenas porque sempre o foram. E aqui, certamente, os críticos de matizes variados se encarregarão de sentenciar que é demasiadamente pretensioso querer transmitir conceitos de ciência política ao público numa obra de leitura rápida. Porém, minha crença é de que, sim, é possível. Mais que isso – é necessário.

Este livro é destinado a todos os brasileiros que se questionam por que, a essa altura, nosso país ainda é atrasado. Essa pergunta, embora muito pertinente, não tem uma única resposta. O atraso que nos deixa tão indignados é motivado por um conjunto de decisões míopes – e, portanto, equivocadas – da elite política. A cada capítulo, busco apresentar uma resposta à pergunta-título. Cada tentativa de resposta suscitará novos questionamentos por parte do leitor; e alguns deles desafiarão o senso comum.

Há muitas respostas prontas, por certo; e as pessoas tendem a aceitar e reproduzir aquilo que é mais fácil de compreender – o que é próximo, tangível e compartilhado por outros ao redor. É um comportamento perceptível. Todos nós resgatamos uma série de mitos, ditos populares, jargões, frases feitas e preconceitos para construir nossas crenças. Aos poucos, tais preconceitos se cristalizam em verdades comungadas por todos e nos levam a responder questões complexas com frases simples e recheadas de clichês.

A maioria dos brasileiros compartilha ditados populares para explicar por que nos desenvolvemos aquém de nossas capacidades. A cultura, a ética, o idioma, o jeitinho, a história colonial, a geografia, a religião e o coronelismo, entre outros fatores, seriam responsáveis pela nossa condição de país em permanente estado medíocre de desenvolvimento. Afirmar que a causa das limitações nacionais é esse conjunto de fatores "culturais" é, no mínimo, reducionista.

Na ciência política, esses ditados populares raramente são utilizados para analisar causa e consequência. Eles não sobrevivem à observação científica. São simplesmente excluídos da análise, pois poucos são replicáveis em um outro contexto de maneira clara e distinta. Invariavelmente, essas crenças populares têm exceções que facilmente destroem suas premissas. Há poucas variáveis que, uma vez testadas repetidamente, tornam-se leis científicas aplicáveis em qualquer situação, gerando o mesmo resultado a cada iteração.

Infelizmente, há cientistas políticos, historiadores, filósofos e sociólogos que não trabalham dessa maneira. São os que descartam a observação, a repetição e a comprovação científica. Eles desvinculam a ciência da política e terminam por fazer somente política. Esses estudiosos trabalham com o imaginário das pessoas, na intuição sensorial e estética. Políticos disfarçados de cientistas, eles poluem e contaminam milhões de mentes com falsas verdades, estatísticas maquiadas, temas não observáveis, deturpações de fatos históricos, destruição de evidências e tentativas de criação de mitos e narrativas novas para se validarem como representantes "do povo." Eles almejam a construção de uma visão confortável, de fácil digestão pelas massas, e querem conquistar controle e poder. São agentes que se utilizam de linguagem camaleônica para obter uma perfeita aceitação nos segmentos que desejam convencer e controlar. Esses são os políticos dentre os cientistas. Atualmente, eles são a maioria no Brasil.

Nesta obra curta, didática e com esperança de ser objetiva, proponho um caminho deliberadamente oposto ao que vem sendo seguido pela maioria dos cientistas políticos que enxergam a realidade brasileira através de uma lente desfocada pela ideologia.

Na análise que segue, o leitor precisa estar preparado para se desvincular da poluição sensorial criada por esses políticos do imaginário. Você terá que se imbuir de seu espírito científico e aceitar a causalidade como regra, o que frequentemente implica em negar convenções e, mesmo, emoções. A pergunta "O que causa o quê?" deve estar sempre presente para validar qualquer novo fato ou argumento que pretenda ser verdadeiro.

Nossa jornada para entender por que o Brasil ainda não é um país desenvolvido inicia-se com a constatação de que nossas escolhas históricas de sistema de governo e de sistemas econômicos nos colocaram na classificação atual de país em perpétuo e vacilante desenvolvimento.

Essa resposta é mais simples e óbvia do que se poderia esperar, mas requer uma mente livre, capaz de compreender e de aceitar as causas e as consequências com clareza científica. Esses fatores, mais do que qualquer mito popular ou argumento cultural ou sociológico, são os que causam o resultado observado, e é a partir de sua alteração que podemos resolver a questão inicial. No entanto, para que você possa aceitar e compreender a simplicidade dessa resposta, é necessário navegar pela lógica e pela análise do que nos leva a tal conclusão.

Veremos que a nossa inquietude advém de falsas premissas. A maioria dos brasileiros acredita viver em uma democracia. Um grupo menor de cidadãos acredita que o Brasil seja uma república. Muitos de nós acreditamos ainda que a nação brasileira tenha uma organização política de estados federativos autônomos e que nosso sistema econômico seja capitalista, ou uma variante do capitalismo. Desse conjunto de premissas nasce a percepção de que temos um modelo institucional aparentemente comparável àqueles de países desenvolvidos; e tal percepção falsa é o que alimenta a eterna dúvida do porquê ainda não conquistamos a prosperidade.

Sociólogos, antropólogos, historiadores, professores, cientistas políticos, jornalistas e, sobretudo, os políticos brasileiros tendem a reforçar a ideia de que há limitações culturais e sociológicas que respondem o que há de errado na nossa política e na economia. Segundo eles, a eterna conclusão é a necessidade de "alterar a cultura" e melhorar a *matéria-prima* humana da nação para consertar o erro no nosso modelo político-econômico.

Depois de décadas ouvindo esse mantra, a insegurança de ser brasileiro se tornou onipresente e a baixa autoestima coletiva fincou raiz. A mensagem de que "tudo é culpa da cultura e da sociedade" é replicada pela mídia, pela classe política, pelas igrejas, escolas, universidades – e nos leva a crer em um conjunto de valores que determinam uma visão pobre e vulnerável de nós mesmos. Passamos a acreditar que somos um povo que precisa ser guiado, liderado, mandado – e que devemos alterar nossa natureza, de maneira a nos tornar mais adequados ao futuro que queremos.

Se tal diagnóstico do brasileiro fosse um fato verificável, talvez esse "argumento cultural" pudesse ser validado. Contudo, algo não se encaixa. Intuitivamente, o brasileiro sabe que não é inferior aos demais povos que compõem nossa humanidade. Também percebe que povos que estão em situação socioeconômica delicada não são "piores" do que aqueles que vivem em condições mais favoráveis.

Por isso, quando nos comparamos a outros países, sentimos uma certa inquietude. Ao percebermos que outros povos e outras nações que se organizam de maneira semelhante à nossa obtêm resultados melhores, ficamos desconcertados. Quando nos deparamos com países politicamente estáveis e economicamente prósperos, que lideram inovações, têm uma classe média consumidora pujante e contribuem para a humanidade de maneira desproporcional à nossa, nos perguntamos: "Por que eles e não nós?".

Neste livro, proponho respostas definitivas para a pergunta primordial que aflige a tantas gerações de brasileiros. A linha mestra desta obra está contida na seguinte máxima: "Quem não sabe o que é, não sabe o que quer. E, quem não sabe o que quer, não chega a lugar algum". Assim, permita-me o leitor uma obviedade: temos que começar do início. Precisamos analisar a definição que escolhemos como povo organizado e validar se de fato somos do jeito que nos definimos.

Para melhor compreensão do que somos, verificaremos as formas de organizações políticas e econômicas. Nas diferenças que encontramos entre os conjuntos de sistemas mora a compreensão do modelo brasileiro. Para podermos avançar como sociedade, como pátria e nação organizada, é necessário primeiro nos definirmos. Ou, melhor, nos redefinirmos. Só assim saberemos que caminhos precisamos percorrer para extrair o melhor de nós mesmos e de nosso rico país.

Ao redefinir quem somos, construiremos a ideia de Brasil que desejamos. Isso ajudará a solucionar várias de nossas aflições presentes e desafios futuros. Vamos começar agora a jornada para responder à pergunta-título deste livro: *Por que o Brasil é um país atrasado?* Uma resposta por vez.

CAPÍTULO I

ESTADO OU GOVERNO?

Por que misturamos conceitos tão diferentes – e o prejuízo que isso nos acarreta

Uma sociedade não consegue ingressar com fundamentos sólidos na rota do desenvolvimento caso não entenda a distinção entre governo e Estado. Habitualmente, o brasileiro médio confunde as coisas. "Estou feliz porque meu filho foi aprovado no vestibular de uma faculdade do governo"; "O governo tem um Ministério Público muito eficiente"; ou "A aposentadoria do governo é uma miséria" são comentários que ilustram essa confusão.

Ora, as universidades públicas são instituições de Estado, bem como o Ministério Público e a Previdência Social. Claro, há uma gestão dos organismos de Estado exercida pelo governo que, por um período determinado, ocupa essa gestão. Mas, enquanto o governo gerencia a coisa pública e é temporário, o Estado está acima dele – e é permanente.

Entre governo e Estado há ainda outro componente da máquina pública: a burocracia. Forma-se então uma espécie de trindade, a qual faz um país avançar ou permanecer no atraso. Convém distinguir o que é cada componente e seu papel nessa trindade. Antes, porém, de discorrer sobre a ação de cada uma dessas forças, permita-me o leitor começar definindo cada conceito.

O termo "Estado" data do século XIII e designa o conjunto de instituições que controlam e administram uma nação. Há muitas teorias sobre a formação do Estado, assim como há vários modelos distintos dessa instituição. Todavia, o Estado como o conhecemos, moderno e ocidental, começa a ganhar forma no fim da Idade Média. Na época, o poder, anteriormente fragmentado entre diversos nobres, duques ou senhores governadores de terras, voltou a se concentrar nas mãos dos reis.

Antes dessa reconcentração, a Europa não tinha Estados ou nações. Os duques não tinham tanto poder de legislar, uma vez que a legislatura da Igreja, centralizada em Roma, detinha mais conhecimento e uma burocracia própria e bem distribuída em vários ducados. Isso permitia que a Igreja exercesse muito mais controle legislativo do que esses governadores locais. Tanto o clero quanto a aristocracia local detinham o controle dos meios de repressão, compartilhados com os duques.

No conceito que se tornou clássico no Ocidente, desenvolvido pelo jurista e economista alemão Max Weber (*1864 – †1920), um dos criadores da Sociologia, Estado é a instituição que concentra uma sociedade, dentro de um território específico (pátria), e detém os poderes de legislar e reprimir.

O modelo de Estado como o conhecemos necessita ainda que haja um sistema unificado de coleta de impostos e um conjunto de crenças entre os cidadãos – como a de que alguns valores fundamentais os unem, bem como a noção de que existe uma história ou características comuns que os assemelha a seus concidadãos e os separa dos demais. Estado, no caso, se refere a todos os agentes políticos, às instituições públicas, aos seus princípios e leis de regimento sintetizados, na maioria dos casos, em uma Constituição; ele inclui o governo e a burocracia que regem um povo num determinado território.

Tudo isso começou a se estabelecer na Europa com a dinastia dos Tudors, na Inglaterra; com os Habsburgos, na Espanha; e com os Bourbons, na França. Esses foram os governantes que conseguiram estabelecer um controle político, econômico e judicial centralizado acima do poder dos vários duques, além de definirem fronteiras delimitadas. Eles conseguiram, ainda, reduzir o poder de outras instituições, como a Igreja, e de grupos como a nobreza. Posteriormente, com o enfraquecimento do absolutismo – a noção de que o poder do rei seria absoluto, de que ele próprio seria o Estado –, surgiu outro braço fundamental do Estado moderno: a burocracia.

O que é burocracia? O termo remete àquelas chateações sem fim a que somos submetidos em repartições públicas, cartórios e escritórios de despachantes. Porém, burocracia é algo que vai muito além das formalidades com papéis, assinaturas e carimbos. Popularmente, quando falamos em burocracia é sempre como sinônimo de coisas que não funcionam ou, quando muito, funcionam mal. O termo é usado para sinalizar que o Estado ou o governo está atrapalhando a vida do cidadão. Em Sociologia, no entanto, a criação da burocracia é um acontecimento importantíssimo. Ela é a estrutura organizativa caracterizada por regras e procedimentos explícitos e regularizados, por uma divisão de responsabilidades e especialização do trabalho, hierarquia e relações impessoais. Em suma, é a instância que aplica as regras estabelecidas pelo Estado de acordo com sua Constituição.

A burocracia é constituída de técnicos que administram as diversas áreas do Estado. Esses técnicos, na maioria dos casos, não são eleitos – em alguns cargos, são nomeados pelo governo para dirigir áreas-chave para implementação de projetos do governo. Os técnicos de carreira profissional não têm mandato e podem perdurar por vários governos. No entanto, como veremos mais adiante, a burocracia pode exercer um poder igual ou maior que o do governo. Por isso que diversos países optam por uma constituição que dá poderes ao governo de limitar o poder da burocracia, e vice-versa. É um jogo de forças essencial ao equilíbrio de forças públicas que agem dentro do Estado.

Tudors, Habsburgos e Bourbons ajudaram a estabelecer os Estados europeus como os conhecemos hoje, mas você pode ter certeza de que, na era do absolutismo, eles eram avessos à ideia de ter governos de pessoas desassociadas das famílias fundadoras.

Hoje em dia, o termo "governo" se refere ao agente político eleito para administrar as instituições do Estado durante determinado período. Observe que governo é transitório, ao passo que Estado é atemporal. Governos podem afetar a maneira como o Estado se organiza. Eles podem, até mesmo, mudar completamente a visão e certas regras fundamentais do Estado. Este, por sua parte, limita os poderes dos governos assim como determina que tipos podem surgir para sua regência.

Enquanto Estado é uma estrutura mais ou menos permanente – e vale lembrar que o "mais ou menos" é porque nada na história é imutável –, definida pelo conjunto de instituições públicas que representam e organizam a população habitante de seu território, governo é uma composição transitória que o administra. Escolas, hospitais, prisões, Exército e polícia, por exemplo, são instituições de Estado gerenciados pelo governo em exercício naquele período.

> **ENQUANTO ESTADO É UMA ESTRUTURA MAIS OU MENOS PERMANENTE, DEFINIDA PELO CONJUNTO DE INSTITUIÇÕES PÚBLICAS QUE REPRESENTAM E ORGANIZAM A POPULAÇÃO QUE HABITA O SEU TERRITÓRIO, GOVERNO É UMA COMPOSIÇÃO TRANSITÓRIA, HOJE EM DIA ELEITA, QUE O ADMINISTRA.**

Governos são impermanentes, e num país com sistemas democráticos de eleições frequentes, são especialmente transitórios. No Brasil, podem durar apenas quatro anos – às vezes, até menos, a depender do comportamento dos políticos e do anseio popular. Durante a sua vida, você poderá testemunhar governos com propostas completamente diferentes, mas, a priori, o Estado não deveria sofrer muitas alterações.

Para simplificar, governo é aquilo que elegemos a cada quatro anos, que às vezes muda de slogan e de lado. Já Estado é o aparato permanente que esses governos administram. É importante distinguir isso porque há países com estruturas de Estado que separam nitidamente o que é Estado e o que é governo, que o povo sabe distinguir – e cobrar de acordo.

No entanto, em países presidencialistas como o Brasil, a distinção entre Estado e governo não é clara. Acrescente a isso o fato de que a maioria dos presidentes de países presidencialistas tem todo o interesse de se perpetuar no poder ou de perpetuar suas políticas de governo além de seus mandatos. Para tal objetivo trabalham para tornar uma política temporária de governo em uma política permanente de Estado.

A estrutura de Estado e os poderes que auferem aos governos e à burocracia são a chave para a estabilidade e o sucesso político de uma nação. Muito poder aos governos e à burocracia torna a sociedade sujeita a ser escrava do Estado e minguar na mediocridade. Pouco poder para o governo e para a burocracia, por sua vez, restringe de ações que possam proteger a sociedade em questões de soberania, por exemplo.

Como, em geral, todo governo quer mais poder e controle da coisa pública, ele não gosta de limitações impostas por outras instituições constituídas como independentes na estrutura do Estado. Poucos são os momentos na história do Ocidente em que governos se demoveram de poder ou reforçaram a independência de outras instituições de Estado que o governo não controlava.

Invariavelmente, isso ocorreu somente em casos de formação de uma nova nação ao se libertar de um governo tirânico, ou em casos de independência de domínio externo – ou de ambos. Raramente ocorreu de um governo reduzir seu próprio poder voluntariamente e limitar seu campo de atuação em benefício das demais instituições permanentes do Estado ou da democracia sem que houvesse intensa pressão política popular ou mesmo uma revolução.

Tanto a burocracia quanto o governo sofrem influências da sociedade organizada. Em um Estado moderno, os canais de influência e comunicação com o povo são diretos e abundantes. Já em um Estado totalitário, esses canais não existem ou foram extintos. Considerando essa dinâmica simples, vamos começar a entender as forças que definem os governos e seus efeitos nos estados sob o qual operam. Uma vez definidas essas forças, podemos analisar com precisão o nosso país hoje e a sua história.

Alguns grandes pensadores, como Max Weber e o economista austríaco Ludwig von Mises (*1881 – †1973), enxergam na burocracia uma força efetiva no comando da nação que pode influenciar o governo e até mesmo a sociedade. Às vezes, a burocracia pode tornar-se uma força sem limites.

Um dos problemas fundamentais relacionados à relevância que a burocracia assumiu nos Estados contemporâneos é que, em muitos casos, ela impõe normas e regulamentos sem aval da população, o que deveria ser feito via representantes eleitos. Ou seja: cria regras e altera processos à margem dos instrumentos democráticos. É possível que consiga melhorar a produtividade com a mudança corriqueira de regras e normas; porém, muitos preceitos técnicos não são legitimados pela sociedade.

Por conseguinte, caso não sejam estabelecidos limites para sua atuação, a burocracia pode tornar-se totalitária, mitigando qualquer influência do povo em nome da eficiência e do controle. Por outro lado, torná-la sujeita à supervisão de representantes eleitos também é um problema grave. Um governo com planos totalitaristas pode se aproveitar desse viés natural da burocracia e aparelhá-la para empurrar a sua agenda de poder sem passar por validações que outrora limitariam a ambos, tanto o governo quanto o aparelho burocrático de gestão das instituições de Estado. A encrenca está estabelecida.

Esse dilema foi o que afligiu Weber e Mises. Partindo de suas análises e conclusões, vemos que uma burocracia só pode ser limitada de fato se todos os poderes dentro do Estado limitam uns aos outros. Quanto mais fragmentado o poder das instituições estatais, menor o risco de se criar um poder sempre crescente e tirânico.

Os poderes têm de operar de maneira independente entre si; um não pode ter o condão de nomear dirigentes do outro, por exemplo. Antes, os dirigentes de cada poder devem ser eleitos pelos seus próprios quadros, segundo regras claras de qualificação, diretamente pelo povo ou de acordo com variáveis desses critérios.

Portanto, há uma propensão natural de todo governo de concentrar e de se perpetuar no poder. Também há uma tendência de toda burocracia a se expandir. A independência de poderes dentro da estrutura de Estado é capaz de criar limites dessas forças, que, agindo sem controle, se tornam maléficas. No Brasil dos últimos cem anos, esses limites não têm funcionado tão bem quanto planejado em suas constituições. Isso ocorre porque apenas organizar os poderes adequadamente não basta.

Além da independência de poderes, existe a cobrança. A cobrança que um poder faz ao outro gera um sistema mais transparente e participativo. Essa cobrança tem de ocorrer dentro dos sistemas institucionais e, também, na sociedade, o que nos leva à próxima reflexão: o papel da sociedade organizada no jogo de forças entre Estado, governo e burocracia.

> **RARAMENTE OCORREU DE UM GOVERNO REDUZIR SEU PRÓPRIO PODER VOLUNTARIAMENTE E LIMITAR SEU CAMPO DE ATUAÇÃO EM BENEFÍCIO DAS DEMAIS INSTITUIÇÕES PERMANENTES DO ESTADO OU DA DEMOCRACIA SEM QUE HOUVESSE INTENSA PRESSÃO POLÍTICA POPULAR OU, MESMO, UMA REVOLUÇÃO.**

CAPÍTULO 2

UMA SOCIEDADE (DES)ORGANIZADA

Só mudaremos o país quando
entendermos nosso verdadeiro
papel como cidadãos

Nos últimos trinta anos, acostumamo-nos a pensar em movimentos sociais e em organizações sindicais sempre que o termo "sociedade civil" ou "sociedade organizada" nos é apresentado em artigos de jornais, vira tema de discursos na TV ou surge nos debates com amigos. O papel dessa chamada sociedade organizada nunca foi muito claro para nós. Se eu voto a cada eleição, faço parte desse grupo? Se fui à Avenida Paulista ou à praia de Copacabana protestar contra determinado governo, sou um integrante da sociedade organizada? E se estou entre os 2 milhões de brasileiros que assinaram as chamadas *10 Medidas Contra a Corrupção*, propostas pelo Ministério Público, acaso posso me considerar militante da sociedade organizada? Esta é uma boa discussão.

No capítulo anterior, introduzimos os conceitos de Estado, governo e burocracia. Agora, mais dois agentes políticos entram para esse sistema: a sociedade e a sociedade organizada.

Para facilitar a visualização da função e interação de cada um desses agentes agindo em conjunto, peço que o leitor me permita uma alegoria. Imagine um grande condomínio, com centenas de apartamentos e milhares de moradores. O condomínio tem como objetivo, acima de tudo, prover o bem-estar dos moradores e sua convivência harmoniosa. Pois imagine, agora, que o condomínio seja o Estado. O governo seria o síndico, eleito pelo conjunto de moradores – a sociedade, na nossa analogia – para mandatos com duração pré-estabelecida. A ele cabe administrar o condomínio. Os funcionários que trabalham na manutenção dos prédios (porteiros, serventes, seguranças etc.) seriam a burocracia; e a sociedade organizada, a assembleia do condomínio.

O síndico tem liberdade para atuar dentro da normas estabelecidas com mais ou menos liberdade. Ele pode, por exemplo, contratar e demitir funcionários sem consultar a assembleia; mas não tem permissão, por outro lado, para contrair dívidas com serviços extras ou obras sem prévia autorização e sem estar sujeito à fiscalização.

E como funciona a dinâmica desses agentes dentro do condomínio? É de interesse da instituição que os moradores gozem de bem-estar, tenham seus direitos respeitados e observem suas obrigações, a fim de que a vida em coletividade seja melhor para todos. O condomínio (Estado), então, estabelece os princípios e as leis, consubstanciadas no estatuto, bem como as atribuições e os limites de atuação do síndico, que é seu administrador, para que o propósito comum seja conquistado. Se o síndico for profissional e íntegro, respeitará o interesse do condomínio. Ele organizará seu funcionamento e zelará para que a arrecadação das taxas seja utilizada de acordo com as necessidades, além de desenvolver meios para a otimização dos recursos e a implantação de benfeitorias que favoreçam a todos – *playground* para as crianças, sala de jogos para os adultos, piscina e academia disponíveis aos moradores, estacionamento organizado, regras para posse e trânsito de animais de estimação, medidas de economia etc. Se o síndico não respeitar a convenção ou for incompetente na sua missão, os moradores ficam sujeitos a atrasos no pagamento das contas de água e energia – e a consequentes multas e cortes de fornecimento –, bem como a danos materiais e à dilapidação do patrimônio comum.

A assembleia pode ajudar o síndico bem-intencionado toda vez que os moradores tiverem alguma necessidade ou demanda não atendida. Porém, lembremo-nos de que a assembleia é aliada e protetora dos moradores e deve lealdade, somente, ao condomínio. Portanto, ela vai tomar atitudes quando o administrador não estiver fazendo seu trabalho corretamente ou agindo de má-fé, representando um risco ao bem comum.

Nessa alegoria, percebe-se que o bem-estar dos moradores depende de três coisas: um condomínio (que, na ilustração, representa o Estado) consciente do que é o melhor interesse de todos; um síndico (o governo) eficiente; e uma assembleia (a sociedade organizada) sempre atenta ao que acontece no condomínio.

Sabemos que o condomínio e a assembleia constituem uma unidade permanente e comprometida com o bem-estar dos moradores. Quanto ao síndico, isso não necessariamente acontecerá. Como um gestor eleito, ele pode ser substituído, o que acarretaria o fim dos benefícios que usufrui, como isenção de cota condominial ou, eventualmente, remuneração. Por isso, independentemente de sua índole ou capacidade, vai sempre querer se perpetuar no cargo com, cada vez, menos limitações. Se fizer um bom trabalho e contribuir para melhoria do bem-estar do condomínio, conquistará a confiança de todos, aumentando suas chances de permanecer no cargo enquanto o desejar. Por essa razão, o condomínio e sua assembleia têm de criar uma aliança muito forte. Agindo assim, estarão sempre unidos contra síndicos incompetentes ou mal-intencionados.

Por sua vez, o condomínio também pode ser o problema: quando não é bem constituído, fica sem prioridades claras, não sabe limitar seu síndico nem consegue se fazer representar corretamente pela assembleia. Nesses casos, o resultado é sempre ruim para os moradores.

Eles terão menos conforto, amargarão prejuízos e verão o valor de seus imóveis se corroer.

Pior ainda é quando o síndico corrompe moradores e alicia grupos a votarem nele em troca de favores pessoais ou vantagens indevidas em detrimento do bem comum de todos os condôminos, alterando a atuação da burocracia – no caso, a dos funcionários do condomínio – em seu próprio benefício. Se as necessidades do condomínio forem distorcidas por benefícios concedidos a poucos, ele pode até ser levado à falência.

A situação do Brasil nos dias de hoje é comparável a essa última parte da alegoria. Nosso país subsiste com um Estado desvinculado dos alertas de sua sociedade organizada, incapaz de impor limites aos governos que sucessivamente aprisionam as ações da sociedade com burocracias. No quadro número 1 (página 29), vemos como o Estado estabelece as regras para o governo e a burocracia e como a sociedade organizada e o restante da coletividade sofrem controle e devem estar sempre alertas para influenciar e limitar as ações desses mesmos governo e burocracia. Vemos, também, que a sociedade organizada e o Estado são, na verdade, aliados, unidos contra as ações nocivas do governo e da burocracia. Como há claramente um chefe de governo, é necessário um chefe de Estado, para que essas funções distintas não sejam exercidas pelo mesmo indivíduo ou pelo mesmo grupo de pessoas. E, quando há essa distinção, a função primordial de qualquer chefe de Estado deve ser a de proteger a sociedade contra o risco de tirania do governo ou da burocracia.

Acontece que o jogo de forças com interesses, muitas vezes antagônicos, gera tensões e conflitos. Afinal, nem sempre a sociedade organizada escolhe a equipe com a qual o chefe de governo governará ou quem ocupará cargos na burocracia.

O governo pode, muito bem, mudar as regras legais para garantir a viabilidade de sua administração. Assim, o Estado tem como obrigação criar canais para que a cobrança e a fiscalização exercidas pela sociedade organizada possam fluir de maneira dinâmica, cooperativa e orgânica. Até porque, entre as primeiras medidas que um governo mal-intencionado,

> **QUADRO 1**
>
> **A CONSTITUIÇÃO IDEAL DEVE LIMITAR AÇÕES DE GOVERNOS E BUROCRACIA CONTRA OS CIDADÃOS**

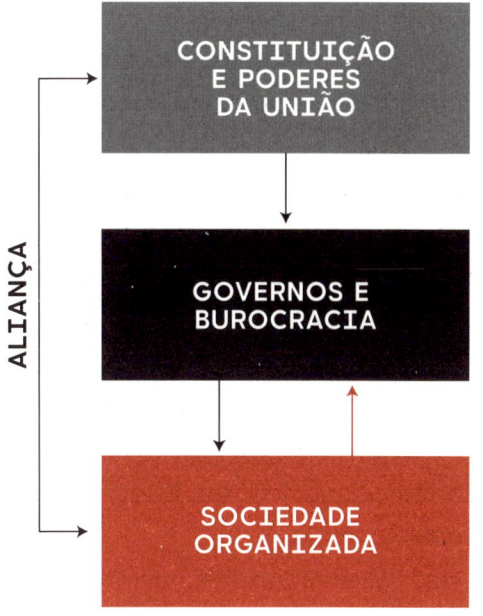

1 Constituição deve ser a maior aliada da Sociedade Organizada.

2 Constituição deve representar e defender a sociedade CONTRA ações de governos e autarquias sem limites.

3 Separação de chefe de Estado e de chefe de Governos é ESSENCIAL para que a função do Estado cumpra seu propósito.

Fonte: Elaborado pelo próprio autor.

com propósitos totalitários, toma quando assume o poder estão a limitação da transparência e o cerceamento do acesso e influência da sociedade organizada nas diversas instituições do Estado.

No quadro número 2 (página 30), vemos nos círculos concêntricos a atuação e o limite de cada uma das forças. De acordo com esse modelo, cada círculo limita ou expande o círculo adjacente. A sociedade é o círculo máximo, que exerce influência em seus protetores: a sociedade organizada. Esta limita ações do governo e da burocracia, ao mesmo tempo que sofre controle dos mesmos. O Estado é o círculo pequeno ao centro. Ele é que valida as regras de ação dos governos e da burocracia, por meio da Constituição.

O ideal é ter um Estado que estabelece regras a partir das práticas comuns, naturais e aceitas pela sociedade – consequentemente, limitando as ações do governo e da burocracia. Em um Estado autocrático ou totalitário, ao contrário, a Constituição dará poderes para o governo e para a burocracia dominarem e controlarem todo o sistema político à revelia das regras naturais da sociedade.

Semelhante efeito se dá, também, na existência de um Estado omisso contra um eventual governo totalitário. Na existência de um Estado débil ou omisso, um governo totalitário será limitado apenas pela eficácia de sua burocracia em impor a tirania – e, é claro, pela força de resistência da sociedade organizada. Por isso, um Estado que não estabelece limites claros aos seus governos e à burocracia termina por criar uma situação semelhante à de um Estado totalitário com intentos de controle total.

Observe que a sociedade organizada é maior do que o governo e a burocracia. Ela é composta por importantes

QUADRO 2
LIMITES DOS AGENTES POLÍTICOS

ESTADO
A Constituição, todas as instituições públicas e seus agentes eleitos e não eleitos.

GOVERNO
Eleito para administrar instituições do Estado.

BUROCRACIA
Parte não eleita que administra o Estado.

SOCIEDADE ORGANIZADA
Segmento da sociedade politizada que influencia no governo.

SOCIEDADE
Passiva politicamente: é mobilizada pela Sociedade Organizada ou pelo Governo para validar mudanças.

Fonte: Elaborado pelo próprio autor.

QUADRO 3

EXTREMOS: LIBERALISMO DEPENDE DA SOCIEDADE ORGANIZADA E TOTALITARISMO DEPENDE DO ESTADO CONTROLAR A SOCIEDADE

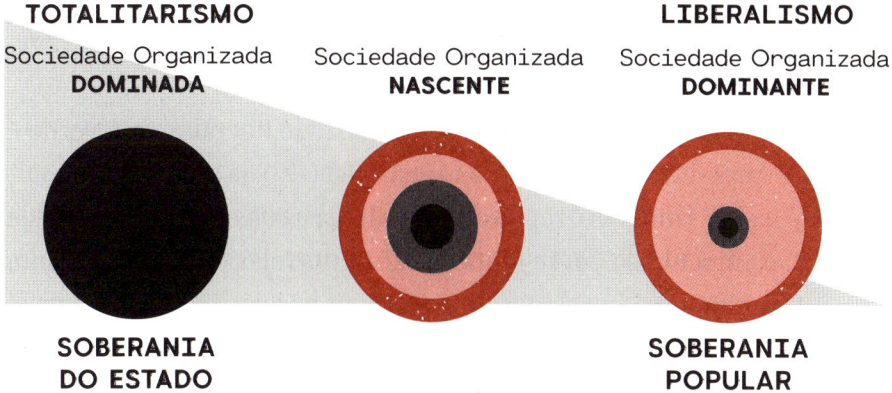

Fonte: Elaborado pelo próprio autor.

segmentos da sociedade, por cidadãos conscientes que se organizam fora da esfera do governo. É a qualidade da sociedade – mensurável por indicadores como o Índice de Desenvolvimento Humano (IDH), que leva em conta indicadores como renda, educação e expectativa de vida de uma população – que determina a força da sociedade organizada, pois, obviamente, é do primeiro grupo que saem os integrantes do segundo. Caso não haja uma sociedade bem organizada, as ações para limitar governo e burocracia serão frustradas. Sim, a sociedade organizada é a elite da sociedade e responsável pela sua defesa.

A força de cada uma das instâncias do sistema político varia segundo os modelos de Estado. O quadro número 3 apresenta os extremos das possibilidades.

No lado esquerdo, observa-se o exemplo de um país em que o Estado dominou todo o sistema político – até mesmo a sociedade – e todos se tornaram agentes ao seu serviço.

É esse o modelo das teocracias islâmicas com reis ou presidentes absolutistas e dos Estados comunistas do século xx. Nesses casos totalitários, os grupos civis organizados são extintos e a sociedade, totalmente sem defesa, se torna dominada e transforma-se em instrumento do Estado.

No outro extremo, vemos um Estado liberal com governo e burocracia limitados pela Constituição e pela sociedade organizada. O modelo é representativo de uma coletividade fortalecida e empenhada em se representar e controlar o próprio destino, limitando a burocracia, o governo e por consequência o nível de interferência do Estado.

Cabe uma importante ressalva semântica quanto ao uso do termo "Estado liberal". A compreensão do conceito implica o entendimento de que, para o Estado permitir maior liberdade da sociedade, deliberadamente restringe suas funções e seu campo de atuação e faz o mesmo com o governo e a burocracia. Esse modelo de Estado limitado se restringe a agir nas áreas da defesa da soberania nacional, na diplomacia, na segurança pública, na justiça, na preservação da ordem moral e institucional, na garantia das liberdades individuais e do direito à propriedade. Qualquer outra função não é competência nem dever do Estado.

> **A AMÉRICA LATINA É PRÓDIGA EM EXEMPLOS DE GOVERNOS QUE TENTARAM DESEQUILIBRAR O JOGO DE FORÇAS ENTRE OS AGENTES POLÍTICOS.**

A América Latina é pródiga em exemplos de governos que tentaram desequilibrar o jogo de forças entre os agentes políticos. Não foram poucos aqueles que tentaram – e, às vezes, conseguiram – controlar a sociedade organizada por meio de falsas organizações não governamentais, sindicatos, mídias patrocinadas, igrejas, escolas e universidades. O propósito era difundir conteúdo ideológico de controle social para torná-la uma extensão velada do governo.

QUADRO 4
O CHEFE DE ESTADO DEVE SER O LIMITADOR PASSIVO E NÃO O GOVERNANTE ATIVO. ESSAS DEVERIAM SER SUAS ÚNICAS FUNÇÕES

Fonte: Elaborado pelo próprio autor.

No Chile, em 1973, o governo de Salvador Allende (*1908 – †1973) pretendia criar um Estado totalitário comunista por meio de ideologia marxista de mobilização. A estratégia de Allende foi instrumentalizar em seu favor diversos segmentos da sociedade. No entanto, o Chile tinha uma sociedade organizada livre, instruída e ativa, e a maior parte dela não sucumbiu à tentativa de aparelhamento marxista, opondo-se veementemente àquela incursão de controle por parte do governo. A polarização política entre essa sociedade organizada e os segmentos infiltrados do governo foi inevitável e conflitos se propagaram em todos os setores da sociedade (escolas, igrejas, associações comerciais etc.).

A tomada do poder pelo ditador Augusto Pinochet (*1915 – †2006) foi, num primeiro momento, legitimada pela sociedade organizada livre, que lutava em oposição aos grupos sociais aparelhados e organizados pelo governo. O custo foi altíssimo, dado que, para livrar-se do totalitarismo marxista, o país acabou por validar outro poder totalitário, de ideologia oposta. Apesar de ter empalmado o poder por meio de um golpe militar em 1973, Pinochet saiu da Presidência do Chile por vias legais, derrotado em um plebiscito nacional previsto pela Constituição chilena e realizado em 1988. O despotismo e o totalitarismo florescem e perduram quando não há sociedade organizada consciente de seus interesses e capaz de defendê-los.

Infelizmente, essa capacidade de se defender de líderes tirânicos só está presente naqueles poucos países que operam sob um genuíno Estado de direito, em que a sociedade organizada partilha do comando da coisa pública. São, não por acaso, as nações mais desenvolvidas: os Estados Unidos, o Canadá, a Austrália, os Estados da Europa ocidental e o Japão.

As sociedades organizadas nesses países dispõem de mecanismos para fazer frente às pressões de governantes e burocratas. Suas constituições protegem suas sociedades organizadas e limitam ações de seus governos e suas burocracias. Nessas nações, prevalece o princípio segundo o qual a sociedade tem de ter controle sobre tudo o que exerce poder sobre ela. A ausência desse princípio e de mecanismos constitucionais para exercer tal princípio faz toda diferença no ecossistema político de um país e abre as portas para a autocracia de Estado. A sociedade organizada do Brasil sofre com essa deficiência constitucional.

> **UM ESTADO TOTALITÁRIO BUSCARÁ DOMINAR E CONTROLAR TODO O ECOSSISTEMA POLÍTICO. ELE SERÁ LIMITADO APENAS PELA EFICÁCIA DO GOVERNO E DA BUROCRACIA.**

Na maior parte do mundo, entretanto, há desequilíbrio entre as forças que atuam no jogo político. Uma das principais razões é que as regras foram estabelecidas de modo a não favorecer a sociedade organizada, e sim o Estado. E quais são elas? Ora, estamos falando do instrumento máximo que rege um Estado, estabelece sistemas de controle e regula as relações entre as instituições: a Constituição.

CAPÍTULO 3

CONSTITUIÇÃO, ESSA DESCONHECIDA

Não temos, com efeito, uma Carta Magna que promova o Estado de Direito

A o tentar definir o que é Constituição, não são muitos os brasileiros que vão além do conceito de "lei máxima do país" ou, simplesmente, "a Carta Magna". Essas definições não são incorretas, mas qual é mesmo o papel de uma Constituição? Quais comprometimentos essa lei suprema produz? Em que medida ela influencia a cultura? Ou será o inverso: o quanto a cultura da sociedade afeta sua elaboração?

Em 2016, o desconhecimento da Constituição produziu ruídos como a qualificação de "golpe" ao processo contra a ex-presidente Dilma Rousseff – narrativa que chegou a cruzar o Atlântico e influenciar alguns jornais de boa reputação. Uma olhadela rápida na própria Constituição esclareceria a dúvida e simplesmente aniquilaria o discurso do golpe em minutos. Depois, o Partido dos Trabalhadores passou a difundir que o impeachment seria, na verdade, um "golpe constitucional". Ora, ou é golpe ou é constitucional. É impossível que uma medida seja as duas coisas. Além disso, um golpe de Estado normalmente muda o regime – de totalitarismo para democracia, ou mesmo o contrário. Como se viu, não foi o que tivemos no país.

No entanto, ainda há espaço para que conceitos como esse prosperem no Brasil. Por quê? Porque ainda não entendemos bem nossa lei suprema, suas funções e seus objetivos. E, para que possamos compreender melhor a função das constituições, é necessário recuar um pouco na história.

Cerca de 1.800 anos antes de Cristo, o Código de Hamurabi, talhado em pedra na Mesopotâmia (região onde hoje fica o Iraque), foi a primeira legislação escrita de que se tem notícia. Criado por Hamurabi, fundador do Primeiro Império Babilônico, o código tinha como objetivo unificar a região em torno de um conjunto de leis comuns e fixas. Um dos maiores desafios de um império daquela época era conseguir que as leis estabelecidas pelo líder central fossem cumpridas em toda a extensão de seu domínio. A falta de uma unidade jurídica, por assim dizer, era motivo de fragmentação e disputas.

Para conter essa fragmentação, o Código de Hamurabi definia padrões de comportamento aceitáveis e estipulava punições específicas para violações inaceitáveis. Ele estabelecia, ainda, mecanismos de direito de defesa e um foro de julgamento. Aquela legislação primitiva foi precursora de todas as leis da humanidade desde então – e, também, para as constituições modernas sob as quais vivemos até hoje.

Leis fixas – ou, pelo menos, relativamente fixas – servem para dar estabilidade e segurança aos cidadãos. A maleabilidade das leis verbais gera insegurança de que as regras poderão mudar conforme a conveniência de quem deve aplicá-las, além de aumentar muito o poder dos governantes. Essa percepção criou a necessidade de se escrever códigos e regras que mais tarde deram origem às leis e às constituições.

No próprio Código de Hamurabi, o autor afirma: "Anu e Bel me chamaram, a mim, Hamurabi, o excelso príncipe, o adorador dos deuses, para implantar justiça na Terra, para destruir os maus e o mal, para prevenir a opressão do fraco pelo forte, para iluminar o mundo e propiciar o bem-estar do povo". Ou seja, já havia ali uma percepção de que a ordem social não deveria se estabelecer pela ditadura da maioria ou dos mais fortes; as leis escritas deveriam proteger a todos, inclusive os menos favorecidos e aqueles com pouca influência política ou financeira.

ANTIGUIDADE | Produzido em cerca de 1750 a.C. na antiga Mesopotâmia, o Código de Hamurabi foi a primeira legislação de que se tem notícia: o objetivo era consolidar o vasto Império Babilônico em torno de um conjunto de leis comuns e fixas, com padrões de comportamento aceitáveis e punições específicas para violações [Crédito: Dima Moroz / Shutterstock]

No caso da antiga Mesopotâmia, a legislação estabeleceu uma série de normas para o dia a dia daquela sociedade, descendo a minúcias como o uso de barcos e o funcionamento dos sistemas de irrigação. O código estabelece, por exemplo, que se alguém abrir seu reservatório de água para irrigar as terras, mas for negligente e provocar uma inundação no campo do vizinho, deverá ressarcir o indivíduo prejudicado pela perda da colheita.

Evidentemente, a ideia de justiça para todos os antigos mesopotâmios não pode ser enquadrada no nosso humanismo moderno. Penalidades que hoje consideramos brutais eram frequentes naquela época. A lei de talião é a linha mestra do Código de Hamurabi. O termo vem do latim *talionis*, que significa "como tal", "idêntico". Ou seja: a palavra remete à correspondência de danos, exemplarmente simbolizada pela expressão "olho por olho, dente por dente".

Apesar de o Código de Hamurabi ser visto como a mais fiel origem do Direito, há outras fontes quase tão antigas. Escrito de forma poética em sânscrito, o Código de Manu estabeleceu as leis do mundo indiano e o sistema de castas. Difundiu-se na Assíria, na Judeia e até mesmo na Grécia. É composto por doze livros e foi escrito entre os séculos II a.C. e II d.C.

Há outro conjunto de leis que influenciou civilizações e é muito mais conhecido no Ocidente, a legislação mosaica dos hebreus, estabelecida cerca de 1.300 anos antes do surgimento da Bíblia cristã. A maior parte das normas morais, civis e religiosas pode ser consultada na Bíblia, no Pentateuco – os cinco primeiros livros do Antigo Testamento: Gênesis, Êxodo, Levítico, Números e Deuteronômio.

Assim como o Código de Hamurabi, há punições duras. A pena de morte é estabelecida para crimes como assassinato, incesto, sequestro e espancamento de pai ou mãe. A adoração a qualquer outro deus, que não a Jeová, era também crime capital. As punições, entretanto, não eram aplicadas desordenadamente. Os réus tinham de ser julgados e não podiam ser condenados caso houvesse apenas uma testemunha de acusação. Era necessário, no mínimo, duas.

Embora seja verdade que as leis escritas surgiram também da percepção de que, ao registrar as regras, os mais fracos seriam protegidos de desmandos, isso não significa, por exemplo, que os antigos mesopotâmios vivessem em uma sociedade igualitária ou que o Código de Hamurabi pregasse igualdade de direitos entre os cidadãos. Aquela era uma sociedade estratificada, com grupos bem separados que deviam cumprir regras distintas. Nem mesmo as leis da democracia ateniense na Grécia antiga previam universalidade: mulheres, estrangeiros e escravos, por exemplo, geralmente ficavam de fora.

Somente depois do Iluminismo, no então muito distante século XVII, conceitos como direitos universais do homem e igualdade na aplicação das leis passaram a influenciar muitas das constituições em vigor nos dias de hoje. Salvo raríssimas exceções, a maioria dos mais de 200 países que existem no mundo hoje tem uma Constituição que organiza seu Estado.

As constituições definem os princípios que devem reger a nação, quem são os agentes de Estado, governo e burocracia, e como devem ser organizados. Elas estabelecem o campo de atuação de cada um desses agentes, seus limites e os sistemas de controle.

As constituições também informam quem são os cidadãos do país e os poderes que têm. São elas que também definem o balanço dos poderes entre as instituições de Estado e a sociedade organizada. De modo geral, quanto mais amplo é o campo de atuação dos cidadãos, mais limitada é a ação do governo e da burocracia – e vice-versa.

A Constituição de um país é a expressão máxima do intento que seus autores vislumbraram para toda a nação. A clareza e a sabedoria da visão fundadora, quando transferidas para palavras e para o papel, terão o poder de definir quais comportamentos serão tolerados e quais serão punidos dentro de seu domínio. Trará mais estabilidade política ao validar valores de base existentes e menos ao tentar criar aqueles de base inexistentes. Isso mesmo: a Constituição tem o poder de criar valores e cultura, mesmo que artificialmente, de cima para baixo contra a base sobre a qual se erigiu a nação.

QUADRO 5
CONTITUIÇÕES INTERVENTORAS VS. LIBERAIS

	1600–1699	1700–1799
INGLATERRA	**1688** Revolução Gloriosa	
ESTADOS UNIDOS		**1787** Convenção Filadélfia
JAPÃO		
ALEMANHA		
FRANÇA		**1791** 17
BRASIL		
ARGENTINA		

Para entender como a Constituição de um país afeta um indivíduo ou o povo como um todo, proponho mais uma alegoria. Imagine vários peixes colocados em um aquário pequeno, com pouca água e sem nenhuma outra espécie de peixe. Nesse aquário, não há objetos a serem explorados. Muito bem. Observe os peixes durante algum tempo. Depois, imagine-os sendo retirados do aquário pequeno e removidos para um outro, maior, quase oceânico, sem limites visíveis e repleto de diversas outras espécies de peixes, fauna variada, corais e magníficas formações rochosas. Novamente, observe-os com atenção. Você constatará que o comportamento e a amplitude de ação deles mudarão completamente.

Agora, suponha que uma pessoa que não acompanhou o experimento seja convidada

> **AS CONSTITUIÇÕES DEFINEM OS PRINCÍPIOS QUE DEVEM REGER A NAÇÃO, QUEM SÃO OS AGENTES DE ESTADO, GOVERNO E BUROCRACIA, E COMO DEVEM SER ORGANIZADOS. ELAS ESTABELECEM O CAMPO DE ATUAÇÃO DE CADA UM DESSES AGENTES, SEUS LIMITES E OS SISTEMAS DE CONTROLE.**

| 1800-1899 | 1900-1999 | 2000-2015 |

	1867		1947	
	1871	1918 1933	1949	
1815	1848	1871	1940 1946 1958	
1824		1889 1891	1934 1937 1946	1967 1988
	1853		1949 1957	1994

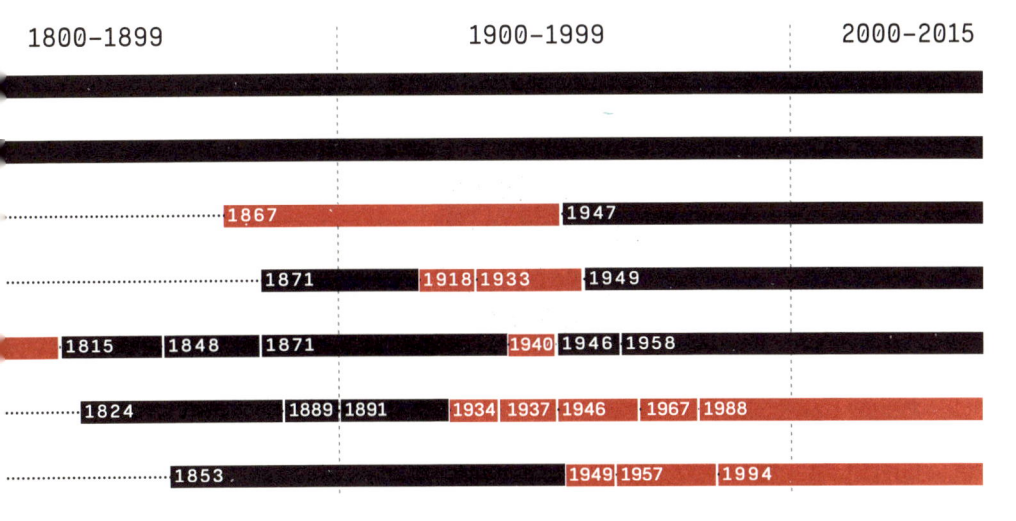

Fonte: Elaborado pelo próprio autor.

a dizer o que acha. Essa pessoa apenas viu rapidamente os peixes no espaço diminuto e agora observa o que se passa no aquário gigante. Provavelmente perceberá que, dadas as condições do novo ambiente, o comportamento dos peixes terá mudado tanto que sua própria espécie parecerá outra.

Você, no entanto, sabe que se trata da mesma espécie. Logicamente, conclui que qualquer espécie de peixe terá seu comportamento modificado caso venha a ocupar um ambiente de maior amplitude. E mais. Possivelmente, qualquer outra espécie, de natureza aquática ou não, também se transformará caso seja modificada a amplitude de seu meio ambiente.

Pois bem, caro leitor. Constituições são como aquários. Elas delimitam a amplitude do sistema político do ser humano – seu "meio ambiente político", por assim dizer. E quando esse ser humano é sujeito a mudanças do ambiente, ele também vai alterar seu comportamento. Como o comportamento compartilhado em sociedade é parte fundamental da cultura da mesma, as constituições têm um papel fundamental na criação e na perpetuação da cultura.

QUADRO 6

EXCESSO DE DIREITOS DE CIDADÃOS NAS MÃOS DO GOVERNO CENTRAL OBRIGA-O A SER O PROPULSOR DE PROGRAMAS NACIONAIS

Esses "direitos" dão poderes totalitários à União:
- Trabalhistas
- À moradia
- À saúde
- À educação
- Ao emprego
- Ao sindicato
- Ao transporte público
- Ao lazer
- À alimentação
- À cultura
- À greve
- Ao repouso
- À assistência social
- À proteção à maternidade

Fonte: Elaborado pelo próprio autor.

Há bons exemplos históricos de povos que viviam sob constituições interventoras e que, uma vez passando a operar debaixo de cartas magnas menos interventoras, libertaram suas culturas e passaram a gozar de riquezas e liberdades que jamais imaginaram possíveis. Houve alterações nos seus comportamentos e nas suas perspectivas.

Japão e Alemanha, em um período histórico de menos de cem anos, migraram de estruturas e valores bélico-nacionalistas para estruturas de Estado de direito liberais capitalistas. Isso ocorreu entre o final do século XIX e meados do XX. Hoje, esses países são influentes produtores de conhecimento e riquezas para si próprios e para a humanidade – de tal modo que o tamanho de suas contribuições é difícil de ser medido de maneira adequada. Na base de suas transformações estão alterações em seus códigos de leis e o fomento de comportamentos e valores de base distintos daqueles promovidos anteriormente.

A Constituição japonesa de 1947 é um exemplo notável. Como o Japão saiu derrotado da Segunda Guerra Mundial, o texto foi fortemente influenciado pelos Estados Unidos. A Carta introduziu valores liberais, tais como os direitos de ir e vir, de liberdade de expressão e de livre associação. Instituiu ainda o *habeas corpus*, as eleições livres e o mecanismo de *recall*, que permite o afastamento de políticos eleitos de acordo com regras democráticas, bastando para isso que haja vontade popular. Um capítulo específico da Constituição estabelece que o país renuncia à participação em qualquer guerra, o que desarticulou definitivamente a cultura imperialista e belicista que antes predominava.

A Carta também limitou a atuação do imperador a um poder estabilizador. Assim como a Constituição norte-americana, a nipônica não é detalhista acerca de direitos como saúde, transporte, educação, férias, lazer, moradia, emprego, alimentação, segurança, greve e licença-maternidade – como o faz, por exemplo, a Constituição brasileira de 1988. A Carta japonesa limita o governo a atender os direitos civis liberais listados no início deste parágrafo.

Com a consciência de que um governo sem limites é interventor em todas as áreas da sociedade e gera instabilidade política ao longo do tempo, o advogado americano Milo Rowell (*1903 – †1977), assistente do general Douglas MacArthur (*1880 – †1964), escreveu praticamente sozinho a Constituição liberal japonesa de 1946. Pela primeira vez na história do país, foram estabelecidos limites rigorosos para as ações do governo e a sociedade organizada do Japão ganhou poderes para se autodeterminar e limitar o governo e a burocracia. Isso mudou por completo a cultura política e econômica do país e assegurou ao Japão a estabilidade da qual precisava para a reconstrução econômica. A nação acabou por criar uma sociedade exemplar para a humanidade.

Mais do que alterar e moldar o comportamento e a cultura, as constituições têm o poder de limitar ou até mesmo escravizar todos sob sua jurisdição. Constituições interventoras, como as de quase todos os países da América Latina – e, sobretudo, a do Brasil –, não respeitam a ordem natural ao colocar o Estado, o governo e a burocracia como gestores do bem-estar social em detrimento da livre escolha da sociedade. Constituições com esse viés podem servir como trampolim para a criação de um Estado totalitário, uma vez que reduzem a importância da sociedade civil – vista como problema, e não solução.

QUADRO 7

DUAS ARMADILHAS QUE PERVERTERAM O INTENTO DA CONSTITUIÇÃO "CIDADÃ" DE 1988 EM UMA CONSTITUIÇÃO INTERVENTORA

1 Excesso de "Direitos" defendidos pelo Estado não cria limites, cria oportunidades para intervenções de gorvernos e burocracia.

2 **LINGUAGEM ERRADA:** adota a perspectiva de que toda ação humana é o Estado que deve permitir, caso contrário, é proibida.

Fonte: Elaborado pelo próprio autor.

Já Cartas como as dos Estados Unidos e do Japão compreendem e respeitam a natureza do ser humano. Estabelecem que, via de regra, ele deve ser livre para exercer suas escolhas, aspirações naturais e universais. Essas constituições que respeitam o direito natural conseguem se firmar ao longo do tempo exatamente por não interferir demasiadamente na vida das famílias e comunidades, muito menos na atividade econômica. É somente por meio da longevidade da mesma série de regras que as constituições oferecem as seguranças básicas necessárias e a estabilidade jurídica que permitem a todos os que optam por viver debaixo de sua regência a realização de seus objetivos.

A maioria dos homens e mulheres não influenciou diretamente na criação de suas próprias constituições e até hoje não detém o conhecimento de quem criou esse conjunto de leis, de como foi produzido e qual sua importância prática. A sociedade entrega passivamente a poucas pessoas anônimas a responsabilidade de criar ou reforçar cultura e valores – presumivelmente, importantes instrumentos para a promoção do bem-estar coletivo. Que impressionante, não é mesmo? Apenas um punhado de pessoas foi responsável pela criação do conjunto de leis que determina o tamanho do nosso *aquário*.

Pensando em códigos de leis modernos, talvez a Constituição dos Estados Unidos seja um dos maiores exemplos de lei universal e clara que pretende proteger o cidadão dos desmandos da elite econômica e dos agentes do governo, da burocracia e da maioria. Promulgada em 1789, ela só foi alterada 17 vezes e é a mais antiga ainda em vigor. A título de comparação, convém ressaltar que, antes de completar trinta anos, a Constituição Brasileira de 1988 já foi modificada mais de 80 vezes por meio de propostas de emenda feitas pela Câmara dos Deputados e pelo Senado Federal.

> **A MAIORIA DOS HOMENS E MULHERES NÃO INFLUENCIOU DIRETAMENTE NA CRIAÇÃO DE SUAS PRÓPRIAS CONSTITUIÇÕES E ATÉ HOJE NÃO DETÉM O CONHECIMENTO DE QUEM CRIOU ESSE CONJUNTO DE LEIS, DE COMO FOI PRODUZIDO E QUAL SUA IMPORTÂNCIA PRÁTICA.**

O poder da Constituição americana reside no fato de ser uma carta de princípios clara e sucinta. Com sete artigos originais e 27 emendas, é a mais curta carta nacional escrita em vigor. A mais longa é a da Índia, com 448 artigos e 94 emendas, mas o Brasil não fica atrás. Temos a terceira maior Constituição do mundo, atrás apenas da Índia e da Nigéria, e a maior da América Latina, com mais de 150 páginas.

Os sete artigos originais definem como o governo é organizado, quais as funções de cada um dos poderes, descrevem o federalismo e as responsabilidades dos governos estaduais e da administração federal. Já as dez primeiras emendas, conhecidas como *Bill of Rights* ("Carta de Direitos"), tratam de direitos naturais, como aqueles relacionados às liberdades individuais e à Justiça.

Um ponto-chave para se ressaltar é como o espírito e as convicções dos constituintes estão presentes na "letra", na forma como as leis são redigidas. A Constituição norte-americana, por exemplo, reconhece que o indivíduo detém direitos naturais de livre expressão. Um artigo reflete essa

QUADRO 8
QUASE 100 ANOS DE POLÍTICAS PERMANENTES DE ESTADO

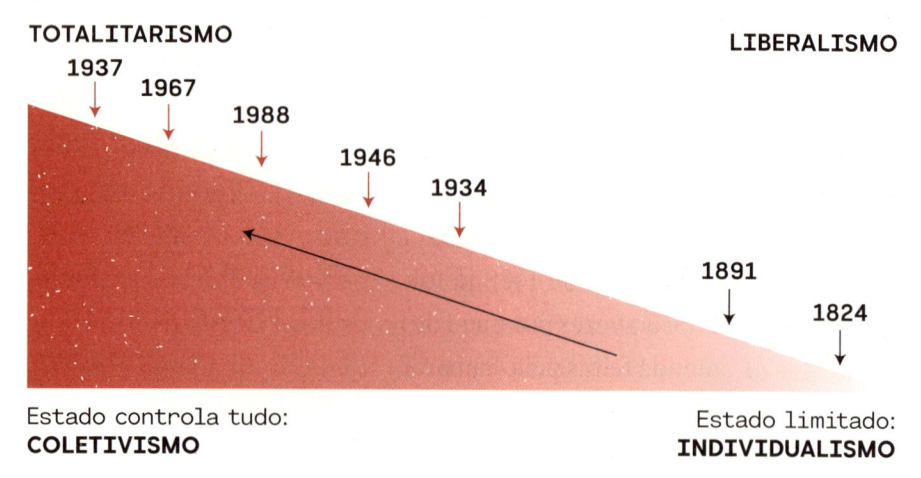

TOTALITARISMO — 1937, 1967, 1988, 1946, 1934 — LIBERALISMO — 1891, 1824

Estado controla tudo: **COLETIVISMO**

Estado limitado: **INDIVIDUALISMO**

Fonte: Elaborado pelo próprio autor.

premissa e postula que "o Congresso não passará nenhuma lei que venha a limitar a liberdade de expressão". Em contraste com essa forma de apresentar um dos direitos individuais, a Constituição brasileira estabelece que "é livre a expressão da atividade intelectual, artística, científica e de comunicação". Ficou implícita a premissa dos constituintes de 1988 de que cabe ao Estado brasileiro estabelecer esse direito natural como sendo "livre". Na outra direção, caminha a Constituição norte-americana: ela é objetiva em querer limitar o Estado de criar qualquer lei contra o direito natural de livre expressão. Para muitos defensores do liberalismo político, é considerado um ato de tirania de qualquer Estado o de querer definir os direitos naturais.

A natureza não intervencionista na sociedade e na economia blindou a Constituição norte-americana contra o anseio por alterações. Não por acaso, constituições menos intrometidas tendem a durar mais. Na história do Brasil, isso não foi diferente. As constituições que tiveram vigência mais longa foram a do Brasil Imperial, de 1824, e a da Primeira República, de 1891. Eram, de longe, as menos interventoras e, em certa medida, estavam em linha com a Constituição norte-americana. As demais, que estabeleceram um Estado extremamente ativo na sociedade e na economia, acabaram remendadas em várias ocasiões e depois descartadas. Foi o que ocorreu com as Cartas de 1934, 1937, 1946 e 1967, conforme o quadro número 8 (página 46).

Até hoje, os estadunidenses têm sua Constituição e a imagem dos pais fundadores da nação como valores primordiais. George Washington, Thomas Jefferson, Alexander Hamilton, John Adams, Benjamin Franklin, James Madison e tantos outros uniram as elites militar e rural a profissionais liberais urbanos para estabelecer as bases de uma sociedade em que a alternância de governos se dá dentro de uma concepção muito clara e limitada do que é a função do Estado.

É desnecessário assinalar que esse não parece ser o caso das sociedades de países em desenvolvimento ou subdesenvolvidos de hoje. Com efeito, ter uma constituição não resolve tudo. Está longe de ser o bastante – e isso não precisa ser explicado a um brasileiro. É preciso ter intentos claros, universais e atemporais.

Artigos e leis escritas no papel não necessariamente refletem o intento maior e a missão histórica de um país. Basta notar que a Constituição da antiga União Soviética garantia liberdade de expressão, de imprensa, de manifestações públicas e de protesto.

Para evitar esses desvios de intento nas interpretações, a Constituição norte-americana contou com os *Federalist Papers*. Idealizados por Alexander Hamilton e com importantes contribuições de James Madison e John Jay, esse conjunto de análises da Carta não faz parte da mesma, mas deixa claro o propósito de cada artigo e o tipo de Estado que os pais fundadores quiseram construir. Desnecessário acrescentar que os *Federalist Papers* são utilizados até hoje pelas cortes norte-americanas. Quando a letra da lei for limitada para avaliar juízo, usa-se os princípios e intentos bem descritos nos *Federalist Papers*.

É possível alterar uma constituição? A resposta é sim. Mas esse processo deve ser simples, fácil e rápido? Naturalmente, não. Como vimos até aqui, leis fixas, claras, concisas e de preferência registradas por escrito ajudam a garantir a justiça na maior parte das sociedades. A instabilidade jurídica coloca os setores mais desprotegidos sob risco, além de não dar aos cidadãos a confiança de que podem investir e ter um retorno dentro de regras estabelecidas.

Como podemos, por exemplo, tomar um empréstimo, contratar um funcionário ou abrir uma empresa com tranquilidade se as regras que devemos seguir mudam a cada momento? Isso é justamente o que acontece no Brasil. Além de haver um excesso de leis, as regras são movediças. Um empresário pode contratar um funcionário hoje e, daqui a um mês, ver as regras trabalhistas mudarem, adicionando custos que o empregador, na condição de empreendedor, não previa.

Então, que tipo de constituição devemos adotar? Como vimos, as que limitam intervenção na sociedade e na economia sofrem menos alterações ao longo do tempo. Como a lei maior é um instrumento de Estado, e para criar uma base legal estável é necessário limitar a intervenção das instituições de Estado na sociedade e na economia, parece clara a necessidade de adotarmos uma Constituição liberal para criar um Estado liberal. Será que isso significa que, com o advento de uma Constituição liberal, governos que postulam maior intervenção na economia e na sociedade jamais venham a surgir no Estado liberal que a Carta criou? Claro que não. Um governo de viés mais intervencionista atuará com esse propósito dentro de limites impostos pela constituição do país. Mas o importante é que haverá limites. O governante não poderá comprometer o que se costuma chamar de intento maior da nação.

QUADRO 9
CONSTITUIÇÕES INTERVENTORAS

- **1** Geram instabilidade política
- **2** Sofrem ajustes e rupturas frequentes
- **3** Mitigam sociedade civil
- **4** Podem levar ao totalitarismo
- **5** Aumentam o risco financeiro
- **6** Aumentam corrupção
- **7** Alimentam oligarquias políticas e econômicas

Fonte: Elaborado pelo próprio autor.

A maioria dos países da Europa tem constituições liberais, não interventoras, similares à dos Estados Unidos, e isso não impede a ascensão de governos socialistas que pregam alta intervenção. O que as constituições liberais delimitam de modo mais eficiente que aquelas intervencionistas é o risco de totalitarismo.

O Brasil, ao contrário da Europa e dos Estados Unidos, tem um Estado reconhecidamente intervencionista. Nossa Constituição de 1988 é a mais recente variação de uma série de constituições desse tipo desde a de 1934. Toda vez que tivemos governos que também pregavam intervencionismo, houve sérios problemas. Foi o caso dos governos de João Goulart (1961–1964) e de Dilma Rousseff (2011–2016). Ambos queriam intervir na sociedade e na economia de tal maneira que o surgimento de um poder de Estado totalitarista seria inevitável. A conclusão é óbvia: um governante com propósitos intervencionistas num Estado cuja constituição preconiza um alto nível de intervenção pode constituir-se num risco para a democracia.

A combinação explosiva de Estado e governo interventores cria totalitarismo e diversos segmentos da sociedade e do próprio aparato de Estado tendem a se rebelar contra isso gerando instabilidade política. Claramente, a aspiração do brasileiro, assim como a de todo ocidental, há séculos tem sido contrária a qualquer propósito totalitário.

Sob esse prisma, seria muito mais saudável para o Brasil ter um Estado liberal com constituição não interventora. Na eventualidade de que isso possa ocorrer no Brasil, o debate político seria mais prático e menos ideológico. Ocasionalmente, um governante que entenda que a atuação da burocracia é decisiva em determinada área encontrará espaços para implementar uma política de governo específica, sem comprometer o Estado de forma permanente.

Os Estados Unidos, por exemplo, passaram por um período de alta intervenção do governo na economia com o *New Deal*, entre 1933 e 1937. Para vencer a depressão econômica, a gestão do presidente democrata Franklin Delano Roosevelt (*1882 – †1945) investiu maciçamente em obras públicas, estabeleceu controle de preços de diversos produtos, reduziu a jornada de trabalho para criar novos postos e chegou ao extremo de determinar a destruição de estoques de commodities como trigo, milho e algodão com o propósito de conter a queda de preços desses gêneros agrícolas.

Outro caso mais recente de intervencionismo ocorreu com o chamado *Obamacare*, a revisão do sistema de saúde promovida pelo governo do ex-presidente Barack Obama – assim como Roosevelt, também do Partido Democrata. Porém, mesmo com essas medidas, não houve, nem nos anos 1930 nem agora, alterações na essência da Carta norte-americana. É a comprovação de que o Estado liberal permite a ascensão de governos mais interventores, até mesmo de viés socialista, contanto que sua política seja revogável e sua estadia, temporária. E ainda, obviamente, que esse governo não tenha poderes para alterar a Constituição liberal de modo a criar agentes de intervenção permanentes.

No Brasil, infelizmente, não é assim. O fato de termos uma Constituição interventora, quase socialista faz com que sejamos obrigados a lidar com uma bomba-relógio política para desarmar a cada eleição. A Constituição brasileira de 1988 serve como combustível à espera de que um governo socialista surja para produzir a faísca da gênese do totalitarismo. A cada eleição em que surja a possibilidade de vitória de um candidato socialista, os mercados financeiros e a sociedade organizada tremem, gerando alta instabilidade em períodos de sucessão política.

Postulo claramente que necessitamos de uma nova Constituição, de viés liberal, que limite drasticamente o vasto poderio do governo em nossa vida e reflita a nossa missão histórica de país portador de valores universais de família, da propriedade e livre iniciativa e de respeito à ordem e aos direitos naturais. Isso é realista? Sim. Nosso passado prova que o tipo de Constituição interventora que temos hoje fomenta rupturas institucionais mais cedo do que tarde.

Admitir que temos uma Constituição que sempre será um elemento negativo na nossa tentativa de criar estabilidade política é um dos fatores mais importantes para entender a nossa limitação em nos tornar um país desenvolvido. É essencial que os brasileiros conscientes dessa situação estejam no poder para construir a grande mudança.

Mas, embora precise constituir um Estado menos interventor, a sociedade parece dar sinais de que se acostumou ao modelo de Estado grande. E este é o tema que nos remete ao próximo capítulo.

CAPÍTULO 4

ESTADO GRANDE, POVO AMARRADO

Ao contrário do que nos fazem acreditar, é o livre mercado que propicia o desenvolvimento das nações

Temos no Brasil um paradoxo intrigante. Criticamos implacavelmente os políticos – com toda razão, na maior parte dos casos –, mas queremos preservar ou mesmo ampliar seu campo de atuação.

O brasileiro médio repete o clichê de que todo político é bandido e só defende os próprios interesses. Ainda assim, esse mesmo cidadão quer que o Estado se encarregue da gestão da sociedade, urra de cólera caso veja no *Jornal Nacional* que alguém está propondo a privatização dos Correios ou da Caixa Econômica Federal e acha inaceitável a possibilidade de que a Petrobras seja vendida. Reage com igual indignação quando o foco do debate é o ajuste na Previdência Social ou a flexibilização das leis trabalhistas. Ou seja: o brasileiro defende a preservação dos territórios em que os políticos atuam. Ele quer que amplos setores da economia e da sociedade fiquem sob controle da classe política em vez de entregues a empresas ou à sociedade organizada.

O cientista político capixaba Bruno Garschagen, autor do livro *Pare de Acreditar no Governo*, é um estudioso do assunto. Diz Garschagen:

> *O tipo de cultura política estabelecida aqui colaborou decisivamente para desenvolver na sociedade uma mentalidade estatista, de dependência e servidão. Além da infantilização criada por meio de decisões de governo que incidem diretamente sobre os modos de vida e as condutas, os brasileiros abriram mão de sua responsabilidade individual de conduzir a própria vida para atribuí-la ao Estado. A partir daí é possível entender por que tanta gente pede ou espera que o governo resolva os problemas sociais, políticos e econômicos.**

No Brasil, essa cultura já compromete importantes pilares estruturais. Tome-se o caso da Previdência Social estatal obrigatória como exemplo. Hoje, o brasileiro se aposenta, em média, aos 55 anos. Na Noruega, um dos países mais ricos do mundo, essa média é de 67 anos.

O economista Ricardo Amorim, em uma rede social, levantou dados que merecem ser apreciados com atenção. Ele alerta para o fato de que, quando a Previdência foi criada, para cada dois aposentados, o Brasil tinha nove trabalhadores contribuindo para o sistema. Quem se aposentava recebia o benefício, em média, durante sete anos. Hoje, para cada aposentado, temos dois trabalhadores na ativa, e o beneficiado recebe proventos por cerca de 25 anos. Conclusão simples: é impossível fechar essa conta.

Não por acaso, a contribuição para o Instituto Nacional do Seguro Social (INSS) é obrigatória e o sistema de Previdência é um monopólio nacional. Nada menos que 35% de todos os tributos arrecadados pela União são usados para tapar o buraco do sistema. Mas, sempre que a pauta da reforma previdenciária entra em debate, o furor das centrais trabalhistas e dos servidores públicos abafa a análise racional dos números e das evidências. A Central Única dos Trabalhadores (CUT) e a Força Sindical, adversárias entre si, se unem pela preservação do sistema que

---

* GARSCHAGEN, B. **Veja**, São Paulo, n. 2434, 28 jul. 2015. Entrevista concedida a Duda Teixcira.

compromete todo o ambiente econômico brasileiro e o bem-estar das próximas gerações.

Outros três pilares do Estado grande e benevolente que se elevaram ao status de "intocáveis" no nosso imaginário político e social são a Consolidação das Leis do Trabalho (CLT), o imposto sindical obrigatório – que caiu com a reforma trabalhista de 2018 – e a Justiça do Trabalho. Com esses três artifícios criados pelo Estado, surgiram regulamentações sobre salário mínimo, férias, fundo de garantia, jornada de trabalho, condições de ambiente de produção e multas para empregadores.

As leis que sustentam as relações entre capital e trabalho são vistas como "conquistas sociais" e responsáveis por grandes avanços. Mas, analisando a situação de maneira clara, sem adjetivos, vemos que a história é bem diferente.

No que diz respeito à Previdência, a contribuição obrigatória nada mais é do que um imposto camuflado. Hoje, o empregador é obrigado a pagar 20% do salário do funcionário ao INSS. O trabalhador ainda tem que fazer uma contribuição entre 8% e 11% do valor de seu salário. Na prática, só esse imposto reduz o valor dos salários líquidos do Brasil em cerca de 30%. As parcelas acumuladas dessa contribuição são acrescidas de juros e correção monetária, mas o reajuste é brutalmente inferior à rentabilidade de qualquer aplicação de risco zero no mercado. Às vezes, o reajuste é inferior à inflação. Do ponto de vista financeiro, seria mais vantajoso para o trabalhador ter um plano opcional de poupança próprio. No que se refere às liberdades individuais, o Estado deveria deixar que cada pessoa decidisse o que fazer com seu próprio dinheiro: aplicar numa poupança, fazer o próprio plano de previdência ou mesmo consumir como bem entender.

No que toca à regulamentação do trabalho, o empregado mantém a crença de que, com a CLT e com a Justiça do Trabalho, estará mais bem protegido. Ledo engano. A maior proteção que um trabalhador pode ter é um mercado de trabalho dinâmico e diversificado, com várias opções de emprego surgindo a todo momento. A livre concorrência, a economia aberta e diversificada e a inovação produzem uma espiral virtuosa que beneficia todos, empreendedores e empregados. Com a CLT, o custo do trabalhador brasileiro fica mais alto para o empregador em razão do excesso de regulamentações. Obrigadas a lidar com o custo elevado, as empresas passam a exigir qualificações melhores e certas garantias de produtividade. Por isso, diversas oportunidades nunca se materializam no país e buscam outros territórios para se viabilizar.

No artigo A obsoleta lei trabalhista, publicado pela revista Veja em setembro de 2016, o economista e ex-ministro Maílson da Nóbrega escreveu:

A CLT rivaliza com o sistema tributário como uma das maiores fontes de ineficiência. Gera incertezas, insegurança e incentivos ao litígio. Aqui tramitam atualmente 4 milhões de ações trabalhistas. No Japão, apenas 3 mil. É enorme o custo de advogados, perícias e horas despendidas em processos e audiências. A insegurança aumenta o ativismo dos juízes, que imaginam ter função social. Na opinião de muitos, a lei pode ser negada se magistrados entenderem que ela acarreta decisões injustas. Para 73% deles, conforme pesquisa de Armando Castelar Pinheiro, a justiça social justifica violar contratos. A Europa começou a ficar rica na segunda metade do milênio passado, quando o ambiente de negócios passou a ser guiado por instituições que garantiam direito de propriedade e respeito a contratos.*

A tradição da nossa Justiça Trabalhista é tão antiempregador que o ministro do Supremo Tribunal Federal (STF) Gilmar Mendes a comparou a uma estrutura soviética. Disse ele ao jornal O *Estado de São Paulo*, em outubro de 2016: *"Isso é curioso, o Tribunal Superior do Trabalho é na maioria formado por pessoal que poderia integrar até um tribunal da antiga União Soviética."*** Para Mendes, o trabalhador no Brasil é tratado como um "sujeito dependente de tutela".

O chamado "custo Brasil" desacelera o investimento de empresas locais, amedronta empreendedores e tira o interesse de empresas estrangeiras que, do contrário, teriam todo o interesse em investir aqui. Nos últimos

---

* NÓBREGA, M. da. A obsoleta legislação trabalhista. **Veja**, São Paulo, n. 2494, 7 set. 2016.
** MENDES, G. **O Estado de S. Paulo,** São Paulo, 29 out. 2016.

anos, gigantes como H&M e Ikea desistiram de fazer negócios no Brasil por causa da burocracia excessiva, da ausência de garantias à propriedade privada e dos elevados custos trabalhistas, bem como a alta carga tributária, de cerca de 35% do produto interno bruto, o PIB nacional.

Enquanto empresas estrangeiras desistem do Brasil depois de analisar nossas leis, as brasileiras buscam alternativas para sobreviver. Uma delas tem sido migrar para o Paraguai, onde há menos regulamentação, custos operacionais menores e menos carga tributária. É no mínimo temerário que um país continental e diverso como o Brasil, onde não faltam mão de obra e recursos naturais, não proporcione nichos viáveis em seu vasto território e termine afugentando sua própria indústria local.

O relatório do Banco Mundial "*Doing Business 2015 – Indo Além da Eficiência*" apresenta um ranking de países onde é mais fácil fazer negócios. O Brasil ficou com a 120ª posição em uma lista de 189 nações. O resultado é bastante justo, mas catastrófico diante do fato de que somos uma das dez maiores economias globais. No mesmo ranking, Cingapura ficou em primeiro lugar e a Alemanha, em 14º. Mas não adianta justificar dizendo que esses são países muito mais desenvolvidos do que o Brasil; mesmo nossos vizinhos na América Latina, como Peru (35º), México (39º) e Chile (41º), também ficaram muito à frente de nós.

Quem acompanha o noticiário econômico vê diariamente o quanto o mercado de trabalho é sensível a regulamentações extremas e como diversos postos de trabalho são extintos ou sequer chegam a ser criados. Recentemente, milhares de trabalhadores domésticos, sobretudo mulheres, perderam a oportunidade de ganhar mais com horas extras. Em razão da nova legislação, muitos possíveis empregadores desistiram de contratar empregados domésticos ou decidiram demitir os que já tinham por causa do alto custo e do risco de multa. Eis um caso interessante que ilustra bem como um mercado saudável é uma garantia melhor para o trabalhador do que um enrijecimento das leis.

Em uma economia desenvolvida, há menos trabalho doméstico. Isso não ocorre porque o governo proibiu ou dificultou esse tipo de atividade, mas porque o mercado de trabalho oferece opções melhores aos trabalhadores. No Brasil, temos mais empregados domésticos porque, para muitos trabalhadores, essa é a única alternativa. O problema, evidentemente, não está com o trabalho doméstico, com quem decidiu ser ou ter um empregado em casa, mas com as limitadas alternativas geradas por uma economia altamente regulamentada.

> **COMO O TRABALHADOR NÃO PODE SUBMETER SEUS SERVIÇOS A CUSTOS INFERIORES AOS DETERMINADOS POR LEI, ACABA FICANDO SEM A EXPERIÊNCIA NECESSÁRIA PARA, MAIS TARDE, CONCORRER A POSTOS QUALIFICADOS.**

Em economias mais desenvolvidas, a oferta de empregos é mais ampla e diversificada, as pessoas têm oportunidade de escolher o que farão e o trabalho se encarece não por força de leis e impostos, mas segundo as leis básicas do livre mercado, da oferta e da procura. É um fenômeno saudável e o único modelo de fato sustentável. As pessoas passam a limpar suas próprias casas e a recorrer a serviços de conveniência como as lavanderias, que hoje no Brasil têm preços elevados.

O que se fez no país com o reforço de leis que já eram rígidas é uma versão torta desse processo. Em um cenário de desemprego, o governo resolve deixar o trabalho doméstico ainda mais caro para o empregador. Isso produziu uma onda de demissões de empregadas, babás, caseiros, enfermeiros e motoristas.

Quem defende a flexibilização das leis trabalhistas quer apenas que haja mais oportunidades de emprego e condições de negociação mais ampla entre empregador e empregado. Faz sentido ter de pedir permissão para poder trabalhar? Faz sentido suportar uma série de regulamentos e tributos para poder empregar? Claro que não. Por isso as leis trabalhistas não passam de uma farsa jurídica.

Além de limitar o volume e a variedade de opções de emprego para o trabalhador, a Previdência obrigatória e a CLT criam um problema grave para os trabalhadores não qualificados e para os cofres públicos. Como o trabalhador não pode submeter seus serviços a custos inferiores aos determinados por lei, acaba ficando sem a experiência necessária para, mais tarde, concorrer a postos qualificados. Isso, por sua vez, cria pressão popular para que o Estado organize planos de preparação para o trabalhador. Na mesma moeda, fica difícil para um trabalhador que tenha um trabalho regular negociar um segundo trabalho com horários e remuneração flexíveis para complementação de renda.

Sendo assim, o Estado, que criou o problema, precisa então resolvê-lo. Essa ciranda custa caro ao contribuinte. Quando a Previdência obrigatória e a CLT surgiram, as grandes distorções que causavam no mercado livre de trabalho eram corrigidas naturalmente por meio da economia informal. Quando formalizar a relação de trabalho de acordo com a CLT se tornava inviável, a solução era empregá-lo "de maneira informal", fora do regime da CLT. Com o passar do tempo, a Justiça Trabalhista tornou os riscos de contratar na informalidade muito grandes para o empregador. Hoje, esses riscos são um dos maiores fatores por trás da corrupção de fiscais do Estado.

É também notório dentre os empregadores como a Justiça Trabalhista favorece o empregado, colocando em risco a própria existência das empresas e o patrimônio pessoal dos empreendedores, muito além do que foi investido na empresa. Para muitas pessoas que poderiam criar novos negócios e gerar empregos, esse é o maior risco de se investir no Brasil.

Na crise econômica de 2014-2016, houve um caso de suicídio de um empresário no interior de São Paulo. Após demitir funcionários, sabia que, além de não conseguir preservar a empresa, na verdade iria à ruína pessoal com processos trabalhistas.

O episódio dramático expôs o quanto a Justiça Trabalhista é um claro desincentivo à contratação no setor privado.

O Brasil, com a reforma trabalhista que entrou em vigor em 2017, finalmente deu um importante passo rumo a melhoria nas relações de trabalho com o fim da contribuição sindical obrigatória. Na Inglaterra, por exemplo, em torno de 26% dos trabalhadores contribuem para algum sindicato voluntariamente. Na Alemanha, são 18%; a média nos Estados Unidos é 11%; e, na França, 8%.

> **INFELIZMENTE, QUANDO SE TRATA DE DEFENDER OS PILARES DO ESTADO GRANDE, NÃO LIDAMOS COM A RACIONALIDADE, MAS SIM COM EMOÇÕES E IDEOLOGIAS.**

No Brasil, ainda engatinhamos com essa mudança, e os sindicatos, federações, confederações e centrais sindicais resistem arduamente por meio de partidos e outras organizações políticas. Certamente, tentarão reverter esse tipo de legislação em governos futuros – mesmo que o impacto desse tipo de imposto seja altamente nocivo ao mercado de trabalho.

Um defensor racional do atual sistema trabalhista brasileiro poderia reconhecer algumas falhas e, mesmo assim, argumentar em favor de um certo nível de regulamentação. Ele diria que, apesar dos infortúnios causados a empresários pela Justiça Trabalhista – a despeito de a CLT e a Previdência tornarem o trabalhador brasileiro caro e pouco competitivo – e, mesmo os sindicatos, de fato, serem uma oligarquia e não representantes de classes, ainda assim é necessária uma legislação trabalhista que impeça, por exemplo, trabalho escravo e exploração de menores. Essas causas, obviamente, são legítimas. Nesses casos, o Estado deve intervir de modo firme, dado que se trata de ações coercitivas de pessoas, de empresas e mesmo de outras instâncias de governo contra indivíduos, famílias e comunidades. Essa intervenção, no entanto, não deveria ser conduzida no âmbito de uma pauta trabalhista, mas sim na esfera dos direitos individuais. O que significa dizer que a Justiça Trabalhista seria absolutamente desnecessária. Se não fosse a permissibilidade do Estado em criar um instituto de legislação trabalhista permanente, que impede e limita o ambiente de negócios, tal oligarquia não existiria.

Infelizmente, quando se trata de defender os pilares do Estado grande, não lidamos com a racionalidade, mas sim com emoções e ideologias. Para que um arranjo como esse se sustente no imaginário, é preciso eleger um "Grande Inimigo" do povo e do trabalhador.

O capitalismo e seus agentes, os empreendedores e empresários, foram sistematicamente demonizados no Brasil. Assim, um dos sistemas de produção mais naturais que a humanidade concebeu foi reduzido à imagem do egoísmo e da busca desenfreada pela obtenção de lucro individual a qualquer custo. E o empresário, apresentado como vil e desonesto, interessado apenas em explorar a sociedade trabalhadora.

Essa narrativa ganhou força na sociedade com a colaboração das universidades, da mídia impressa, televisiva, digital, das rádios, de algumas Igrejas e de diversos outros setores. Para que possamos fazer um contraponto justo que neutralize esse reducionismo vulgar é necessário resgatar a definição de capitalismo.

O termo capitalismo, assim como quase todos os conceitos analisados neste livro, passou por transformações e sofreu distorções políticas e redefinições ao longo do tempo. A acepção que mais me atrai é, talvez, a mais simples: capitalismo é um sistema econômico baseado na propriedade privada dos meios de produção e na troca livre de bens e serviços para a obtenção de acúmulo de capital.

Para compreender essa definição, observemos três pilares fundamentais sem um dos quais desqualifica a definição:

1. Capital – Refere-se a todo meio de produção. Não se limita a dinheiro. Inclui também crédito, máquinas, imóveis, móveis, matéria-prima, marcas, patentes etc.;
2. Troca livre e livre mercado – Agentes econômicos (indivíduos e empresas) trocam bens e serviços livres de interferência do Estado (via tributação e regulamentação) e também do poder de influenciar preços por meio de controle destes por oligopólios e monopólios;
3. Propriedade privada – A propriedade é considerada privada quando uma pessoa física ou jurídica detém o registro do bem ou serviço, tem a liberdade de exercer e negociar o uso do bem ou serviço, exerce o controle do bem ou serviço e tem a liberdade de vender o bem ou serviço para quem quiser. Em suma, liberdade de registro, uso, controle e venda. Qualquer interferência do Estado no exercício de quaisquer desses fatores que caracterizam uma propriedade privada descaracteriza sua plenitude.

Podemos definir o que seria a antítese do capitalismo: o socialismo.

O socialismo é um sistema econômico baseado na propriedade coletiva e no controle coletivo dos meios de produção para obtenção do bem-estar coletivo. Na contramão do que é postulado pelo capitalismo, no socialismo os meios de produção são de posse do Estado ou controlados pelo Estado por meio de regulamentações e tributação. No socialismo, os mercados não são livres, pois a maioria das empresas é controlada ativamente ou passivamente pelo Estado. Como o Estado determina a oferta de bens e serviços e controla os preços, o valor real de qualquer bem ou serviço não tem aferimento adequado e gera distorções em decisões econômicas de indivíduos e planejadores. Por haver um controle da oferta por meio de monopólios estatais e um controle da demanda conforme a fixação de preços e salários, há também um controle central da economia – o que, obviamente, não ocorre no capitalismo, como se vê no quadro número 5 (páginas 40 e 41).

Muitos intelectuais, economistas, jornalistas, historiadores e educadores referem-se ao Brasil como um país capitalista. Antecipando uma análise que veremos mais à frente, adianto que o Brasil já não é um país capitalista. Aliás, vai fazer cem anos que não temos, aqui, uma Constituição que possibilite o florescimento do autêntico capitalismo. Portanto, qual o motivo de vários brasileiros instruídos definirem o Brasil como capitalista quando o país de fato não é?

A desinformação por parte de agentes do Estado é uma boa razão para essa dissonância. Assim como o comodismo, por parte da sociedade, de não questionar o óbvio. Os termos "capitalismo" e "capitalista" são empregados pejorativamente para se obter cada vez mais controle por parte do Estado. Esses termos são utilizados de maneira negativa para supostamente justificar o que há de errado e injusto na sociedade, e tudo sempre cai na conta do capitalismo e de seus agentes. O lucro para esses defensores do Estado grande é demonizado como um mecanismo egoísta ganancioso e não visto como medida de sucesso e de bom trabalho recompensado. Segundo seus argumentos, para combater o egoísmo e a injustiça social resultantes do capitalismo, o Estado precisa intervir

QUADRO 10
CONTROLE DE CAPITAL

TOTAL — COMUNISMO, SOCIALISMO, NAZISMO, FASCISMO — 100%

KEYNESIANISMO

LIVRE — LIBERALISMO — 0%

A diferença entre os modelos está em quanto os meios de produção são controlados pelo Estado.

Fonte: Elaborado pelo próprio autor.

e controlar cada vez mais a economia. O irônico é que, na verdade, o capitalismo é a maior arma contra o lucro exorbitante e ao mesmo tempo o maior causador de ascensão e mobilidade social.

Como assim?

Quando as empresas são livres para competir entre si, a tendência é que a lucratividade de cada empresa caia. Se um empresário conquista alta lucratividade num setor, ele sinaliza para outros empreendedores que é positivo o retorno sobre o investimento naquele negócio. Assim, outros empresários passarão a atuar no mesmo setor, aumentando a concorrência.

Para manter sua lucratividade alta, o empreendedor precisa inovar para estar sempre um passo adiante da concorrência. Em momentos em que uma determinada empresa lidera a inovação, ela pode comandar preços mais altos por um breve período, mas essa alta de preços logo se desfaz assim que um competidor surja com algo similar ou ainda mais inovador.

Esse ciclo constante e virtuoso reduz a lucratividade de quem mantém produtos e serviços defasados, de baixa qualidade e a alto custo.

Quando empresas estão em verdadeira competição, é mais provável que surjam inovações reais, como novos produtos, serviços e tecnologias. Ao mesmo tempo, esse ciclo aufere ao consumidor final sempre o melhor produto e serviço ao menor preço. Numa economia regulada, uma empresa tem mais garantias de que pode permanecer no mercado sem inovar ou investir. Portanto, gera menos oportunidades no mercado de trabalho e menos benefícios ao consumidor. Num mercado livre, quanto mais a empresa investir em inovação para se manter no jogo da rentabilidade alta, mais oportunidades de trabalho e melhores produtos e serviços surgirão.

Esse último caso é o cenário ideal de capitalismo funcionando de modo adequado. Na realidade, é comum que grandes empresas que vençam o jogo em seus respectivos segmentos passem a dominar o mercado e tentem os mais variados estratagemas para eliminar a competição. Havendo um governo interventor, essas grandes empresas, curiosamente, passam a não ter interesse de estimular e defender o "capitalismo" no seu segmento, pois isso fomentaria mais competição e lucros decrescentes. Com o Estado interventor, elas buscam saídas por meio de regulamentações por parte do governo e da burocracia para se manterem na liderança. É assim que se formam os oligopólios, os monopólios e as oligarquias econômicas.

O IRÔNICO É QUE, NA VERDADE, O CAPITALISMO É A MAIOR ARMA CONTRA O LUCRO EXORBITANTE E AO MESMO TEMPO O MAIOR CAUSADOR DE ASCENSÃO E MOBILIDADE SOCIAL.

Em um Estado de direito moderno, adepto do modelo capitalista, uma das funções primordiais do Estado é agir contra essas empresas concentradoras dos meios de produção, fragmentando seu controle econômico para garantir o ambiente do livre mercado. Nesses casos, o Estado age como uma força reguladora capaz de garantir a livre concorrência. Foi exatamente esse modelo que fez com que a Alemanha saísse da depressão pós-Segunda Guerra Mundial e se tornasse a maior economia da Europa em menos de dez anos. Chamaram esse período de *wirtshcaftwunder* (algo como "milagre econômico") e foi um modelo político econômico de *ordo-liberalism* (liberalismo ordenado, por assim dizer).

Alguns liberais sustentam que essa intervenção contra a ação dos monopólios não seja necessária. Bastaria desregulamentar a economia e abrir-se livremente ao comércio global. Isso estimularia a livre concorrência internacional – e, naturalmente, minimizaria as ações nocivas dos monopólios locais. Essa é, em síntese, a visão da chamada Escola Austríaca, cujo pensador mais célebre é o já mencionado Ludwig von Mises. Qualquer que seja o mecanismo de manter as empresas em livre concorrência, o princípio regente de manter o mercado livre de distorções causadas pelo Estado ou por monopólios e oligopólios é a melhor alternativa para a criação de oportunidades.

Já em um Estado interventor dominado por oligarquias, em contraste, as grandes empresas passam a agir junto com o Estado na criação de regulamentações e tributação para que sua reserva de mercado prevaleça ao longo do tempo. É justamente esse o modelo brasileiro. Um Estado interventor dominado por poderes políticos e econômicos oligárquicos.

Um Estado oligárquico, por definição, não pode permitir o livre mercado típico do sistema capitalista. A razão é simples: Estado e oligarquias perderiam poder e controle. Um Estado oligárquico, como o brasileiro, tem uma economia controlada mais próxima de um modelo socialista do que do autêntico sistema capitalista descrito anteriormente.

No que diz respeito à ascensão social, o capitalismo é infinitamente superior ao socialismo por dois motivos. O primeiro é, mais uma vez, um tanto quanto óbvio: o socialismo pressupõe o fim das classes sociais e a estabilização (leia-se repressão) de toda a diversidade da sociedade em uma classe única. O segundo motivo, menos evidente, é porque o capitalismo de fato cria mais oportunidades e premia o mérito.

Em um sistema capitalista, a necessidade de inovar para se manter à frente da competição produz inúmeras oportunidades e dá ao indivíduo o poder de escolher entre elas. São essas oportunidades que libertam o potencial econômico dos cidadãos em busca da satisfação pessoal. No caso do Estado oligárquico, a abertura de novas empresas, a contratação de funcionários, a inovação, a criação de novos produtos e serviços – tudo é burocrático e sobretaxado para criar empecilhos ao surgimento de novas oportunidades.

À medida que um pequeno número de empresas estabelece um monopólio com conivência do Estado, esse grupo passa a querer garantir que os consumidores tenham seu produto como única alternativa. Isso limita as opções para os trabalhadores, que terão de aceitar as condições impostas pelos "donos do setor", dado que não terão oportunidade de achar um lugar melhor para trabalhar. Quando há competição real, as empresas não somente precisam melhorar sua oferta de produtos e serviços mas também são obrigadas a oferecer melhores condições aos seus empregados a fim de mantê-los.

Em um contexto regulatório pesado, acontece justamente o contrário: somente uns poucos agentes empreendedores conseguem se manter. Ao mesmo tempo, poucas ideias são viáveis. Isso cria limitações no mercado de trabalho, fazendo com que os trabalhadores se encontrem em um cenário de poucas e más opções de trabalho no setor de sua escolha.

> **AS PESSOAS TÊM A PERCEPÇÃO DE QUE SEUS ESFORÇOS NÃO SÃO COMPENSADOS PELO MERCADO DE TRABALHO REGULAMENTADO.**

Essa é uma das razões pelas quais no Brasil tantas pessoas se sentem desestimuladas a estudar ou a se aprimorar numa área específica. Elas têm a percepção de que esses esforços não são compensados pelo mercado de trabalho regulamentado. É por isso também que a produtividade do trabalhador brasileiro é uma das mais baixas. Se não há competição real entre empresas e se os trabalhadores por sua vez não têm seus esforços compensados, por que os empresários inovariam? Por que reinvestiriam o lucro para criar novos negócios e gerar mais empregos? Por que ofereceriam melhores condições a seus empregados, já que eles não têm para onde ir? E por que os empregados teriam real interesse em produzir mais e melhor?

Um Estado oligárquico e controlador mina a mobilidade social de outra maneira, mais perversa ainda. Ao onerar excessivamente qualquer iniciativa empreendedora, esse sistema faz com que poucas pessoas tenham possibilidades de empreender, de se tornarem capitalistas. Quando as oportunidades não estão disponíveis a todos, há um entrave claro à ascensão social, o qual constitui tanto uma injustiça contra aqueles que foram privados de sua possibilidade de empreender quanto um fator de atraso nacional.

No Brasil, as pessoas mais carentes costumam ter uma percepção aguçada dessas injustiças criadas pelo Estado, mas não associam diretamente que tudo tem a ver com regulamentação. Elas percebem que, de um lado, o Estado reduz suas chances de conseguir um emprego em as condenar à informalidade e encarecer os custos trabalhistas e, de outro, impede que se tornem empreendedoras, dada a legislação complicada e onerosa para se viabilizar uma nova empresa. As tentativas de ascensão social dos mais pobres por meio do empreendedorismo costumam ser punidas e não motivadas.

> **UM ESTADO OLIGÁRQUICO E CONTROLADOR MINA A MOBILIDADE DE MANEIRA PERVERSA. AO ONERAR EXCESSIVAMENTE QUALQUER INICIATIVA EMPREENDEDORA, ESSE SISTEMA FAZ COM QUE POUCAS PESSOAS TENHAM POSSIBILIDADES DE EMPREENDER, DE SE TORNAREM CAPITALISTAS.**

A verdadeira mobilidade social, no entanto, só é possível em uma sociedade meritocrática. A defesa do mérito, do princípio de que pessoas mais criativas, esforçadas e capazes devem ser premiadas, está na base do capitalismo.

Antes de seu surgimento, a ideia corrente era de que o nascimento e o pertencimento familiar estabeleceriam com justeza o que cada um deveria fazer, qual seria seu lugar no mundo. Se o pai era artesão, o filho seria artesão. Se era advogado, o filho

QUADRO 11
IDEAIS QUE DOMINARAM O OCIDENTE NOS ÚLTIMOS 300 ANOS

	1600–1699	1700–1799
LIBERALISMO POLÍTICO	1688 Revolução Gloriosa	
LIBERALISMO ECONÔMICO		1776 Adam Smith
KEYNESIANISMO		
SOCIALISMO & COMUNISMO		
FASCISMO & NAZISMO		

seguiria a carreira. Uma família rica geraria filhos igualmente ricos; se a origem era pobre, os descendentes permaneceriam com pouca ou nenhuma margem de manobra.

A ideologia do liberalismo econômico capitalista, no entanto, defende que as pessoas se dediquem a determinada atividade por mérito e vocação. Isso muda tudo.

A premissa defendida aqui é de que a verdadeira ascensão social é alcançada por meio da livre iniciativa, de um mercado aberto e competitivo no qual indivíduos tenham poder de escolha para optar em que empresa irão trabalhar ou que tipo de negócio criarão. A ideia de que um Estado oligárquico, controlador e planejado centralmente é capaz de promover a mobilidade social por meio de regulamentações rígidas é ilusória e insustentável. Prova disso é que o Brasil vem seguindo esse caminho desde a década de 1930 sem registrar avanços acima da linha da mediocridade.

Em momentos em que a economia está melhor por fatores incontroláveis e dinâmicos – como os preços das commodities, que estiveram em alta durante boa parte dos governos petistas neste século –, a arrecadação

| -1899 | 1900-1999 | 2000-2015 |

| | 1933 | 1975 · 2002 |
| | | Thatcher/Reagan |

| | 1933 1975 | 2002 |
| | Keynes | Bush/Obama |

| | 1917 1989 |
| | Lênin |

| | 1922 1945 |
| | Mussolini |

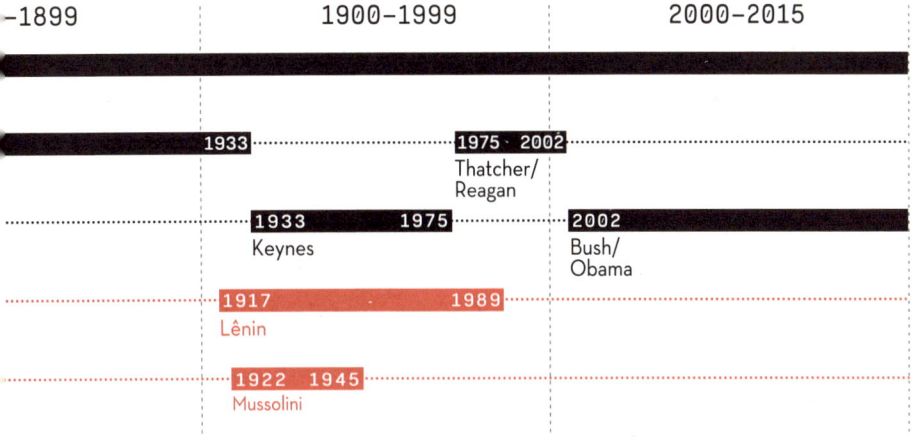

Fonte: Elaborado pelo próprio autor.

de impostos do Estado controlador sobe e é possível criar uma aparência de que o bem-estar dos desfavorecidos é assegurado por meio de assistencialismo. Mas, assim que a arrecadação de impostos cai, fica claro que o momento de bonança da economia não rendeu nada de sólido e construtivo. Alijado pelo Estado, o mercado se torna totalmente dependente de incentivos. Incapaz de inovar, deixa de ser uma instância capaz de reverter a crise e passa a ser algo que meramente a reflete.

O capitalismo sendo postulado como inimigo da sociedade não é um fenômeno exclusivo do Brasil. É uma estratégia mundial e deliberada de desconstrução do maior inimigo do Estado grande, oligárquico e controlador da economia.

Sem destruir o conceito de livre mercado, a criação de organizações reguladoras supranacionais fica comprometida. Somos levados a crer que a regulamentação por parte do Estado é a única ferramenta contra a "ação nociva dos capitalistas" no combate à pobreza e na defesa da ascensão social dos menos favorecidos. A consequente falta de opção torna clientes e trabalhadores reféns. Quando grandes empresários e o Estado se unem para, supostamente, garantir o bem-estar, o liberalismo econômico autêntico, calcado no capitalismo, deixa de existir.

Foi somente em 1776 que o conjunto de ideias que dariam origem ao modelo capitalista e a proposta de liberalismo econômico tomaram a forma de uma ideologia marcante e abrangente. Isso ocorreu com a publicação de *A Riqueza das Nações*, do economista e filósofo escocês Adam Smith (*1723 – †1790). Segundo Smith, uma economia próspera não surge de ações dos governos, mas sim de ações voluntárias de compradores e vendedores em mercados livres. Isso significa que nenhum grupo deve determinar artificialmente qual será a oferta ou a demanda de um produto ou serviço.

O volume de oferta e demanda é um controlador natural e saudável do mercado e tentar manipulá-lo gera distorções de preços que, por sua vez, criam distorções em decisões de investimento, o que configura um crime contra a liberdade econômica. Para Smith, quanto menos intervenção desses agentes na economia de mercado, menor é a distorção que geram e, desse modo, o mercado é capaz de tomar melhores decisões de uso de recursos. O resultado é mais satisfação dos agentes do mercado.

No Ocidente, a dominância dessa ideologia foi quase total durante todo o século xix. Vários países da Europa começaram a operar sob princípios liberais, o que garantiu seu sucesso. Em consequência, o século xix ficou marcado pela expansão econômica, por conquistas e aberturas de novos mercados, pelo desenvolvimento da agricultura, da medicina, pelo crescimento populacional, pela criação dos grandes centros urbanos e pelo pico no ciclo de industrialização.

À medida que as nações enriqueciam, uma nova classe social urbana emergia e ganhava afluência nos grandes centros europeus. Essa classe de trabalhadores urbanos, a emergente classe média, começou a questionar sua qualidade de vida e os resultados do liberalismo econômico em termos de benefícios efetivos para a sociedade em geral.

O que fez com que a ideologia liberal começasse a ser questionada foi o fato de que uma economia livre de agentes interventores sofre ajustes naturais de preços e expectativas de mercado, o que pode gerar desemprego por um período. Embora, a longo prazo, os ajustes naturais sejam benéficos para o mercado, no momento em que eles acontecem é comum que sejam notados efeitos políticos negativos e clamores populares pela volta da expansão econômica.

Por exemplo: se uma grande empresa deixa de ser competitiva em um mercado livre, ela vai à falência. A médio prazo, essa falência por falta de competitividade denota que os clientes já fizeram sua escolha por um produto ou serviço melhor. Denota também que novas oportunidades certamente surgirão no setor em que atuava a empresa falida ou em outros segmentos – e que, portanto, os trabalhadores terão empregos em lugares mais motivadores. Entretanto, na visão imediatista, o fato é que os funcionários da empresa falida estarão desempregados.

Foi essa fatalidade momentânea que gerou o questionamento acerca da eficiência da economia liberal.

Os trabalhadores passaram a exigir que em momentos de ajustes naturais do mercado o Estado interviesse de algum modo. No final do século XIX, a crescente participação política dessas novas classes urbanas passou a motivar a revisão do nível de intervenção do Estado na economia. Assim surgiu uma terceira linha de pensamento liberal: o liberalismo

QUADRO 12
DOIS TIPOS DE CAPITALISMO

KEYNESIANISMO
1. Estado investidor
2. Protecionismo
3. Pleno emprego
4. Intervenção em crises
5. Intervenção via tributos e regulamentação

LIBERALISMO
1. Estado monitorador
2. Livre comércio
3. Trabalho livre
4. Não intervenção
5. Privatização e desregulamentação

Fonte: Elaborado pelo próprio autor.

QUADRO 13
CONTROLE DA PROPRIEDADE NOS DIVERSOS SISTEMAS ECONÔMICOS

PILARES DA PROPRIEDADE	COMUNISMO	SOCIALISMO	NAZISMO
REGISTRO	Estado	Estado + Capital privado	Estado + Capital privado
USO	Estado	Estado + Capital privado	Estado + Capital privado
CONTROLE	Estado	Estado	Estado (via tributação e normas)
VENDA	Estado	Limitada	Limitada

social, que prega o equilíbrio entre liberdade política e econômica para geração de igualdade social.

Essa linha liberal abriu as portas para que o Estado passasse a agir de modo interventor nos períodos de ajuste econômico com o propósito de minorar as consequências desses ajustes para a população. Uma crítica frequente ao "liberalismo light" é a de que ele viria a servir de porta de entrada para o socialismo.

No início do século xx, o liberalismo econômico começou a viver o ocaso de sua influência. Foi quando as ondas socialista e nacionalista fizeram surgir economias controladoras. Vozes respeitáveis levantaram-se contra essas ondas. Uma delas foi a do economista austríaco Carl Menger (*1840 – †1921), fundador da chamada Escola Austríaca. Menger e seu grupo argumentavam que o preço de um bem ou serviço não deveria ser determinado pela quantidade de trabalho empregada para produzi-lo, como afirmavam os marxistas clássicos. O preço tinha de ser estabelecido pela negociação livre entre comprador e vendedor. A economia só fluiria de modo produtivo se os agentes se beneficiassem da troca individualmente.

O também austríaco Friedrich Hayek (*1899 – †1992), defensor do liberalismo clássico, postulava que mercados livres se autorregulam e se ajustam sem necessidade de controle central. Hayek dizia que a ordem

FASCISMO	KEYNESIANISMO	LIBERALISMO
Capital privado	Capital privado	Capital privado
Capital privado	Capital privado	Capital privado
Estado (via tributação e normas)	Capital privado	Capital privado
Limitada	Capital privado	Capital privado

Fonte: Elaborado pelo próprio autor.

econômica precisa ser espontânea porque preços transferem informação e se ajustam de maneira natural e harmoniosa. Em contrapartida, a interferência de governos causa distorções e falhas que geram crises e tornam inevitáveis ajustes artificiais.

Essa ideia de que a variação de preços é um dado que traz informações essenciais para que os indivíduos tomem decisões financeiras satisfatórias é considerada uma das mais geniais da ciência econômica. Hayek defendia que nenhum governo tinha o conhecimento de todas as necessidades individuais, o que limitava sua eficiência. Para o economista e filósofo, o Estado de direito – ou o "governo de leis" – tem de basear-se no fato de que leis não podem ser criadas para controle, mas sim por demandas reais verificadas na experiência coletiva de uma sociedade livre.

É importante pontuar que o liberalismo econômico se distingue do keynesianismo. O chamado keynesianismo se inicia em 1933, quando o economista britânico John Maynard Keynes (*1883 – †1946) passa a defender uma intervenção efetiva do governo na economia de modo a garantir o pleno emprego e – assim se pensava – o bem-estar social.

O keynesianismo surge para, supostamente, solucionar consequências indesejáveis do liberalismo, como ajustes de preços, desemprego e volatilidade de ciclos econômicos. Segundo a doutrina keynesiana, o Estado torna-se responsável por programas de investimentos em infraestrutura capazes de empregar milhões de pessoas e por programas de assistência social para facilitar a transição entre capacitações técnicas e para evitar o desemprego em períodos de ajustes.

A proposta de Keynes estava longe de ser uma defesa do socialismo. Sua ideia era manter a livre iniciativa no comando da economia, com o Estado criando incentivos para o mercado investir em áreas em que o retorno financeiro só se dá no longuíssimo prazo ou em setores de alto risco. O contraste fundamental entre keynesianismo e socialismo é que no primeiro os meios de produção (capital) permanecem privados, excetuando-se a criação de algumas poucas empresas estatais, e a regulamentação e a tributação dos diversos setores da economia se mantêm relativamente baixas. Também, ao contrário do socialismo, a propriedade e o acúmulo de capital são relativamente livres de regulamentação.

Durante a ascensão do socialismo e nos períodos mais sangrentos e dominados por ideologias marxistas da história da humanidade – como a Segunda Guerra Mundial e a Guerra Fria –, a proposta de Keynes pressupunha a preservação do Estado de direito com mecanismos democráticos, das liberdades individuais e da garantia da propriedade privada. Essa talvez tenha sido a única contribuição positiva do keynesianismo. Graças a essa linha de pensamento, o Estado de direito moderno sobreviveu ao século XX, garantindo sua continuidade no Ocidente.

Com todas as críticas que se possa fazer ao keynesianismo, é preciso reconhecer que, no início dos anos 1940, o mundo ocidental estava dividido entre países dominados pelo nacionalismo fascista ou pelo socialismo e algumas poucas nações livres, que adotaram uma política capitalista de cunho keynesiano. No início dos anos 1970, no entanto, o modelo se enfraqueceu no Ocidente. O Reino Unido e os Estados Unidos viram a necessidade de afrouxar as rédeas de setores hiper-regulamentados e de privatizar o que tinha sido estatizado desde a década de 1930. Ambos os países apresentavam altas taxas de juros e de inflação e baixos níveis de investimento e crescimento econômico. Os sindicatos haviam se tornado demasiadamente fortes, tirando a competitividade da mão de obra.

Assim, na segunda metade do século xx, a Europa e a América viram ressurgir o liberalismo econômico, com a ascensão no Reino Unido, em 1975, de Margaret Thatcher (*1925 – †2013), e nos Estados Unidos, em 1981, de Ronald Reagan (*1911 – †2004).

Graças aos esforços de filósofos e economistas como Menger, Hayek e Mises, além de Murray Rothbard (*1926 – †1995), Milton Friedman (*1912 – †2006) e tantos outros, a ideia original postulada por Adam Smith foi lapidada e polida para ressurgir no momento da falência do keynesianismo e de todas as variações de sistemas fascistas e socialistas de planejamento central da economia.

CAPÍTULO 5

NEOSSOCIALISMO (OU OLIGARQUISMO)

A economia nacional, altamente regulada e controlada, remete-nos aos tempos da Cortina de Ferro

No início de 2016, prestávamos muita atenção a palestrantes fiéis ao governo se dirigindo aos sindicatos de trabalhadores. Eles estavam divulgando seu programa de desenvolvimento nacional. Naquele momento, as tramitações do impeachment da então presidente Dilma Rousseff já estavam maduras e o ex-presidente Luiz Inácio Lula da Silva havia sido levado à Polícia Federal para prestar depoimento relacionado a um inquérito. O verniz de legitimidade que mantinha o governo havia desaparecido e o tom dos palestrantes era combativo. Mais uma vez, a retórica dos palestrantes sintetizava a narrativa que há décadas dominou e que ainda ecoa em boa parte do pensamento político e da sociedade brasileira. Trata-se de uma narrativa marxista. Vamos a ela.

Os palestrantes demonstraram grande preocupação com o retorno do liberalismo econômico no mundo. Declararam que o filósofo e economista escocês Adam

Smith, pensador considerado pai intelectual do liberalismo econômico, queria eliminar as camadas mais pobres do operariado e dos trabalhadores para que esses não tivessem condições de lutar contra os burgueses, donos do capital. Também citaram como, no século XX, o mundo evoluiu quando, após a Segunda Guerra Mundial, a maioria dos países passou a se preocupar com as questões trabalhistas e os direitos dos trabalhadores, com os direitos humanos, com a sustentabilidade e com a natureza. Ressaltaram que esses "avanços" foram conquistas sociais da classe trabalhadora. Em seguida, ressaltaram que a lua de mel acabou recentemente, quando o "dinheiro especulativo" resolveu se reorganizar contra o "Estado social" e contra os trabalhadores.

Em determinado momento, alardearam que o capital, no Brasil, quer acabar com o Estado por meio da independência do Banco Central e em nome da estabilidade financeira. Essas vozes referem-se, com frequência, ao "aluguel" do Parlamento pelo financiamento de partidos e de campanhas e destacam que esse processo faz com que os parlamentares "eleitos pelo capital" defendam bandeiras como a reforma da Previdência e a flexibilização da Consolidação das Leis do Trabalho (CLT) em favor de acordos livres entre empresas e funcionários. Apelam por sentimentos nacionalistas, dizendo que a privatização de empresas que são "brasileiras por direito", como a Petrobras, precisa ser combatida.

Para lutar contra o "assalto ao Estado", o governo de Dilma propunha um planejamento público centralizado e impositivo; criação de um sistema bancário público; incentivo às estatais estratégicas para executar o planejamento básico e para "incitar" e "puxar" empresas privadas; e a utilização da dívida pública como ferramenta para o desenvolvimento. Em outras palavras, estavam propondo a nacionalização dos poucos bancos privados que restam, a estatização de empresas particulares e a ampliação dos gastos crescentes e insustentáveis com programas sociais mal desenvolvidos.

A narrativa continua quando os apoiadores do governo se disseram favoráveis ao controle do câmbio e das taxas de juros e à imposição do imposto de renda progressivo. Curiosamente, enalteceram ações de intervenção no sistema financeiro, como as que ocorreram durante a Alemanha nazista (1933-1945), e concluíram que os interesses do capital não devem voltar a predominar num país como o Brasil.

Os sindicalistas presentes na plateia ovacionaram esse posicionamento já familiar, mas tiveram seus propósitos revigorados e fizeram juras de que lutariam em defesa do governo da presidente Dilma, contra o capital e seus representantes. Pena que aquela apresentação para sindicalistas não era um debate, pois mesmo entre aquela audiência de pelegos dependentes e leais ao Estado era possível que surgissem algumas vozes capazes de questionar a mitologia e, quem sabe, desmascarar o volume absurdo de desinformação que se oferecia ao público.

Esse tipo de discurso é padrão da ideologia que leva ao comunismo. Escutamos variações mais e menos competentes dessa narrativa desde a queda do muro de Berlim, em 1989, de modo que já fincou raízes na nossa formação intelectual. Mesmo aqueles brasileiros que posteriormente questionaram essa abordagem e aderiram a uma visão lógica e científica da história e da economia se formaram ouvindo esse discurso, vendo o mundo e a história sob a lógica binária da luta de classes. Sendo assim, é especialmente difícil para nós nos contrapormos a essa visão de mundo. Mas difícil não significa impossível, e podemos escapar dessa mitologia quando analisamos seus pressupostos por etapas.

Primeiro, afirmar que Adam Smith pregava a opressão das classes desfavorecidas pelo capital é um descalabro histórico monumental. Adam Smith era contra o mercantilismo, o sistema de acúmulo de riqueza pelo Estado despótico dos reis absolutistas, e narrava suas observações a respeito do mercado negro, que se forma sempre que há um regime que controla tudo.

Smith via que inúmeras oportunidades de troca se apresentavam quando o mercado não sofria controle ou tributo do Estado. Portanto, ele não era contra ou a favor de classe nenhuma, mas sim um defensor da liberdade de trocas como mecanismo capaz de gerar mais oportunidades a todos – e nesse processo removê-los da pobreza.

As observações de Adam Smith libertavam as pessoas, não as oprimiam. Segundo ele, o mercado trabalhará para o bem da sociedade se deixado a sós, guiado somente pela "mão invisível" de suas vontades do que pelo "punho de aço" do Estado. É de Smith a frase: "Nenhum país é próspero se a maior parte de sua sociedade é pobre ou miserável". Afirmar que Smith queria o oposto é um grande ato de desinformação e descontração histórica de um legado.

Segundo, a ideia de que o Estado de bem-estar social trouxe conquistas históricas ao longo do século XX e que essas conquistas estão sendo ameaçadas pelo "capital especulativo" é outra grande falácia regurgitada reiteradamente no Brasil desde o pós-Guerra. O fim do ciclo que esses ideólogos chamam de Estado social – ou seja, o de países que adotaram o socialismo e se tornaram comunistas – se deu em 1989 na Europa, por força de sua própria inviabilidade financeira e econômica, e não por ação de agentes financeiros do mal, adeptos do liberalismo econômico e dispostos a derrubar os Estados sociais até então.

No Brasil, entre 2002 e 2016, aventuramo-nos a incorrer nos mesmos erros que alguns países da Europa no século anterior. Aliás, foram os mesmos erros que o próprio Brasil cometeu até o fim do regime militar, em 1985. Portanto, estamos tendo o segundo colapso econômico do nosso Estado social.

Essa derrocada se iniciou em 2014 e segue até o presente momento. Essa crise atual no Brasil não foi causada pelos "interesses do capital" e especuladores; ela foi causada pela própria falência do chamado Estado social, no século xx.

Essa narrativa omite o fato de que as nações que sempre limitaram a criação de um Estado naqueles moldes, como Estados Unidos, Canadá, Reino Unido, Austrália, Japão e Suíça, reduziram a pobreza e aumentaram a renda per capita de seus cidadãos muito além da dos países que caíram na armadilha de criar alguma variante do chamado "Estado de bem-estar social" – como veremos em outro capítulo. Há mais o que ponderar. Nesses mesmos países com pouca intervenção estatal, a qualidade do meio ambiente foi melhor durante o século xx e assim permanece até hoje. Somente a omissão de todos esses fatos permite que alguém afirme ter havido "avanço social" nas nações que adotaram o modelo denominado Estado de bem-estar social.

Na verdade, o século xx trouxe um grande retrocesso para a evolução política e para o progresso da sociedade. Desde a Revolução Gloriosa na Inglaterra, em 1688, o Ocidente experimentou o ciclo virtuoso da prosperidade, enquanto o despotismo político definhava. Ao final do século xix, o liberalismo político já havia influenciado a maioria dos países a adotar constituições que limitavam a atuação do governo e criavam Estados de direito com validações democráticas por meio do voto. Novas leis deram mais controle da coisa pública para a sociedade e também contribuíram para o aumento da transparência.

No século xx, com o ressurgimento dos modelos totalitaristas – dessa vez, não mais com reis no comando central, mas sim líderes fascistas, nazistas, socialistas ou comunistas –, esse processo evolutivo da sociedade organizada no comando compartilhado da coisa pública se estancou e se reverteu. Nessas novas propostas totalitaristas de Estado, em nome do bem-estar social e da redução das desigualdades, os governos voltaram a ter menos limites, tornaram-se menos transparentes e o povo perdeu participação no sistema político.

Sob a grande mentira de que o Estado estava libertando o trabalhador dos grilhões do capital, criaram-se poderes socialistas despóticos. Esses regimes eram *de jure* e de fato patrimonialistas e, em grande parte, mais totalitários do que aqueles regimes monárquicos absolutistas do século XVII, representando um nítido retrocesso.

Terceiro, os defensores do governo de Dilma mencionaram que o capital burguês quer a independência do Banco Central para controlá-lo. Nessa passagem, eles fazem uma deturpação grosseira do liberalismo econômico para validar suas propostas intervencionistas. Para boa parte dos economistas liberais, não deveria sequer haver um Banco Central no controle da moeda – quanto mais uma instituição sob controle de grandes empresários que pudessem utilizá-la em seu próprio benefício. O controle da moeda sempre foi uma proposta marxista, como descrito pelo próprio Karl Marx em seu livro *O Capital*. Segundo os liberais, a taxa de juros deveria ser determinada de maneira espontânea e diária pelo mercado financeiro, e não em função de uma reunião periódica de poucos "notáveis" nomeados, como acontece hoje no Brasil com o Comitê de Política Monetária (COPOM).

A causa de todos os problemas decorrentes dos ciclos de aumento e redução de taxa de juros, no Brasil e em outros países que possuem instituições financeiras equivalentes ao Banco Central – independente ou não –, resume-se ao fato de que poucas pessoas tomam decisões erradas sobre o custo do dinheiro, ou seja, os juros. Quando o mercado ajusta naturalmente as taxas, evita as diversas bolhas e distorções que abundam em economias controladas ao longo do tempo.

Quarto, a apelação pelo sentimento nacionalista, no que se refere ao petróleo sendo patrimônio do Estado brasileiro é outra grande falácia. O petróleo tem seus dias contados. Até 2050, prevê-se drástica redução de consumo e de produção desse combustível. Exaustão de reservas, tecnologias de propulsão novas e fontes alternativas de energia já se fazem presentes, de maneira significativa, em quase todos os países modernos. E a projeção é de crescimento acentuado nas próximas três décadas.

Os países de economia dependente do petróleo já investem suas reservas desesperadamente para diversificar sua produção de energia em antecipação desse cenário inevitável. A proposta desses palestrantes de proteger algo que não terá valor e nem mercado é, portanto, falaciosa – sem contar o fato evidente de que o consumidor brasileiro sempre pagou por combustível mais caro para manter essa proteção. Considerando que o transporte de bens e capacidade de locomoção ainda é dependente do petróleo, monopólios estatais como o da Petrobras sempre fizeram parte do controle total da economia, sem o qual o comunismo não se materializa plenamente.

Quinto e último contraponto: Os defensores do governo Dilma afirmam que o capital comprou campanhas e "alugou" partidos para representarem seus interesses. Implicitamente, afirmam que a pauta do liberalismo econômico é igual à das oligarquias econômicas. Grande inverdade. Mais uma vez, há um ponto central de dissimulação que é preciso ser exposto. As oligarquias econômicas não são adeptas do liberalismo. Como já vimos anteriormente, as oligarquias econômicas, assim como as políticas, querem controlar o país e se perpetuar no comando. Para obter esse controle, o melhor modelo para elas é alguma variante de Estado interventor, tal qual o modelo socialista.

Isso mesmo. Oligarcas da economia convivem muito bem com os oligarcas políticos criados pelo Estado social. Quando notamos que boa parte dos novos magnatas empresariais vem de países controlados, como a Rússia e China, isso não é nenhuma contradição; é, apenas, uma questão de lógica.

Um Estado com modelo econômico de alta intervenção regulamentar e tributária, a exemplo dos fascistas, nazistas, socialistas e comunistas, tem economia planejada centralmente, o que o torna ideal para que os poucos grandes empresários e oligarcas econômicos controlem todo o sistema. A troca é simples, mas invisível ao leigo, ao pagador de impostos normal.

Funciona assim: os oligarcas, por serem contra a competição de livre mercado, articulam a criação de uma regulamentação altamente restritiva para o mercado interno. A medida elimina a competitividade de pequenas e médias empresas nacionais e o protecionismo inviabiliza as importações. Em troca de regulamentações favoráveis e de financiamento público extensivo a taxas camaradas – como se viu com o Banco Nacional de Desenvolvimento Econômico e Social, o BNDES, por exemplo –, os oligarcas aceitam normas trabalhistas que encarecem seus custos e garantem benefícios maiores aos trabalhadores escolhidos pelos sindicatos. Escondida nesse jogo, está a demanda dos oligarcas políticos por sucessivos aumentos de renda, patrocínio a campanhas políticas e por cada vez mais empregos para seus correligionários.

> **AS OLIGARQUIAS TRANSFORMARAM O ESTADO BRASILEIRO EM UM MONSTRO INDOMÁVEL, COM GOVERNO E BUROCRACIA EMARANHADOS COM POUCAS EMPRESAS QUE FINANCIAVAM TODO O ESQUEMA POLÍTICO DE MANUTENÇÃO DE PODER.**

Oligarquias políticas, como o partido e os sindicatos trabalhistas, garantem os interesses das oligarquias econômicas e são sustentadas por elas. Oligarcas políticos e econômicos vivem, em suma, em perfeita simbiose, eleição após eleição. Com um braço no poder político, outro no econômico, ambos conspiram contra o Estado de direito e os anseios da sociedade. Assim se fecha o modelo de oligarquismo que temos no Brasil.

Por meio do ativismo político e com minha recente experiência no Movimento Acorda Brasil, tenho constatado o quanto esse oligarquismo colaborou para o Estado brasileiro tornar-se um monstro indomável, com governo e burocracia emaranhados com poucas empresas que financiavam todo o esquema político de manutenção de poder. Esse esquema foi potencializado pelos governos socialistas recentes de Luiz Inácio Lula da Silva (2003–2011) e Dilma Rousseff (2011––2016), embora suas origens venham da estrutura de poder que abrange todo o período republicano.

O liberalismo econômico é basicamente o oposto de tudo o que os defensores do Estado máximo afirmam. Nele, o mercado tem de se manter livre, de forma que nenhuma empresa, governo, indivíduo ou grupo de interesse possa controlá-lo. As tentativas de controle de qualquer segmento da economia por parte de uma grande empresa que atue em conluio com políticos são sempre mais fáceis em um governo interventor do que num modelo político não interventor. Por definição, o Estado liberal não pode intervir em demasia na economia, assim como na sociedade.

A esquerda mundial e a brasileira sabem empregar a retórica política sem nexo com a realidade – e, quando convém, alteram a história e os fatos para criarem novas realidade e retórica. Na retórica em questão o povo é iludido a crer que só existem duas opções: ou o Estado (o *bonzinho*) fica no controle de tudo ou a oligarquia econômica do capital (grandes empresários *malvados*) se torna o controlador. Nessa visão, não há sequer menção da verdadeira opção defendida pelos defensores do livre mercado como Smith, Hayek e Mises. É justamente a omissão dessa opção na retórica populista da esquerda marxista que precisa ser combatida, no Brasil e no mundo.

Se nos demos o trabalho de dissecar essa narrativa aplicada ao grupo de sindicalistas é porque a dinâmica aqui exposta é uma regurgitação da daquela em voga no Brasil há cem anos. O país encontra-se, hoje, sem um contraponto aos descalabros racionais e históricos. Consequentemente, quase todos os partidos políticos existentes no Brasil contemporâneo têm estatutos e quadros que refletem essa ideologia.

Considerando que essa retórica socialista tenha sido hegemônica em todos os partidos brasileiros e na sociedade em geral desde o século xx, é de se esperar que esse discurso tenha gerado consequências práticas em nossa política econômica e modelo econômico, certo? Esse impacto de fato existe – e o objetivo deste capítulo é justamente elucidar que vivemos o resultado dessa retórica: temos hoje, no Brasil, uma variante do modelo socialista de economia, que aqui denomino de oligarquismo.

Se o Brasil quiser promover a real ascensão social, enriquecendo seu povo de maneira sustentável, terá de evitar as arapucas políticas que o levam reiteradamente a querer controlar a economia de um lado para distribuir migalhas do outro. Implementar uma economia verdadeiramente liberal é um ideal que parece distante em nosso país. Diante de todas essas

QUADRO 14
CONSTITUIÇÃO DE 1934: INICIA-SE O CICLO DE INFLUÊNCIA DO SOCIALISMO E DO FASCISMO

	1600–1699	1700–1799
LIBERALISMO POLÍTICO	1688 Revolução Gloriosa	
LIBERALISMO ECONÔMICO		1776 Adam Smith
KEYNESIANISMO		
SOCIALISMO E COMUNISMO		
FASCISMO E NAZISMO		

Fonte: Elaborado pelo próprio autor.

dificuldades, é preciso lembrar que essa mudança não vai demandar um salto no desconhecido, mas sim a retirada de um tapa-olhos nacional.

Décadas de comportamento político imposto pelos meios de ensino e comunicação nos convenceram a vilanizar o capitalismo e seus agentes e confiar na ação paternalista de um Estado, que se coloca como o único meio de redução das desigualdades de renda e da pobreza. "Capital agindo contra o povo e o Estado agindo contra o capital" se tornou a visão-padrão formadora do discurso da ideologia que leva ao comunismo.

A opção que ficou fora dessa dicotomia é de um mercado livre de intervenções tributárias e regulamentares excessivas, e livre da ação predatória de oligarquias políticas e econômicas. Essa é a forma mais segura de garantir produtos e serviços de qualidade a preços

> **SE O BRASIL QUISER PROMOVER A REAL ASCENSÃO SOCIAL, ENRIQUECENDO SEU POVO DE MANEIRA SUSTENTÁVEL, TERÁ DE EVITAR AS ARAPUCAS POLÍTICAS QUE O LEVAM REITERADAMENTE A QUERER CONTROLAR A ECONOMIA DE UM LADO PARA DISTRIBUIR MIGALHAS DO OUTRO.**

1800–1899	1900–1999	2000–2015

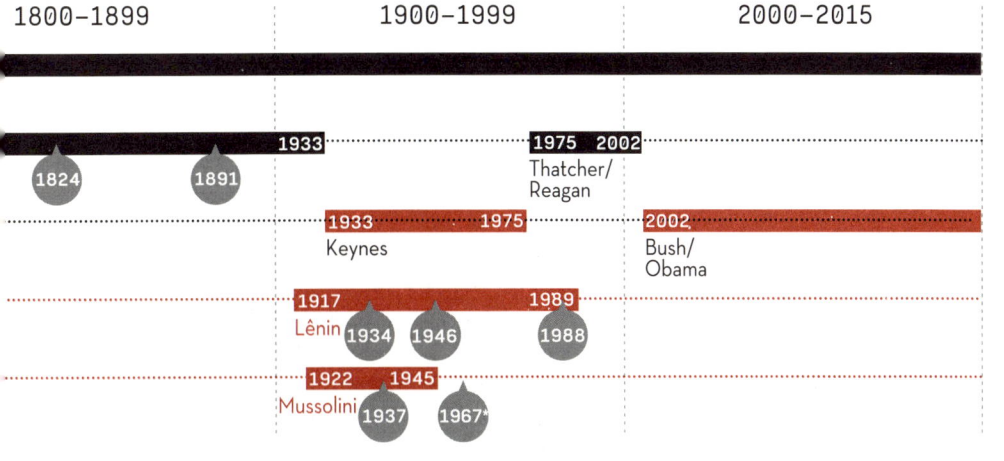

- 1824
- 1891
- 1933 .... (preto)
- 1975 2002 — Thatcher/Reagan
- 1933 .... 1975 — Keynes
- 2002 — Bush/Obama
- 1917 Lênin 1989
- 1934
- 1946
- 1988
- 1922 Mussolini 1945
- 1937
- 1967*

*Redigida por Francisco Campos, mesmo autor da Constituição de 1937.

acessíveis ao consumidor. Tal opção é também a forma mais saudável de proteger os trabalhadores com um mercado de trabalho diversificado, amplo e dinâmico.

Esse sistema proposto pelo liberalismo econômico não é imune a oscilações e crises; certamente, não o é e nunca o foi. Mas já está comprovada a tragédia maior das alternativas que tentam controlar as forças de mercado e subjugar as forças políticas.

Acontece que o Brasil tem caminhado na contramão desse ideal há quase cem anos. O país encontra-se hoje sem um contraponto racional e bem divulgado às falácias socialistas. Consequentemente, nenhum dos partidos existentes no espectro político nacional tem estatutos e quadros que refletem essa retórica liberal – e isso inclui tanto as legendas ditas de direita quanto as consideradas de centro.

Como não houve argumentação política contra o poder do Estado durante todo esse tempo, vivemos, hoje, com uma estrutura de Estado e de modelo econômico resultado dessa carência. Temos uma variante do modelo socialista de economia, o qual denomino oligarquismo.

Para compreender esse arranjo de Estado, temos que rever quais

REFORMAS | A alegoria mostra a escalada de reformas nos Estados Unidos de fins do século XIX: tendo como locomotiva a Califórnia, o movimento se alastrou pelas unidades federativas mais novas, enquanto o restante do país clamava por mudanças [Crédito: Pj Mode Collection / Cornell's Digital Library]

influências foram mais marcantes no Brasil desde sua primeira Constituição, em 1824, até hoje. Podemos estabelecer o momento de nascimento jurídico e efetivo do Brasil como nação naquele ano, pois foi somente com a primeira Carta, elaborada exclusivamente por um Conselho de Estado brasileiro, que se teve pela primeira vez uma visão nacional para ordenar aquilo que seria o Império do Brasil.

A primeira Constituição brasileira abraçava nitidamente os preceitos liberais políticos vigentes na época. Ela previa a separação e a limitação dos poderes, as eleições democráticas, o governo de leis e os princípios traçados por John Locke (*1632 – †1704), um dos ideólogos do liberalismo, como os direitos naturais à vida, à liberdade e à propriedade.

Essa primeira Constituição foi a que mais durou, vigorando de 1824 até 1889. Os princípios e ideais liberais também permeiam a criação da primeira Constituição da República, em 1891. Igualmente influenciada por princípios políticos e econômicos liberais, essa primeira Carta republicana foi a segunda Constituição mais longeva da história do Brasil. Vigorou de 1891 até 1930, até ser abolida com o início da ditadura de Getúlio Vargas.

De 1824 até 1930 – ou seja, durante 106 anos –, o Brasil foi uma nação de política e economia liberais, com um mercado aberto desregulamentado, Estado de direito não intervencionista e, consequentemente, pequeno, custando somente o equivalente a 13% do produto interno bruto (PIB) em tributos. O direito à propriedade era pleno e inviolável, e o acúmulo de riqueza não era visto como um problema a ser controlado ou tributado pelo Estado.

Em 1930, forças que trabalhavam nas sombras havia algum tempo surgem para mudar as regras vigentes. Na conjuntura internacional, a Revolução Russa de 1917 introduziu o mundo ao modelo comunista, firmemente calcado no coletivismo e no qual o Estado detém toda a propriedade. No Brasil, os tenentes do Exército brasileiro começaram uma revolta em 1922. O Movimento Tenentista visava ao reconhecimento político e a melhores condições de trabalho para o Exército profissional. Mas boa parte dos tenentes brasileiros era influenciada pelas ideias comunistas recém-lançadas ao mundo.

Outro fator importante na época era a exclusão política causada pela oligarquia agropecuária que se instaurara no poder desde 1891. Os proprietários rurais limitaram a renovação e a inclusão política de novos setores da sociedade, notadamente banqueiros, comerciantes e militares. Esses grupos importantes para a economia, mas excluídos do espectro de influência política, formaram uma nova oligarquia voltada a destituir a oligarquia agropecuária.

Quando a ditadura getulista surge, em 1930, essa nova oligarquia se apresenta como patrocinadora. Outros segmentos da sociedade brasileira tacitamente aprovavam Vargas ao enxergá-lo como um salvador do Brasil contra a ascensão do comunismo. Ironicamente, o ex-presidente trouxe consigo as ideias favoráveis a um Estado intervencionista que começavam a dominar o mundo na época.

Vargas extingue a primeira República brasileira e convoca uma Assembleia Constituinte para a criação de uma nova Carta. O ponto fundamental para entender a história do Estado brasileiro é o momento em que, para compor essa constituinte, Vargas permite que segmentos fortemente influenciados por ideais socialistas, fascistas e por visões comunistas de Estado influenciem na criação da nova Constituição.

O resultado foi a Constituição de 1934, que marca o fim do liberalismo no Brasil e o início do ciclo de centralizações e inchaços da máquina estatal que dura até hoje. Influenciada fortemente pelos sindicatos, a constituinte inclui novos direitos trabalhistas, nacionaliza bancos, seguradoras e todo o subsolo nacional, limitando o direito à propriedade individual. As novas leis possibilitam a criação de diversas estatais e de monopólios. A economia passa a ter controle de preços, protecionismo e forte regulamentação em quase todos os setores. Além disso, várias tarefas sociais passam a ser dever e função do Estado central. Todos esses novos direitos geram necessidades orçamentárias e a tributação aumenta, passando a representar 15% do PIB entre 1930 e 1946. E ela só não aumentou mais porque o sistema de coleta de impostos ainda estava se desenvolvendo.

Em 1937, Getúlio Vargas promulga uma nova Constituição para eliminar por completo as liberdades políticas e se perpetuar no poder. Aquela Carta durou mais nove anos, chegando até o final da chamada Era Vargas. Já em 1946, surgem forças populistas e o Brasil se vê compelido a, mais uma vez, fazer uma nova Constituição – a quarta da República.

À época da elaboração da Constituição de 1946, o mundo ocidental testemunhava o fim do fascismo e do nazismo e a vitória do capitalismo keynesiano e do comunismo. Uma Guerra Fria se estabelece entre os lados vitoriosos da Segunda Guerra Mundial, representados pela União Soviética e suas nações-satélites e pelos Estados Unidos e sua esfera de influência no Ocidente. A Constituição de 1946 nasce dessa esquizofrenia de ideias que dividiam o mundo, mantendo os artigos que possibilitavam uma alta intervenção na sociedade e que já estavam presentes na Carta de 1934 (a que teve mais curta duração na história brasileira) e acrescentando algumas novas vertentes keynesianas de intervenção na economia. Em paralelo, o documento mantinha uma organização federalista, que não conseguiu se materializar plenamente, pois o planejamento central da economia e o nível de intervenção do governo da União nos estados-membros eram muito altos. Dessa ambiguidade ideológica do Estado brasileiro, inicia-se o período na história do Brasil chamado de Populismo.

> A CONSTITUIÇÃO DE 1934, QUE MARCA O FIM DO LIBERALISMO NO BRASIL E O INÍCIO DO CICLO DE CENTRALIZAÇÕES E INCHAÇOS DA MÁQUINA ESTATAL QUE DURA ATÉ HOJE.

Nesse período, o que ocorre é uma sucessão de presidentes que buscavam popularidade por meio de programas de Estado. Eles usavam o Poder Executivo como veículo de intervenção do Estado na sociedade e na economia com programas insustentáveis e descabidos. Observe-se ainda que, apesar de ter o propósito de criar um Estado descentralizado, os artigos constitucionais de viés socialista municiavam o Poder Executivo central, mantendo-o forte e com poucos limites.

Uma vez que o Poder Executivo era a força política dominante e o quadro político era constituído por uma miríade de tendências, uma competição extrema por ele se sucedeu. A cada eleição, a nação se redefinia inteiramente. O único ponto de estabilidade entre um governo e outro era o Estado, que só crescia, tornando-se cada vez mais onipresente e oneroso.

Essa falta de rumo institucional e o poder centralizado e concentrado no Executivo causaram instabilidades políticas. Diversas maneiras ilícitas de financiamento de campanha foram utilizadas, pois o poder em questão valia o risco. O Estado era empregado como uma máquina eleitoreira, não como um garantidor dos interesses do povo. A consequência inevitável desse processo era um descontrole cada vez maior de gastos, o que produzia inflação e criava a necessidade de aumentar a arrecadação. Os impostos passaram a engolir, em média, 17% do PIB.

Tal instabilidade do período populista culminou no confronto de ideias de Estado em 1964, quando o vice-presidente João Goulart, sucessor do populista Jânio Quadros, passa a postular, no auge da Guerra Fria, ideias comunistas para agradar suas bases políticas e evitar os rigores impopulares de ter de cortar custos do Estado. Goulart tenta passar o que ele chamava de reformas de base: medidas de desapropriação de terras e de propriedades urbanas, aumento de impostos e confisco de interesses multinacionais.

> O ESTADO BRASILEIRO PASSOU A SER UTILIZADO COMO UMA MÁQUINA ELEITOREIRA, NÃO COMO UM GARANTIDOR DOS INTERESSES DO POVO. A CONSEQUÊNCIA INEVITÁVEL DESSE PROCESSO ERA UM DESCONTROLE CADA VEZ MAIOR DE GASTOS, O QUE PRODUZIA INFLAÇÃO E CRIAVA A NECESSIDADE DE AUMENTAR A ARRECADAÇÃO.

Apesar de o Estado brasileiro de 1964 já ser, na época, uma instituição interventora, com várias estatais, monopólios e regulamentações protecionistas e de controle central da economia muito além do modelo capitalista keynesiano, a propriedade privada ainda persistia, mesmo que num âmbito mais limitado. As medidas de Goulart, no entanto, entornariam o caldo e passariam a definir o Brasil como um país comunista, de propriedade coletivizada.

Isso desagradou a vários setores da sociedade brasileira, que passaram a defender a tomada do poder central por uma junta militar. Em 1964, isso se materializa; Jango foge do país e o Congresso determina vago o cargo de presidente. Quem assume é o presidente da Câmara dos Deputados, Ranieri Mazzilli. E, logo em seguida, Castello Branco põe a faixa presidencial e uma junta militar passa a administrar por decreto.

Finalmente, em 1967, é criada uma nova Constituição para legitimar o controle militar e evitar a ascensão comunista na política brasileira.

Curiosamente, o regime militar que vigorou entre 1964 e 1985 não quebrou o ciclo intervencionista. Pelo contrário; aquele foi um período de grande intervenção do Estado na economia e na sociedade. O protecionismo, o número de controles regulamentares sobre a propriedade, o controle de preços, a criação de novos monopólios e de empresas estatais se multiplicaram exponencialmente, mais do que em qualquer outro período da história do Brasil. A nova dimensão agigantada do Estado se fez visível na tributação, que passou a abocanhar 27% do PIB nacional.

Ao final do regime militar, em 1985, o Brasil se apresentava ao mundo como uma economia atrasada, planejada centralmente, estatizada, protecionista, pouco competitiva e altamente regulada. Naquela época, muitos eram os paralelos entre nosso país e as nações do Leste Europeu, que viviam sob ditaduras comunistas.

Espantosamente, diversos setores acadêmicos, jornalísticos e filantrópicos de então consideravam que o Brasil durante o regime militar havia sido um país controlado por um "capitalismo de Estado" ou mesmo por um "capitalismo keynesiano". Mas os paralelos com os países do Leste Europeu eram fortes demais para que o Brasil pudesse sequer ser chamado de capitalista. Se fosse capitalista, seria o capitalismo mais regulamentado que já existiu. Mais até do que o sistema que vigorou na Itália fascista, mais estatizado e protecionista do que a Alemanha nazista.

O Brasil de 1985 era muito mais parecido com um típico país controlado por uma ditadura socialista do que com qualquer variedade de país capitalista. A narrativa da esquerda da época impregnou no consciente coletivo do brasileiro com a máxima de que

QUADRO 15
SUCESSIVAS CONSTITUIÇÕES SOCIALISTAS

	1824	1891	1934
REGIME DE GOVERNO	Monarquia	Presidencialismo	Presidencialismo
DIREITOS E GARANTIAS INDIVIDUAIS	Moderado	Moderado	Excessivo
INTERVENÇÃO DO ESTADO NA ECONOMIA	Não	Não	Sim
DIREITO DE PROPRIEDADE	Pleno	Pleno	Limitado
DIREITOS TRABALHISTAS	Não	Não	Sim
FEDERALISTA*	Não	Sim	Sim
INDEPENDÊNCIA DE PODERES	Sim	Sim	Sim
INOVAÇÕES	Quarto poder/ Moderador	Criar uma Federação, imposto sob propriedade, cartórios	Justiças Eleitoral e Trabalhista
CARACTERÍSTICAS	• Centralizadora de poder • Liberal econômica • Liberal política para a época	• Promoveu independência e poderes • Descentralização de poderes via federalismo • Eliminou funções da igreja e cargos vitalícios	• Estatizou subsolo, água, bancos e seguradoras • Excesso de direitos individuais • Autonomia de estados e municípios
MODELO DE INSPIRAÇÃO	França/ EUA	Argentina/ EUA/ Suíça	Alemanha/ Espanha

*Apesar de todas as Constituições após a de 1824 considerarem o Federalismo, nenhuma o estabeleceu plenament

1937	1946	1967	1988
Presidencialismo	Presidencialismo	Presidencialismo	Presidencialismo
Pouco	Excessivo	Pouco	Excessivo
Sim	Sim	Sim	Sim
Limitado	Limitado	Limitado	Violável
Não	Sim	Não	Sim
Não	Sim	Não	Sim
Não	Sim	Não	Sim
Perpetuidade Vargas	Extinção da Pena de Morte	Legalizar Regime Militar	Direito de propriedade violável
• Concentrou todo o poder no Executivo • Centralizou comando • Cancelou direitos individuais de 1934	• Restaurou direitos individuais da Carta de 1934 • Eliminou concentração de poder no Executivo de 1937	• Concentrou todo o poder no Executivo • Centralizou comando • Cancelou direitos individuais mais uma vez	• Excesso de garantias de direitos individuais • Nível de detalhe descabido a uma Constituição • A mais emendada das constituições
Polônia	1934	1937	Portugal/ Espanha

Fonte: Elaborado pelo próprio autor.

os militares eram de direita e que eram capitalistas. E essa mesma narrativa é mantida até hoje.

Quando o regime militar se encerra no Brasil, os ventos do liberalismo econômico já sopravam forte no Ocidente. Com aquela nova onda de liberalismo econômico, voltaram à pauta econômica global ideias como desregulamentação, abertura de mercados, baixa tributação, mais competição, extinção de monopólios e privatização. Essas ideias, entretanto, não são aplicáveis num ambiente político totalitário e centralmente dirigido. Os militares brasileiros conviviam com a mesma exaustão do sistema estatal que se observava nos países do Leste Europeu, com alta inflação, sucateamento de indústrias e descontrole orçamentário.

AO FINAL DO REGIME MILITAR, EM 1985, O BRASIL SE APRESENTAVA AO MUNDO COMO UMA ECONOMIA ATRASADA, PLANEJADA CENTRALMENTE, ESTATIZADA, PROTECIONISTA, POUCO COMPETITIVA E ALTAMENTE REGULADA.

Em 1985, a transição de poder do regime militar para um governo civil ocorre de modo tranquilo e fica evidente a necessidade de uma nova Constituição, que àquela altura já seria a sexta da República. Por infelicidade do momento histórico, o ciclo de ideias socialistas e de sistemas comunistas inspirados na Rússia e no Leste Europeu ainda estava muito vivo quando uma nova constituinte foi convocada para fazer a sexta Carta Magna do Brasil. Por esse motivo, a nova Constituição do país, promulgada em 1988, seguia o ciclo de constituições estatizantes e socialistas que fora iniciado com a Constituição de 1934.

A nova Constituição de 1988 contém artigos que representam todo o acúmulo de anseios por um sistema mais participativo que foram sufocados pelo regime militar, mas também traz consigo artigos que auferem direitos sociais excessivos, muito além das cláusulas utópicas contidas nas Constituições de 1934 e de 1946. Mas o ponto que tornou a Constituição de 1988 a mais interventora entre todas as outras que já vigoraram na história do Brasil e que a colocou na contramão dos eventos históricos é o fato de que ela sepultou qualquer possibilidade de liberalismo econômico no Brasil.

Isso porque os direitos universais à vida, à liberdade e à propriedade são sistematicamente limitados por vários artigos, quando deveriam ser ilimitados, segundo os preceitos do liberalismo político e econômico. O fato de tornar o direito à propriedade privada violável pelo Estado quando este assim desejar eliminou o último direito universal do indivíduo que ainda sobrevivia no Brasil e que criava alguma barreira à criação de um Estado totalitário.

Nas constituições de Estados de direito modernos, nenhuma lei é criada para limitar direitos à vida, à liberdade e à propriedade. Já a Constituição do Brasil de 1988 e em voga até hoje permite a total desvirtuação desses princípios quando os sujeita aos limites impostos por emendas constitucionais coletivistas e leis complementares.

Caso nossa Constituinte de 1987 tivesse esperado mais um ou dois anos até a queda do muro de Berlim, em 1989, vários artigos que viabilizam a forte intervenção do Estado na sociedade e na economia certamente não constariam da "Constituição Cidadã" de 1988. Ironicamente, a extinção do direito à propriedade plena era o ponto que viabilizaria a agenda comunista de João Goulart e que causou forte reação popular em 1964.

Na nova Carta Magna de 1988, no entanto, os artigos que tornam a propriedade privada violável aparecem em todo o seu esplendor, sem nenhum alarde ou comoção popular contrária. A razão mais plausível para isso é a falta de divulgação qualificada e a ignorância coletiva da sociedade civil em relação à importância de uma Constituição.

Mas, depois de 1988, o Brasil embarcou em campanhas liberalizantes da economia, correto? Sim, mas sem grande convicção e na contramão da Constituição. Vejamos: Por uma questão de coerência política com a onda de liberalismo econômico que reconquistava a Europa e os

Estados Unidos no final do século xx e por força da caótica situação econômica em que o país se encontrava após ter estatizado a economia durante o regime militar, os governos de Fernando Collor (1990-1992), Itamar Franco (1992-1995) e Fernando Henrique Cardoso (1995-2003) viram-se forçados a se alinhar com as ideias do liberalismo econômico de abertura de mercado, redução do protecionismo, privatização e desregulamentação.

A transição para uma economia de mercado não foi fácil para nenhum país socialista do Leste Europeu. Para o Brasil, esse processo também não foi um mar de rosas. Enquanto alguns países ex-comunistas aceleravam suas desregulamentações e privatizações, o Brasil optava por processos graduais de redução do campo de atuação do Estado. Políticos de esquerda usavam alegações nacionalistas para limitarem as privatizações. Muitas vezes, esse nacionalismo apenas escondia os ideais socialistas que perderam fôlego durante os anos 1990.

Por esse motivo, os ajustes na economia brasileira durante aquele período foram brandos e cunhou-se o termo "década perdida". Muito porque a velocidade de reforma econômica, limitada em boa parte pela Constituição de 1988, não estava atingindo os resultados em tempo político hábil.

Somado à lentidão e à falta de profundidade de reformas no sistema brasileiro, o liberalismo econômico no mundo ocidental estava para sofrer um baque.

Em 2002, nos Estados Unidos, o governo de George W. Bush (2001--2008) optou por intervir na economia contra os ajustes naturais de mercado produzidos pelas crises da bolha das ações de tecnologia e dos atentados terroristas de 2001. As medidas de Bush abalaram os países do Ocidente que abraçavam conceitos liberais – como o de não intervir em crises – e todos passaram em um momento ou outro a seguir o exemplo dos Estados Unidos.

No mesmo período, no Brasil, os ajustes iniciados nos anos 1990 se encontravam estagnados. Várias empresas ainda permaneciam sob controle do Estado e a regulamentação e a tributação ainda eram altas. O Brasil não chegou a tornar-se uma economia de livre mercado e permanecia uma economia dirigida e estatizada, ainda que com uma máquina estatal levemente mais enxuta.

Em 2003, Luiz Inácio Lula da Silva assume como presidente da República com um programa de poder e de Estado na contramão dos ajustes ainda necessários para implementar o liberalismo econômico no país. A vitória de Lula encerra nosso já paquidérmico processo de modernização. De modo similar ao que fizeram tantos presidentes populistas do século XX, Lula usa a máquina do Estado para promover um bem-estar econômico maquiado e insustentável com o propósito de conquistar poder político. Mais tributos, regulamentações e novas empresas estatais são criadas.

A digitalização da Receita Federal aumentou a arrecadação e limitou qualquer tentativa de se desvencilhar da carga fiscal crescente. Todas as leis tributárias do país, se impressas, produziriam um livro de inacreditáveis 6 toneladas. O Estado brasileiro, que no ano 2000 custava menos de R$ 500 bilhões em tributos (em valores correspondentes a 2015), passou a custar mais de R$ 1,4 trilhão no final de 2014. Sim, o Estado brasileiro aumentou em três vezes sua arrecadação de impostos nos primeiros quinze anos do século XXI e em 2015 se apresentou financeiramente quebrado e incapaz de atender às demandas mais básicas da sociedade.

A conclusão é que o Brasil viu, desde sua primeira Constituição, várias adições de direitos individuais postulados como função permanente do Estado. À exceção de duas constituições ditatoriais (a de 1937, que legitimava Vargas como ditador; e a de 1967, que legitimava a permanência dos militares no poder), os direitos individuais e políticos assegurados só aumentaram. Com o aumento de "direitos" que o Estado deveria garantir, aumentaram-se os impostos, as regulamentações e a burocracia.

Esse é um ponto crítico na compreensão do motivo pelo qual as constituições brasileiras desde 1934 criaram uma cultura de Estado que antes não existia. Também é um ponto crucial para o entendimento de como o Estado brasileiro, que custava aos contribuintes 13% do PIB durante o Império e até a Primeira República em 1930, passa a custar 35% do PIB em 2015 e mesmo assim não é capaz de honrar suas obrigações constitucionais.

Contada do ponto de vista da evolução de ideias, a história do Brasil é muito clara e simples: o país nasceu em 1824 com uma Constituição liberal, e os princípios de Estado passivo, limitado, de economia livre e que tributava pouco permaneceram presentes até 1930. Em 1934, uma nova Constituição de viés socialista iniciou um ciclo de aumento contínuo do poder do Estado, que criou para si deveres intervencionistas na sociedade e na economia. As Constituições subsequentes de 1946 e de 1988 só adicionaram mais legislação a favor do Estado e contra o liberalismo político e econômico, dando legitimidade legal à criação de um Estado totalitário e interventor na economia fechada que temos hoje no Brasil.

CAPÍTULO 6

PROBLEMA DE RAIZ

A urgente necessidade de redefinição do modelo econômico brasileiro

Após analisarmos o percurso histórico que nos trouxe até aqui, só nos falta avaliar os atributos do sistema brasileiro atual. O Brasil das últimas décadas se caracteriza claramente como uma variante do modelo econômico socialista – ou, talvez, devêssemos usar o termo economia oligarquista. Seja qual for a semântica, ela irá definir um conjunto de fatos, direcionamentos econômicos e ideologias políticas que, cada qual a seu modo, construíram a realidade brasileira contemporânea:

1. Monopólios estatais – Em 1934, a Constituição nacionalizava o subsolo, as fontes hídricas, as seguradoras, os bancos e vários outros segmentos. Alguns setores foram privatizados em diferentes momentos desde então, mas houve também ondas de nacionalizações e criações de novas estatais, especialmente durante o período do regime militar, de 1964 até 1985. Em 2015, o Brasil detém o maior número de monopólios estatais

QUADRO 16
LÍDER DE INTERVENÇÃO NA ECONOMIA

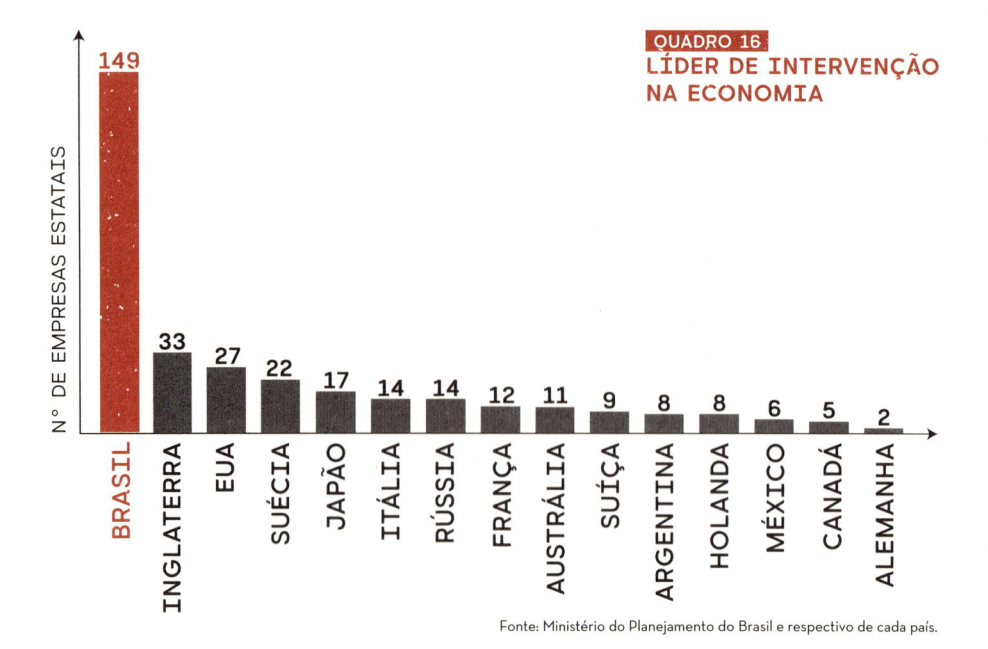

Nº DE EMPRESAS ESTATAIS

- BRASIL: 149
- INGLATERRA: 33
- EUA: 27
- SUÉCIA: 22
- JAPÃO: 17
- ITÁLIA: 14
- RÚSSIA: 14
- FRANÇA: 12
- AUSTRÁLIA: 11
- SUÍÇA: 9
- ARGENTINA: 8
- HOLANDA: 8
- MÉXICO: 6
- CANADÁ: 5
- ALEMANHA: 2

Fonte: Ministério do Planejamento do Brasil e respectivo de cada país.

dentre as maiores economias do mundo Ocidental. Esses monopólios distorcem toda a cadeia produtiva nacional: a inflação, o emprego e o custo de bens e serviços oferecidos ao povo. E, o que é igualmente danoso, distorcem todas as decisões estratégicas do governo.

2. Bancos estatais – Essa categoria é colocada em separado, pois os bancos estatais, como o BNDES, detêm o controle passivo de várias grandes empresas brasileiras. Também por meio do Banco do Brasil e da Caixa Econômica Federal, o governo controla boa parte das linhas de crédito de pequenas e médias empresas, assim como de boa parte da população. Em 2015, os bancos estatais representaram 41% do total de ativos de todos os bancos no sistema brasileiro.

3. Tributação concentrada – Atualmente, 70% de todos os tributos coletados em qualquer região são enviados para o poder central do Estado brasileiro. O pouco que resta é separado entre estados e municípios. Isso dá um poder econômico desproporcional à Federação. Via de regra, o total

QUADRO 17
BANCOS ESTATAIS CONTROLAM A MAIOR PARTE DOS R$7,4 TRILHÕES EM DEPÓSITOS BANCÁRIOS

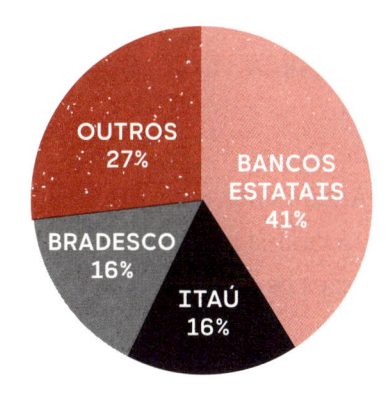

- OUTROS 27%
- BANCOS ESTATAIS 41%
- BRADESCO 16%
- ITAÚ 16%

Fonte: Banco Central

em tributos da somatória de todos os municípios deveria ser maior do que as agregações superiores, mas no Brasil essa pirâmide é invertida.

Na verdade, ela sempre foi assim, pois nunca alteramos a nossa pirâmide tributária desde a época do Brasil Império, quando nosso Estado era unitário, com províncias meramente administrativas. Esse ponto demonstra a falência das tentativas federativas ao longo de nossa história. Veja abaixo a distribuição tributária do século XIX até início do século XX:

QUADRO 18
BRASIL: ESTADO CENTRALIZADO COM PIRÂMIDE INVERSA

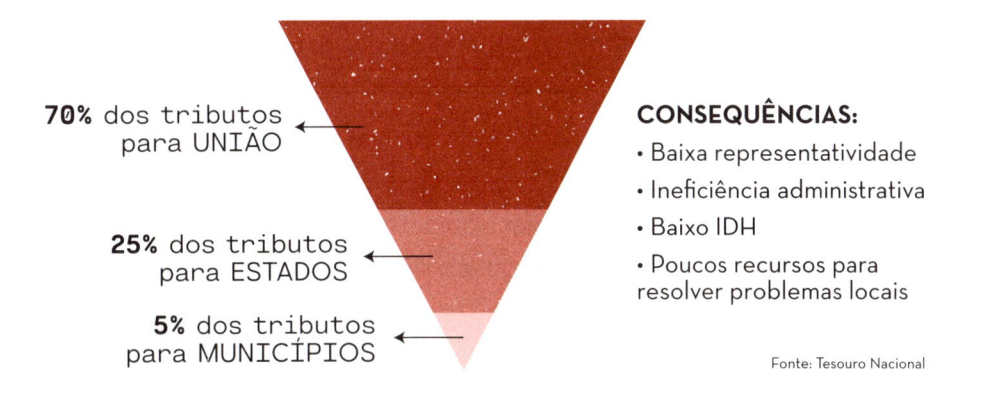

- 70% dos tributos para UNIÃO
- 25% dos tributos para ESTADOS
- 5% dos tributos para MUNICÍPIOS

CONSEQUÊNCIAS:
- Baixa representatividade
- Ineficiência administrativa
- Baixo IDH
- Poucos recursos para resolver problemas locais

Fonte: Tesouro Nacional

PROBLEMA DE RAIZ • 103

4. **Carga tributária** – A tributação, como percentual do PIB brasileiro, só aumentou, denotando uma interferência crescente e irrestrita do Estado na economia, bem como a incapacidade de gerir recursos. Atualmente, estamos no limite, já que os recursos que o governo suga da economia não geram resultados e os contribuintes precisam pagar duas vezes para obter serviços que o Estado se propõe a fazer, mas não faz.

QUADRO 19
RECEITAS DO SETOR PÚBLICO POR ESFERAS DE GOVERNO 1821/1907*

	UNIÃO A	PROVÍNCIAS B	MUNICÍPIOS C	SETOR PÚBLICO D	E=A.100/D E
1821	3.997	5.711	391**	10.099**	39,58**
1823	3.802	12.727	443**	16.972**	22,40**
1840–1841	16.311	4.981	935**	22.227**	73,83**
1854–1855	36.985	8.323	1.603	46.911	78,84
1859–1860	43.807	13.204	1.973	58.985	74,27
1885–1886	126.883	59.228	8.578	194.688	65,17
1907	536.060	206.653	71.538	814.251	65,83

FONTE: Gama (1823), Carreira (1889), Cavalcanti (1890) e Ipeadata (2013).
*NOTA: Valores em Contos de Réis.
**NOTA: Valores interpolados.

5. **Controle de preços** – Como efeito perverso da existência de estatais, temos o controle de preços, que distorce dados de inflação. Em períodos de inflação e de demanda alta, o governo não reajusta preços de serviços oferecidos por estatais para manter sob controle os efeitos de repasse na economia. Em períodos de economia aquecida, reajustes são possíveis e as estatais repassam preços de seus serviços, gerando uma base inflacionária para a cadeia produtiva. Em um mercado livre, o ajuste de preços não é controlado pelo governo, mas sim pela demanda de mercado e, por isso, frequentemente vemos distorções de como o mundo precifica commodities como petróleo e como essa flutuação no mercado mundial não tem nada a ver com a flutuação de preços dessas mesmas commodities

no Brasil. Esse controle de preços é um desincentivo a investimentos no setor, pois os investidores sabem que a sinalização de rentabilidade que o preço oferece não é clara.

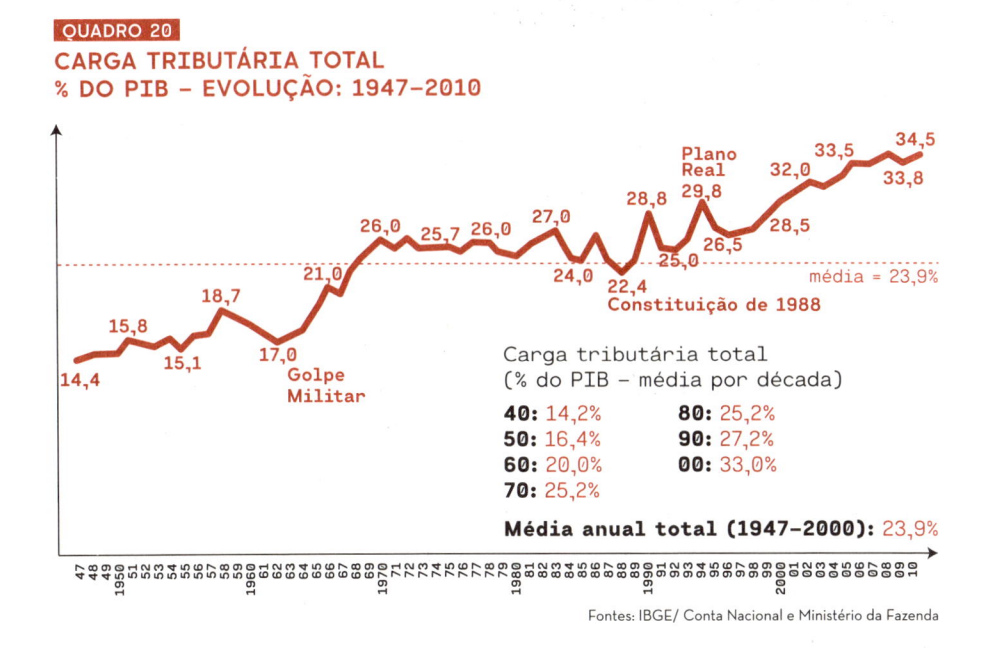

QUADRO 20
CARGA TRIBUTÁRIA TOTAL
% DO PIB – EVOLUÇÃO: 1947–2010

Valores marcados no gráfico: 14,4; 15,8; 15,1; 17,0 (Golpe Militar); 18,7; 21,0; 26,0; 25,7; 26,0; 27,0; 24,0; 28,8; 22,4 (Constituição de 1988); 25,0; 29,8 (Plano Real); 26,5; 28,5; 32,0; 33,5; 33,8; 34,5; média = 23,9%.

Carga tributária total
(% do PIB – média por década)

40: 14,2%   **80:** 25,2%
50: 16,4%   **90:** 27,2%
60: 20,0%   **00:** 33,0%
70: 25,2%

Média anual total (1947–2000): 23,9%

Fontes: IBGE/ Conta Nacional e Ministério da Fazenda

6. DIREITO À PROPRIEDADE – Artigos da Constituição e tributos sobre a propriedade como o registro de posse, controle e venda tornam a propriedade no Brasil violável.

Isso faz com que agências internacionais avaliem o Brasil como um país de risco para investidores, pois não há garantias plenas para a propriedade.

7. REGULAMENTAÇÃO TRABALHISTA – A Constituição de 1934 introduziu no Brasil os mal denominados "direitos trabalhistas", que nada mais eram do que impostos adicionais na folha de pagamento do empregador e do empregado para criar um sistema previdenciário nacional. Esse sistema cresceu e se aprimorou ao longo do século xx, assumindo proporções

QUADRO 21
EM 1946, A PROPRIEDADE NO BRASIL TORNOU-SE VIOLÁVEL CONSTITUCIONALMENTE E, EM 1988, OS MUNICÍPIOS INCORPORARAM VÁRIAS CONDIÇÕES PARA DESAPROPRIAÇÕES

ART. 5 DA CONSTITUIÇÃO DE 1988
XXII - é garantido o direito de propriedade;
XXIII - a propriedade atenderá a sua função social;
XXIV - a lei estabelecerá o procedimento para desapropriação por necessidade, **ou por interesse social**, mediante justa e prévia indenização em dinheiro, **ressalvados os casos previstos nesta Constituição**...

= PROPRIEDADE

Fonte: Elaborado pelo próprio autor.

gigantescas na Constituição de 1988. Convém pontuar que, em todo o mundo, não há registro de sistema previdenciário nacional que tenha funcionado adequadamente. Então, por que mantê-lo? Alguns países mais avançados não permitem que esses sistemas sejam implementados no nível nacional, mas apenas que um estado ou província crie sua própria previdência local. Dessa forma, trabalhadores podem optar por viver em um estado que não tenha sistema previdenciário obrigatório ou mesmo leis trabalhistas.

8. Sistema previdenciário nacional – É uma característica fulcral de uma agenda socialista de controle estatal da economia e da sociedade. O Estado que opera um sistema previdenciário nacional é forçado a fazer engenharia social e econômica para equilibrar as contas previdenciárias e evitar rombos. Constantemente, o Estado se desgasta com a sociedade ao tentar achar a equação "justa" de idade média para aposentadoria e valor de retirada. Na verdade, não há equação justa e o Estado comete excessos em períodos eleitorais, que geram rombos crescentes. Atualmente no Brasil, a demanda da Previdência nacional corresponde a mais de 35% da arrecadação de impostos federais. Mas há distorções brutais na distribuição de pagamentos de pensões. Via de regra, o funcionalismo público detém privilégios dessas distribuições, enquanto o trabalhador contribuinte

QUADRO 22
BRASIL E OS DEMAIS PAÍSES SEM DIREITO À PROPRIEDADE

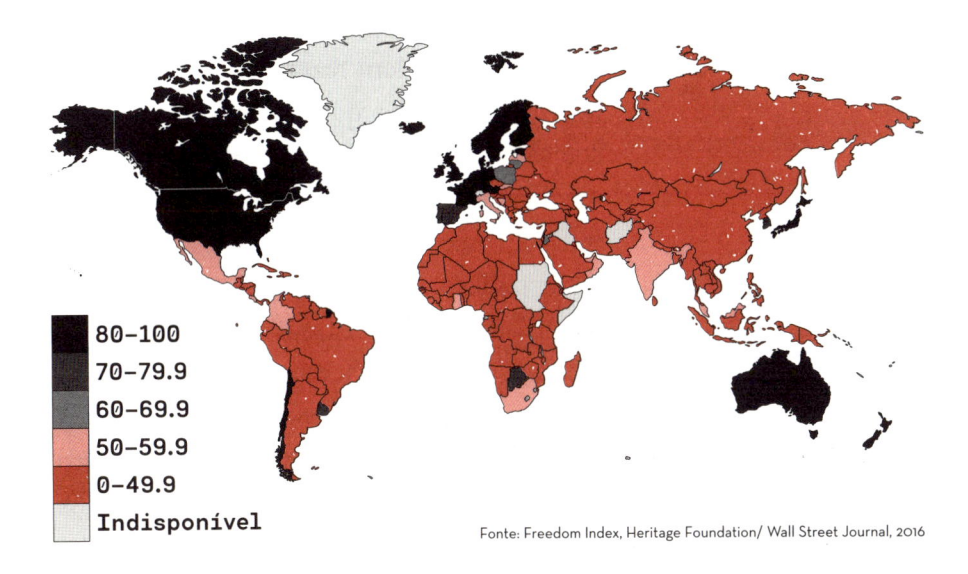

- 80–100
- 70–79.9
- 60–69.9
- 50–59.9
- 0–49.9
- Indisponível

Fonte: Freedom Index, Heritage Foundation/ Wall Street Journal, 2016

aposentado que nunca atuou na máquina pública é penalizado. Como já mencionado, o sistema obrigatório de Previdência e as leis trabalhistas são um ônus ao trabalhador e não uma rede de proteção. Ao eliminar o conteúdo emocional dessa avaliação, o leitor terá mais clareza das conclusões.

9. Programas sociais – Tais programas, num autêntico Estado de direito, não são muito populares, ao passo que em modelos socialistas são a norma. Do ponto de vista de um Estado descentralizado, são um custo, muitas vezes, desnecessário. Os programas sociais, do ponto de vista de um regime centralizado, são uma tentativa de engenharia social. Isso porque Estados socialistas com sociedade e economia planejadas são dependentes da centralização de poder jurídico e da arrecadação de impostos. Para justificar essa concentração, criam "causas nacionais", rapidamente traduzidas em programas sociais. Esses programas são uma tentativa muitas vezes insustentável de elevar as condições de vida de algum segmento percebido como desamparado ou "vitimizado" pela economia de mercado. Estados de direito, por outro lado, com sistema tributário descentralizado e com

> **O SISTEMA PREVIDENCIÁRIO NACIONAL É UMA CARACTERÍSTICA FULCRAL DE UMA AGENDA SOCIALISTA DE CONTROLE ESTATAL DA ECONOMIA E DA SOCIEDADE.**

o grosso dos recursos arrecadados sendo administrado localmente, por estados ou municípios, podem fazer muito mais pelos mais carentes do que qualquer programa social nacional. Muitas vezes, empresas e associações não governamentais locais já mitigam necessidades de intervenções do poder público. Em um Estado descentralizado, o legislador e administrador local, dotado de recursos gerados localmente, sabe o risco de promover programas sociais em sua cidade porque atraem mais causadores do problema, o que acarreta na perpetuação do mal. Em Estados de direito descentralizados, o foco está em prover qualidade de vida para os cidadãos de sua cidade e a justa alocação de recursos para que isso seja possível e sustentável.

10. **Protecionismo** – Com um sistema tributário extremamente oneroso da economia interna, o governo viu-se compelido a adotar medidas para proteger os geradores de impostos, criando barreiras igualmente altas no comércio externo. Em outras palavras: encarece o produto importado para proteger a economia interna. Esse tipo de medida causa atrasos evolutivos e garante ao consumidor produtos caros. Durante o regime militar, quando a substituição de importação foi iniciada para promover a indústria nacional, tudo passou a ser feito no Brasil. Com a derrocada do muro de Berlim e a abertura econômica testemunhada pela maioria dos países, o Brasil se abriu um pouco para o mercado externo, mas não reduziu suas cotas de importação. A extrema distorção de preços que isso causa tem efeitos negativos até hoje.

* * *

Uma tabela comparando as variantes dos sistemas capitalistas com as variantes dos sistemas socialistas deixa claro para que lado do pêndulo nós estamos neste momento:

QUADRO 23

REDEFINIÇÃO DO SISTEMA ECONÔMICO BRASILEIRO

	COMU-NISMO	SOCIA-LISMO	BRASIL 2015	FAS-CISMO	KEYNE-SIANISMO	LIBE-RALISMO
Monopólio estatais	Sim	Sim	Sim	Não	Não	Não
Bancos estatais	Sim	Sim	Sim	Não	Não	Não
Central. Político-tributária	Sim	Sim	Sim	Sim	Não	Não
Tributação alta	Sim	Sim	Sim	Sim	Sim	Não
Controle de preços	Sim	Sim	Sim	Sim	Não	Não
Direito à propriedade	Não	Violável	Violável	Sim	Sim	Sim
Reg. trabalhista	Sim	Sim	Sim	Sim	Não	Não
Programas sociais	Sim	Sim	Sim	Sim	Sim	Não
Protecionismo	Sim	Sim	Sim	Sim	Sim	Não

Se analisarmos os pontos mencionados acima e compará-los a dados que encontramos nos diversos modelos econômicos citados, vemos que o Brasil precisa de uma redefinição. O Brasil de 2016 se enquadra perfeitamente na definição de um sistema socialista de economia centralmente

PROBLEMA DE RAIZ • 109

planejada, com muito controle sobre os mercados e os meios de produção. Diz o cientista político norte-americano Steven Brams, do Departamento de Política da Universidade de Nova York:

> *O Brasil foi sendo transformado por dentro, as estruturas do Estado foram sendo modificadas de forma lenta e gradual. Hoje, praticamente o Estado se encontra totalmente pavimentado e pronto para assumir um papel político totalmente voltado para o socialismo.**

Brams aponta parte da responsabilidade para Fernando Henrique Cardoso, ironicamente definido pelas esquerdas como "neoliberal". Diz o cientista político:

> *Muitas das transformações foram implementadas nos governos FHC. O ex-presidente tentou introduzir um modelo político bem próximo do socialismo adotado na França, com mudanças radicais que permitiram a edificação dos pilares marxistas. Foram criados diversos sindicatos, financiamentos de grupos de esquerda, ONGs e políticas sociais que fortaleceram o socialismo. O sistema político e a estrutura econômica também foram modificados com a criação de uma carga tributária muito pesada, que serviria para sustentar os programas sociais. Desta forma, houve uma forte concentração da renda gerada no país nas mãos do governo. Há também o controle do Estado sobre a sociedade com a adoção de leis, normas e regimentos. Um exemplo foram as centenas de agências de controle e regulação sobre diversos setores do Estado.***

Muitos historiadores e economistas de esquerda discordariam dessas afirmações. Alegariam que não estamos nem próximos de um modelo

---

* JORNADAPOLÍTICA. **Cientista político americano afirma que o Brasil é um país socialista.** 14 jul. 2017. Disponível em<http://jornadapoliticanoticias.blogspot.com.br/search?q=Steven+Brams> Acesso em: 03/03/2017.

** JORNADAPOLÍTICA. **Cientista político americano afirma que o Brasil é um país socialista.** 14 jul. 2017. Disponível em<http://jornadapoliticanoticias.blogspot.com.br/search?q=Steven+Brams> Acesso em: 03/03/2017.

socialista porque não temos 100% dos meios de produção nas mãos do Estado. Sim; talvez, ainda não. Por isso, esses "intelectuais" definem nosso país como um "capitalismo de Estado", "capitalismo social", "capitalismo de coronéis" ou "capitalismo keynesiano". Já os liberais, por sua vez, não podem aceitar nenhuma variante do termo "capitalismo" que esses historiadores usam para definir nosso sistema, pois, como vimos, capitalista o nosso país claramente não é.

Sendo assim, é necessário definir um novo termo que represente nosso sistema econômico. Um sistema definido pela divisão de poder político e econômico nas mãos de oligarquias mutuamente dependentes. Um sistema no qual essas oligarquias controlam o Estado e fazem de tudo para que o Estado controle a economia e a sociedade. Utilizam-se da retórica socialista como meio de preservar o controle, pois o discurso dos heróis (Estado) e vilões (capital) encanta o imaginário coletivo, criando mitologias que eliminam do diálogo os liberais, que seriam um justo contraponto a essa lógica.

Gosto do termo "oligarquismo" para definir nosso modelo econômico. Esta expressão, embora dura, resume um problema histórico de estrutura política e econômica que temos de combater e encerra o debate sobre termos um modelo capitalista ou socialista.

Sei que não passa de uma tentativa retórica de redefinir socialismo. Mas, para fazer progredir o debate político, serei um dos primeiros a usá-lo. A verdade é que o sistema econômico interventor que o Brasil tem desenvolvido de 1934 até os dias de hoje é o grande culpado por nosso atraso econômico. Nunca houve chances para maturar em nossas terras um sistema capitalista de verdade, que cria mais oportunidades por meio da livre competição dos agentes econômicos, maximiza benefícios para o consumidor e permite a oferta de produtos e serviços cada vez melhores e mais baratos.

Associado a isso, temos um sistema de governo que concentra poderes e centraliza cada vez mais as decisões. Poucos se beneficiam desse arranjo, a não ser aqueles que detêm o poder, os que estão próximos ao

QUADRO 24
MODELOS DE GOVERNO E MODELOS ECONÔMICOS ESTÃO INTERLIGADOS

OLIGARQUIA		EUNOMIA
SOCIALISMO	VS.	CAPITALISMO

... e somente um desses pares leva à prosperidade

Fonte: Elaborado pelo próprio autor.

poder ou ainda os que pretendem criar um poder totalitário no Brasil. Em seu interesse de maximizar o lucro, fomentam controles de mercado que lentamente matam a livre iniciativa e a competição, deixando somente grandes empresários oligarcas e o governo como criadores de emprego e das poucas oportunidades.

Os grandes grupos econômicos desejam a competição capitalista tanto quanto populistas desejam compartilhar poder num Estado de direito. Ou seja, nunca. Por esse motivo, os interesses desses dois grupos estão quase sempre alinhados e, quando há um Estado oligárquico ou populista, o resultado é um sistema controlado centralmente, nos moldes de uma economia socialista.

> QUANDO SE ABANDONA O LIBERALISMO ECONÔMICO EM FAVOR DE QUALQUER FORMA DE INTERVENÇÃO DE ESTADO NA ECONOMIA, LIMITA-SE O AJUSTE DE CURTO PRAZO EM PROL DE UM RISCO DE COLAPSO NO LONGO PRAZO.

Uma economia capitalista nos moldes do liberalismo econômico passa por ajustes de preços e expectativas econômicas periodicamente, o que pode causar desemprego e certa instabilidade e insegurança social por um determinado período. O keynesianismo surgiu como opção para manter a base capitalista, mas permitiu intervenções do Estado nos períodos em que esses ajustes de mercado causam desemprego. Por outro lado, os custos de manter o pleno emprego eram absorvidos pelo Estado, o que mais tarde viria a comprometer todo o sistema econômico. Em outras palavras: quando se abandona o liberalismo econômico em favor de qualquer forma de intervenção de Estado na economia, limita-se o ajuste de curto prazo em prol de um risco de colapso no longo prazo. É o equivalente a trocar a gripe de hoje pela pneumonia de amanhã.

Todavia, como vimos anteriormente, até 2017 o Brasil não viveu os efeitos negativos do capitalismo em nenhuma das duas formas descritas acima, pois o Brasil não é um país com o sistema capitalista tal qual definimos nesta obra. O Brasil, até 2017, viveu uma crise do seu sistema

QUADRO 25
QUAL O RESULTADO DO SOCIALISMO? MEDIOCRIDADE

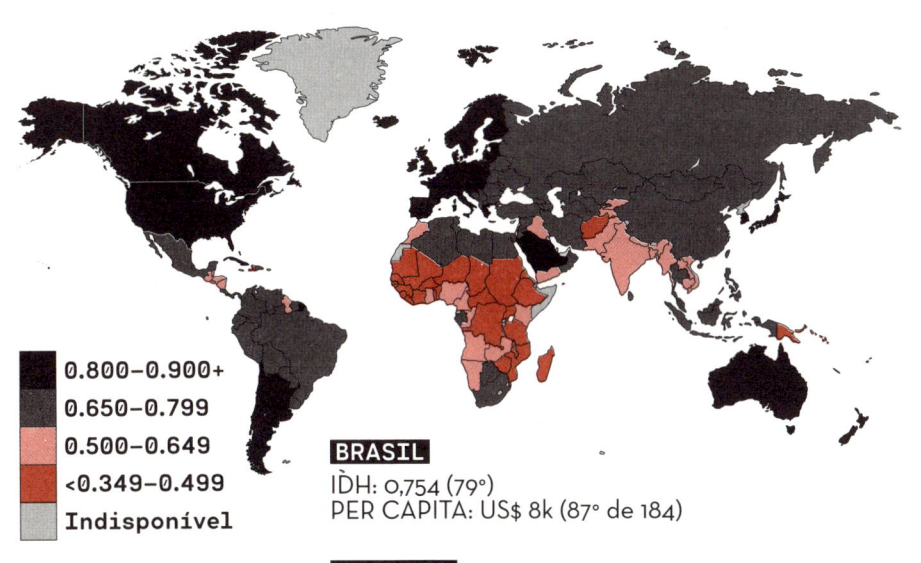

0.800–0.900+
0.650–0.799
0.500–0.649
<0.349–0.499
Indisponível

O Índice de Desenvolvimento Humano (IDH) considera renda, educação, expectativa de vida.

BRASIL
IDH: 0,754 (79°)
PER CAPITA: US$ 8k (87° de 184)

NORUEGA
IDH: 0,949 (1°)
PER CAPITA: US$ 74k (4°)

EUA
IDH: 0,920 (10°)
PER CAPITA: US$ 56k (8°)

Fonte: Human Development Report, 2015

QUADRO 26
PAÍS RICO, ESTADO RICO E RENDA PER CAPITA MEDÍOCRE: FMI

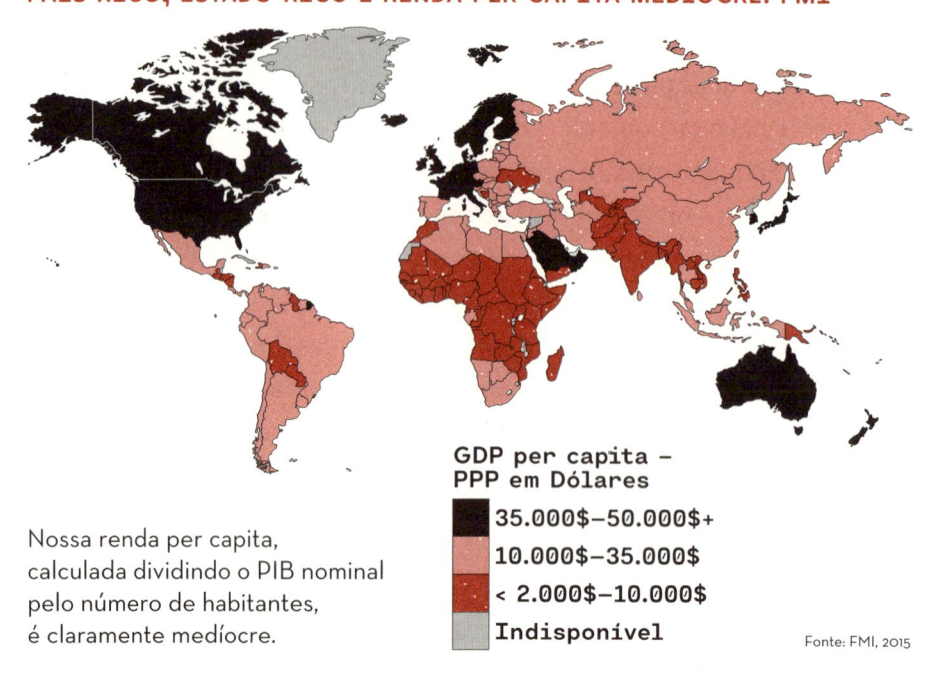

Nossa renda per capita, calculada dividindo o PIB nominal pelo número de habitantes, é claramente medíocre.

GDP per capita – PPP em Dólares
- 35.000$–50.000$+
- 10.000$–35.000$
- < 2.000$–10.000$
- Indisponível

Fonte: FMI, 2015

QUADRO 27
PAÍSES RICOS, SEGUNDO O BANCO MUNDIAL

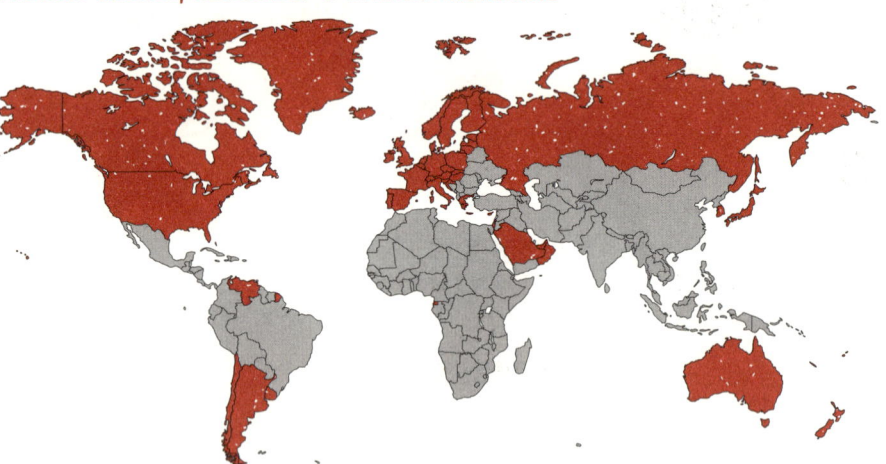

O Banco Mundial não nos considera um país rico, apesar de nosso PIB e de nossas riquezas naturais serem muito superiores a de muitos países desenvolvidos.

Países ricos

Fonte: Banco Mundial, 2015

QUADRO 28
PAÍSES MEMBROS DA OCDE*: ALTO IDH E ALTO PER CAPITA

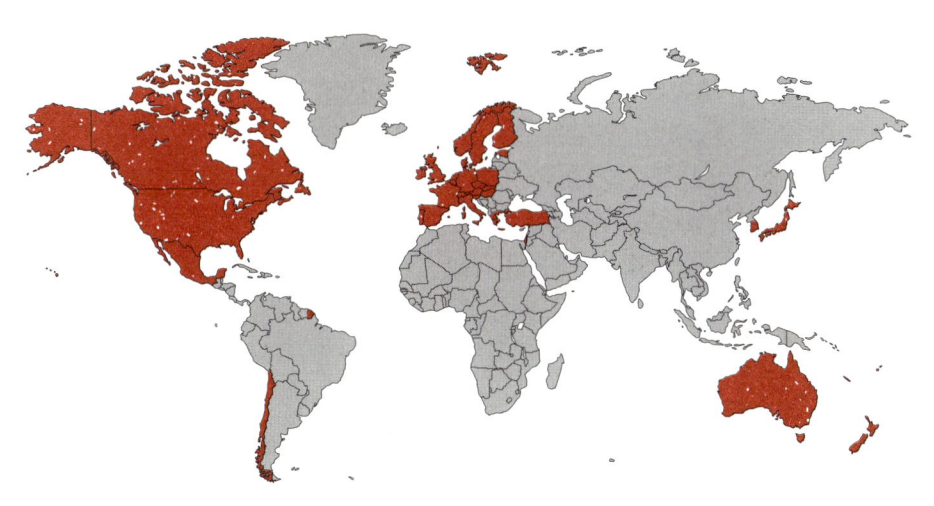

* Organização para a Cooperação e o Desenvolvimento Econômico

Fonte: OCDE Organização para a Cooperação e o Desenvolvimento Econômico

interventor de base oligárquica. O que esperar do futuro, caso se mantenha o sistema oligarquista? O resultado para o nosso povo será o que sempre foi, a perpetuação da mediocridade. Todos os nossos índices comparativos com os demais países expõem essa mediocridade.

Perdemos oportunidades globais importantes por ficar de fora da Organização para a Cooperação e o Desenvolvimento Econômico, a OCDE. Os países membros têm acesso ao grupo por uma combinação do IDH com a renda per capita.

O Brasil é um país vasto, com inúmeras riquezas naturais e humanas. Mas, por causa de consecutivas escolhas de modelos econômicos socialistas feitas desde a década de 1930, não conseguiu até agora transformar a riqueza natural em benefícios para a sociedade. O povo foi sucessivamente excluído da vantagem de viver e trabalhar no Brasil pelas constituições que colocam o Estado à frente de tudo. Como observamos em todos os nossos indicadores apresentados nas tabelas que ilustram este capítulo, nosso país é medíocre. Mas o é unicamente em razão das péssimas escolhas de modelos de governo e de modelos econômicos.

PROBLEMA DE RAIZ • 115

CAPÍTULO 7

O MITO DA IDEOLOGIA IGUALITÁRIA

Quem disse que a esquerda defende os pobres e a direita quer a volta da ditadura?

E sse discurso da esquerda *do bem* e da direita *má* impregnou-se em nossa sociedade em razão da experiência traumática que o país teve entre 1964 e 1985. Enquanto as Forças Armadas ocuparam o poder, a militância de esquerda passou a dominar os meios de produção cultural, a imprensa, as universidades, a Igreja Católica e boa parte da elite pensante.

Difundiu-se, em livros escolares do ensino fundamental, debates acadêmicos, sermões de domingo e discussões em mesas de bar, que o capitalismo só produz opressão, que a direita é antidemocrática e militarista e que cabe à esquerda, por meio do Estado, defender os desfavorecidos.

Na Romênia, onde a ditadura de esquerda ruiu em 1989 depois de quatro décadas de atrocidades, os clichês inverteram-se. Quem é "de direita" passou a ser visto como defensor do povão. E o esquerdista é o sujeito pró-elite. Assim também em outros territórios que viveram sob o manto totalitarista do comunismo, como Polônia, República Tcheca, Ucrânia, Bósnia e Herzegovina ou Croácia. Entretanto, deve-se pontuar que no mundo ocidental, no mesmo período, a dialética foi oposta.

Recentemente, no final do século xx e início do xxi, convencionou-se situar a esquerda como o espectro político que se ocupa da redução das desigualdades sociais com criações de programas sociais de Estado e a direita como a defensora das liberdades individuais e do mercado, a favor da redução da participação de Estado na sociedade e na economia. Esta é a lente contemporânea. Mas o conceito de esquerda e direita flutuou bastante desde sua origem, no século xviii.

> **O QUE SE CONVENCIONOU CHAMAR DE PENSAMENTO DE ESQUERDA IMPREGNOU A ACADEMIA EM TODO O MUNDO.**

O que se convencionou chamar de pensamento de esquerda impregnou a academia em todo o mundo. Mesmo nos Estados Unidos, cuja origem liberal vimos no capítulo 3, a dominância esquerdista é notável. Levantamento realizado em junho de 2016 constatou que, nos cursos de Ciências Humanas das universidades públicas e privadas do país, para cada um professor conservador, há nada menos que nove docentes de esquerda. Isso porque a chamada esquerda de hoje seduz facilmente e é especialista em ocupar cargos, aparelhar máquinas e se perpetuar no comando, adaptando-se a diferentes governos – enquanto os conservadores são mais fiéis aos seus princípios.

Para começar a entender como a escolha de um modelo mais à esquerda ou mais à direita pode afetar o bem-estar de um país, é preciso identificar o escopo de possibilidades, desde as mais extremas, e classificá-las. Por muito tempo, cientistas políticos e historiadores usaram os termos "esquerda" e "direita" para delinear esse escopo. Hoje, no entanto, muitos acham que os termos já não são capazes de definir as posições políticas no século XXI.

Quando os utilizamos, em geral estamos tentando torcer uma realidade complexa para que ela caiba em termos simples que já não dão conta da gama de posições políticas que um governo ou uma pessoa pode ter.

O fato, no entanto, é que esses termos ainda são amplamente empregados na retórica política e muitos de nós utilizamos conceitos mal definidos e datados para analisar e compreender o poder político atual.

Conforme o tempo passa e os contextos mudam, conceitos e palavras precisam ser aposentados ou redefinidos. É isso que acontece hoje com os termos esquerda e direita: eles são anacrônicos, dizem respeito a um contexto histórico que tem pouco a ver com o atual. Foram criados para designar agentes históricos que já não existem ou acabaram descaracterizados em sua essência. É interessante notar que os signos dos termos "esquerda" e "direita" não mudaram, mas as definições do que é "ser de esquerda" e do que é "ser de direita" têm sofrido ajustes significativos ao longo dos séculos.

A origem dessas designações se dá na Revolução Francesa, no final do século XVIII. Na Assembleia Nacional francesa de então, os que se opunham ao "velho regime" e às suas instituições sentavam-se à esquerda do púlpito central. Os que defendiam as instituições de Estado tradicionais ficavam à direita. O simbolismo da Assembleia Nacional foi tão grande que a posição física que esses grupos ocupavam na sala passou a designar suas posições políticas.

Acontece que os esquerdistas de então eram pequenos burgueses defendendo ideias liberais burguesas. Hoje, usamos esse termo para quê, exatamente? Alguns o utilizam para falar de qualquer grupo que esteja contra o governo. Outros, para designar líderes teoricamente mais vinculados ao povo, o que pode significar praticamente qualquer coisa. Frequentemente, o termo é usado para grupos extremistas, marxistas e autoritários que fariam os esquerdistas da Assembleia francesa se retirarem do debate.

CONTRASSENSO | Surgidas na Assembleia Nacional francesa em fins do século XVIII, as expressões "esquerda" e "direita" designavam, respectivamente, os que se opunham ao velho regime e aqueles que defendiam o Estado tradicional: hoje, tais agentes históricos já não existem, e falar de uma esquerda "do bem" e de uma direita "má" é um contrassenso [Crédito: Ilustração por Jacques-Louis David (1748-1825) / Tennis Court Oath]

O enraizamento do liberalismo político na Inglaterra, a Revolução Francesa, as guerras napoleônicas e a independência dos Estados Unidos contribuíram para gerar mudanças drásticas no Ocidente durante o final do século XVII e por todo o século XIX. As monarquias absolutistas europeias se tornavam monarquias constitucionalistas com poderes limitados, passando a operar sob um Estado de direito, um conceito novo na época. Os mandatários políticos, se eleitos ou nomeados de acordo com uma linha sucessória, deveriam observar as leis promulgadas. Isso se opunha à ideia tradicional de soberania do rei, segundo a qual o regente faria o que julgasse melhor para a nação simplesmente porque ele era a lei.

Depois da República romana da antiguidade, a recriação de um modelo republicano sob um Estado de direito nos Estados Unidos em 1787 ofereceu aos vizinhos do Novo Mundo um exemplo moderno. Foi então provado que era possível ter um Estado de direito com chefe de Estado validado por voto popular, sem que este tivesse herança monárquica.

Diante do exemplo bem-sucedido dos Estados Unidos, uma onda de liberalismo político assolou o Ocidente, fomentando o surgimento de Estados de direito em forma de repúblicas ou monarquias constitucionais, como foi o caso do Brasil.

O liberalismo político se baseia na limitação das funções do Estado. Enquanto uma monarquia absolutista e um Estado socialista ou fascista preveem que o Estado terá tanto poder quanto necessário e poderá interferir naquilo que julgar pertinente, um Estado liberal é aquele que tem funções bem definidas e, de modo geral, bastante limitadas. Não existe apenas uma forma de liberalismo político – essa é uma ideia complexa que se configurou de vários modos em países distintos. Mas embora não seja tão simples definir o que é liberalismo, é bastante fácil definir o que não é: Estado interferindo na economia e na sociedade e se metendo na vida das famílias por meio de uma crescente e incontrolável burocracia nunca será liberalismo.

No período da criação do Estado americano, o termo "esquerda" se referia aos preceitos liberais, de soberania popular, de defesa da participação do povo nas decisões políticas, de transparência de tudo que for público e de proteção de alguns direitos do indivíduo por meio de constituições. O posicionamento de "direita" permanecia associado à defesa do Estado, das tradições e das instituições de governo. Esses termos foram usados dessa forma até o final do século XIX.

A partir do século XX, as teorias do filósofo alemão Karl Marx sobre capital e meios de produção influenciaram diversos países na sua

APESAR DE AINDA SOFRER GRANDE RESISTÊNCIA POR PARTE DE SETORES ACADÊMICOS E TAMBÉM DA IMPRENSA, O RESSURGIMENTO DO LIBERALISMO POLÍTICO E ECONÔMICO NAS ESFERAS INTELECTUAIS ESTÁ FORÇANDO UMA INEVITÁVEL REVISÃO DE CONCEITOS.

QUADRO 29
NOVA VISÃO DA ESQUERDA E DA DIREITA

Denominador mínimo comum

TOTALITARISMO   **LIBERALISMO**

Bolivarianismo
Comunismo
Socialismo   ESTADO DE DIREITO
Nazismo   CONSTITUIÇÃO
Fascismo

1. Responsabilidade coletiva   1. Responsabilidade individual
2. Igualdade social   2. Liberdade individual
3. ESTADO NO PODER   3. SOCIEDADE CIVIL NO PODER
4. Governo ilimitado, patrimonialista   4. Limites do Governo e da burocracia

Fonte: Elaborado pelo próprio autor.

concepção social, econômica e política. Os conceitos marxistas se expandem e ultrapassam os limites dos Estados constitucionais e dos regimes da Europa monárquica do século anterior. Na tentativa de representação e aplicação dos conceitos marxistas, surgem variantes regimes totalitários como o comunismo, o socialismo, o nazismo e o fascismo. Essas novidades forçaram a reclassificação dos termos "esquerda" e "direita" e geraram muita confusão.

Afinal, fascismo e nazismo são regimes de esquerda? Resumindo, a resposta é sim se compararmos o que cada um foi, na prática – com uma pequena ressalva para a teoria. Explico. Desde a época de Marx até bastante tempo depois da Segunda Guerra Mundial, muitos entendiam que o nazismo e o fascismo seriam regimes "de direita", enquanto o comunismo e o socialismo seriam "de esquerda". Os que se mantiveram fiéis à tese original de Marx, o objetivo final do marxismo é acabar com o poder do Estado central e devolver o poder político para as "comunas" (leia-se comunidades locais). O objetivo marxista, de uma maneira torta, evoluiu da tese liberal do século XVIII que pregava desconcentração e descentralização de poder para as comunidades – porém, com a distinção de que os direitos e propriedades no modelo liberal são individuais e não coletivos como os das comunas.

O início da confusão ocorre em não distinguir "teoria" da "prática". Na prática, para se estabelecer o comunismo, para estatizar e controlar os meios de produção – ainda de acordo com a teoria marxista –, o Estado deveria concentrar e centralizar todo o poder para, depois, um ditador do proletariado poder distribuir toda a propriedade acumulada de maneira "igualitária". Em outras palavras, de acordo com o marxismo, antes de se acabar com o Estado, o mesmo deveria se tornar mais forte para poder "socializar" tudo e todos.

Por sua vez, os regimes fascistas e nazistas eram abertamente socialistas; contudo, não vislumbravam acabar com o Estado como os comunistas. Ao contrário: aqueles regimes demonstraram intenção clara de perpetuá-lo como ferramenta de controle da sociedade e dos meios de produção. Essa seria a única distinção teórica visível entre os regimes. Mas, na prática, os regimes comunistas seguiram impecavelmente o modelo fascista e o nazista.

Isso mesmo: na prática, os regimes de Stalin, Fidel e Mao, entre outros que se colocaram como "ditadores do proletariado", nunca foram adiante com a ideia comunista de entregar poder para as comunas. De um aspecto prático, esses regimes foram réplicas de ações, objetivos e organizações dos regimes de Adolf Hitler e Benito Mussolini. Ou seja, ideologicamente talvez seja possível apontar premissas periféricas que possam distinguir cada regime um do outro, mas na prática os modelos socialistas e comunistas que surgiram no século XX não se distinguiram dos modelos fascistas e nazistas. Por que, então, classificar nazismo e fascismo como sendo de esquerda e não classificar todos esses como sendo de direita? Professores e jornalistas foram muito enfáticos em classificar os regimes comunistas como sendo de esquerda; daí, por observação da experiência histórica, cabe classificar nazistas e fascistas igualmente como tal.

Somente no final do século xx, com a queda do Muro de Berlim, essa visão pôde ser reavaliada com isenção. Afinal, todos aqueles regimes de base marxista, que floresceram às vésperas da Segunda Guerra Mundial, reforçaram o poder do Estado, foram opressores das liberdades individuais e altamente intervencionistas na economia. Acontece que, apesar de ainda sofrer grande resistência por parte de setores acadêmicos e também da imprensa, o ressurgimento do liberalismo político e econômico nas esferas intelectuais está forçando esse inevitável confronto do que foi a prática e como isso afeta a revisão de conceitos.

Nessa nova redefinição dos termos esquerda e direita no século xxi, liderada na maior parte pelos liberais, vemos que todos os regimes politicamente totalitários que também controlavam os meios de produção da economia devem ser classificados como de esquerda. São eles: comunismo, socialismo, nazismo, fascismo. A reclassificação também incluiria no mesmo bloco os governos militares do Brasil de 1964 a 1985 e os atuais regimes bolivarianos da América Latina. Uma surpresa, não é mesmo? Sem dúvida; mas, pelo rigor da lógica, faz todo o sentido. Nessa nova definição, os liberais, muito a contragosto, estão ocupando o espaço semântico da direita.

Houve, em suma, uma descaracterização conceitual das ideias acerca do que eram direita e esquerda ao longo do tempo – lembrando que na França do século xix, o termo "esquerda" era associado à baixa burguesia e a partidários do liberalismo que pediam mais participação popular na política contra os da direita, que incluíam aristocratas e clero na defesa do Estado monárquico. No século seguinte, a Revolução Russa inspira a esquerda a assumir as rédeas de vários países e a mesma palavra passa a ser empregada para designar defensores de Estados marxistas totalitários que almejavam ditaduras do proletariado. De modo geral, no século xx, esquerda passou a representar um Estado marxista totalitário que envolveria a sociedade e a economia em sua teia, enquanto a direita representaria todos os que combatiam esse Estado.

Acelerando o calendário para o século XXI, constatamos que a maioria dos regimes totalitaristas já desapareceu. Em seu lugar, os países adotaram o Estado de direito e abandonaram os modelos marxistas. Mas nem essa mudança fez com que desistíssemos de usar os termos "esquerda" e "direita", que passaram a se referir ao nível de interferência do Estado na sociedade e na economia. A esquerda manteve sua posição de Estado coletivista e interventor, tal qual no século XX. Mas isso não foi o que ocorreu com a direita. Curiosamente, a "direita", que no século XVIII era associada a posições de defesa de instituições tradicionais do Estado, passou, no final do século XX e no início do XXI, a ser associada ao liberalismo político e econômico, à defesa dos direitos e das liberdades individuais e de um modelo de Estado que só permite governos limitados, capazes de pouca intervenção nas esferas sociais, econômicas e políticas.

O quadro número 29 (página 122) mostra a classificação moderna dos termos esquerda e direita. Na representação gráfica vemos a ideia contemporânea dos espectros ideológicos. Esquerda passa a qualificar modelos políticos que defendem estados intervencionistas na sociedade e na economia, centralmente controlados, de preceito coletivista. Por sua vez, direita representa uma visão de Estado com pouca intervenção do governo, mais livre de controles, com administração descentralizada, firmemente calcado em valores meritocráticos do indivíduo.

Como vimos, as definições mudaram desde a inserção dos conceitos no diálogo político, há quase 250 anos. Essas definições, no entanto, também se tornaram um tanto simplistas e limitadas para explicar certas sutilezas importantes do cenário atual. É necessário explorar uma nova dimensão dos termos.

Indivíduos optam pelo seu próprio comportamento. Esse comportamento tem um reflexo na sua visão política de arranjo do Estado. Na evolução da teoria política, a onda de democratização global nos últimos 250 anos e a crescente participação de diversos novos grupos na política evidenciaram a necessidade de um novo parâmetro para classificar as posições

QUADRO 30

PILARES DA PROPRIEDADE	ESQUERDA REVOLUCIONÁRIA	ESQUERDA PROGRESSISTA
VISÃO	Anseiam pela igualdade acima de tudo e são extremamente avessas às instituições tradicionais da sociedade como a religião, a família e o gênero	Olham o papel do Estado como uma força interventora na criação de uma socidade igualitária reformando as instituições seculares da sociedade e do governo
SOCIEDADE	Acreditam na divisão de classes e querem mudanças drásticas na sociedade e na cultura, mesmo que impostas	Acreditam que somente por intermédio da mobilização da sociedade se atinge mudanças instituicionais
ECONOMIA	Querem garantir padrão de renda a todos por meio do Estado e favorecem controles totais do Estado naqueles que têm propriedade e capital	Favorecem intervenção do Estado na economia para criar pleno emprego e diminuir desigualdade criando limitações no acúmulo de capital e propriedade privada
POLÍTICA	Olham para o papel do Estado como uma força revolucionária necessária na libertação das classes oprimidas. Favorecem uma política totalitarista	Visão de Estado como um pai protetor e provedor. Abertos a diálogos com um viés de contrato social entre Estado e indivíduo

DIREITA CONSERVADORA	DIREITA LIBERTÁRIA
Veem as instituições do Estado como monitoradores da lei e da ordem e respeitam a diversidade harmônica entre indivíduos	Prezam pela liberdade acima de tudo e não toleram qualquer intervenção de instituições da sociedade ou do Estado em sua vida
Pregam valores e princípios sociais básicos e essenciais à estabilidade e à harmonia fora do âmbito de atuação do Estado	São independentes e empreendedores e valorizam a inovação e a liberdade
Valorizam o crescimento econômico sustentável via iniciativa privada, favorecem o acúmulo de capital e propriedade sem intervenção do Estado	Veem o papel do Estado, por menor que este seja, como uma força negativa na economia e na sociedade
Olham para o Estado como uma força passiva e limitada em sua intromissão na economia e na sociedade. Estado é o monitorador do livre mercado e da paz social	Toleram diversas tendências culturais e não julgam nem tentam modificar ou impor uma certa visão ou cultura. Estado é um agente ineficiente

Fonte: Elaborado pelo próprio autor.

e crenças de um indivíduo. Um parâmetro mais complexo e menos redutor do que aquele que considere apenas os termos esquerda e direita.

Uma opção é a divisão dos posicionamentos políticos entre conservador, libertário, progressista e revolucionário. Essas qualificações passaram a ser utilizadas no final do século xx, sobretudo durante o período de Guerra Fria.

Chamamos de conservador aquele que considera como valores importantes a preservação das tradições, a observância dos comportamentos herdados da família, a religião, o respeito às autoridades e aos símbolos. O conservador aceita as leis naturais como fator estabilizador e criador de harmonia. O conservador é, em suma, resistente a mudanças drásticas na sociedade e na economia e avesso à tomada de risco com os destinos da nação. Rejeita experimentos que possam criar algo desconhecido e instável. Prefere reformar sobre alicerces bem fundamentados a destruir as bases convencionais e reconstruir do zero.

O libertário, por sua vez, é aquele que aceita novos conceitos e experiências individuais. É reativo à autoridade e aos símbolos. Abraça mudanças de paradigmas das instituições tradicionais como um avanço. O libertário é um individualista, receoso de abdicar de parte de sua liberdade para uma organização ou a se submeter a preceitos e tabus. Ele reage contra qualquer forma de controle do indivíduo e não se baseia em tradições e em valores herdados para se equilibrar no jogo social.

Já o progressista acredita na legitimidade das instituições tradicionais, mas deseja modificá-las lentamente para que

QUADRO 31
PRINCIPAIS COMPORTAMENTOS POLÍTICOS

ESQUERDA — **DIREITA**

- Igualdade via revolução
- Controle da propriedade
- Estado totalitarista

- Igualdade via institucional
- Intervencionismo
- Estado Paternalista

- Liberdade com princípios de base
- Livre mercado
- Estado monitorador

- Liberdade limitada
- Livre mercado
- Estado mínimo

ESQUERDA REVOLUCIONÁRIA | ESQUERDA PROGRESSISTA | DIREITA CONSERVADORA | DIREITA LIBERTÁRIA

Fonte: Elaborado pelo próprio autor.

reflitam uma nova visão, invariavelmente igualitária e coletivista da sociedade. O progressista crê no processo de mudança do pensamento do indivíduo e das instituições para validar essas ideias no coletivo e no Estado. Para ele, difundir os princípios marxistas em igrejas e universidades, na mídia e nos sindicatos é a melhor estratégia para a conquista de corações e mentes.

O revolucionário, por fim, combate instituições públicas, tradições e preceitos sociais, pois acredita que são utilizados para oprimir os estratos menos favorecidos. Para que exista igualdade de classes, as instituições devem ser extintas ou modificadas completamente, assim como a sociedade e sua cultura. O revolucionário defende a ampla disseminação do marxismo cultural tal qual o progressista, mas vai muito além em sua sede por poder político.

As quatro classificações advêm da concatenação dos adjetivos conservador, libertário, progressista e revolucionário ao dimensionamento esquerda e direita, criando quatro categorias distintas de pensamento político. Reflita antes de responder: em qual delas você se enquadraria?

No quadro número 31 (página 129), pode-se notar a tendência de cada comportamento político.

Considerando esses comportamentos políticos, como definiríamos o que caracteriza o Brasil? Em breve retrospectiva, pode-se dizer que o comportamento político do Brasil no século XIX era caracterizado pela direita conservadora; no século XX, pela esquerda progressista; no início do século XXI, até as eleições de outubro de 2016, éramos um país dominado pela esquerda revolucionária. Somente agora estamos em busca de uma redefinição. Ou seja, temos um comportamento político de esquerda há quase cem anos.

Por que é necessário entender esse escopo e essas qualificações? Ora, porque a visão de Estado varia conforme a orientação e o comportamento político dos agentes que estão encarregados de organizar o Estado. Os resultados na concepção e na manutenção das instituições podem variar drasticamente. Infelizmente, para muitas nações, a visão dos agentes organizadores do Estado é diferente da aspiração do povo ou da vocação estratégica da nação.

A definição de que tipo de visão de Estado têm os agentes determina o tipo de força que age nas estruturas que o compõem – as estruturas, como já vimos, são governo e burocracia. Essa força é invisível ao leigo ou ao jurista, mas é muito evidente para o cientista político. É necessário deixar claro que o Estado, tal qual definido no papel, raramente reflete o que de fato é. Isso porque a força política e a estrutura de poder por trás do governo e da burocracia podem alterar a organização do Estado radicalmente.

Em resumo, ao que consta, há um consenso de que a esquerda na contemporaneidade ficou identificada com a luta pela redução das desigualdades e a direita, com a luta pela manutenção das liberdades individuais. A esquerda tem dominado nosso comportamento político desde 1934, quando do advento da primeira Constituição socialista do Brasil. São quase cem anos de domínio do diálogo político e seguramente isso afetou as políticas de governo de Estado desde então. Nesse período o Brasil não avançou, não decolou. Ao contrário, permaneceu na mediocridade. Cresceu abaixo da média mundial enquanto países com políticas de governo e de Estado mais liberais contribuíram para boa parte dos grandes avanços da humanidade, assegurando melhor qualidade de vida para seus cidadãos. Entender que temos um comportamento político de esquerda, o que isso significa e como limita nosso real avanço é essencial para criarmos a cultura da excelência de que tanto precisamos.

TEMOS UM COMPORTAMENTO DE ESQUERDA HÁ QUASE CEM ANOS E SOMENTE AGORA ESTAMOS EM BUSCA DE UMA REDEFINIÇÃO.

CAPÍTULO 8

SUCESSÃO DE OLIGARQUIAS

Brasil nas mãos de poucos –
e para poucos

Em 2015, fiz parte de um dos movimentos que assinou o pedido de impeachment da então presidente Dilma Rousseff, protocolado na Câmara dos Deputados. Após meses de espera, nós resolvemos cobrar do então presidente da Casa, Eduardo Cunha (PMDB-RJ), uma posição sobre o processo. Depois de muita insistência e já notando algum desgaste pessoal, o chefe do Parlamento resolveu responder. "Houve uma reunião de grandes empresários em Comandatuba, na Bahia, em abril. Eles não querem o impeachment", disse Cunha, com notória frieza. Questionamos o motivo da desaprovação ao impedimento e não houve resposta direta.

O mesmo parecer nos foi dado pelo líder do maior sindicato patronal, a Federação das Indústrias do Estado de São Paulo (FIESP), de modo que ficou óbvio para nós que o presidente da Câmara não iria se sensibilizar ou reagir de acordo com o que os movimentos pró-impeachment demandavam naquele momento. Ficou igualmente evidente que os grandes empresários eram um pilar de apoio do poder público e que ofereciam resistência diante de pleitos por mudanças na estrutura de comando.

Foi por isso que, ao final de 2015, dois fatores externos aos movimentos pró-impeachment e anticorrupção foram mais relevantes para a abertura do processo do que a própria mobilização popular. De um lado, a Operação Lava Jato já cercava quase todos os integrantes da cúpula dos Poderes Executivo e Legislativo e tinha atingido diretamente o presidente da Câmara. De outro, a economia no final de 2015 já registrava uma queda de mais de 3,5% do PIB, o que afetava a todos os empresários, incluindo os grandes grupos, sem que a presidente Dilma desse nenhum indicativo de que tomaria medidas sensatas para reverter o quadro. Muito pelo contrário – com a saída do economista ortodoxo Joaquim Levy do Ministério da Fazenda e a entrada de Nelson Barbosa, Dilma repetia a mesma política econômica que havia gerado a recessão e estava pronta para dar o empurrão final do quadro econômico brasileiro em direção ao precipício de sua ignorância contábil. Foram esses fatores – a desmoralização moral do governo; a perspectiva cada vez mais real de prisão de elementos centrais do Partido dos Trabalhadores e do Planalto; e a situação econômica insustentável – que criaram o ambiente para a abertura do processo de impeachment, em dezembro de 2015, muito mais do que as mobilizações de rua ou do que a vontade popular, embora ambas já fossem imensas.

Ao longo de 2015, vimos como os pilares de sustentação da presidente ruíram um por um, sucessivamente. Primeiro foi sua aceitação pela opinião pública, que se deteriorou em níveis recordes ao longo do ano, conforme a população percebia a incapacidade técnica do governo e o quanto estava afundado em denúncias. O segundo pilar a ruir foi aquele representado pelos grandes empresários, que passaram a temer pela sobrevivência de seus negócios caso continuassem apoiando um governo recessivo por mais um ano. O terceiro foi o da aliança com o PMDB, que sucumbiu aos poucos, mas cujo momento de ruptura pode ser delimitado como aquele em que Cunha deflagrou o processo de impeachment.

O quarto pilar de sustentação foi o do Supremo Tribunal Federal (STF), que até então atuava como um defensor do governo e do PT, mas viu-se compelido a defender a legalidade do pedido de impeachment, ainda que com escabrosa interferência no processo. O quinto pilar foi o da grande mídia, que notadamente só deixou de apoiar a presidente depois de já iniciado o processo de impeachment, quando os outros setores de apoio já haviam abandonado o barco e não havia muita opção senão validar a vontade popular.

No primeiro trimestre de 2016, vários parlamentares indecisos finalmente decidiram apoiar o afastamento da presidente, e no dia 17 de abril de 2016, mais de dezesseis meses após o início das manifestações históricas contra a presidente Dilma – as maiores já registradas na história brasileira –, votaram a favor do impeachment na Câmara dos Deputados.

É por isso que o ano de 2015 converteu-se em uma verdadeira batalha do governo contra os movimentos pró-impeachment e anticorrupção, apontados erroneamente como os responsáveis pela queda do governo. Posso conjecturar com a intuição de quem testemunhou esses eventos de perto que, caso a Lava Jato não tivesse atingido diretamente a figura de Eduardo Cunha e a economia não estivesse em colapso, o impeachment jamais teria um parecer favorável.

Pode parecer estranho que eu, na condição de militante dos movimentos anticorrupção e pelo impeachment, relativize o peso das manifestações de rua no desfecho do caso. E a ação dos movimentos que se levantaram contra Dilma e contra a corrupção? Não valeu de nada? É necessário reconhecer que, desde a época do escândalo do Mensalão, que eclodiu em 2005, movimentos como o Revoltados Online e o Nas Ruas já estavam engajados na batalha contra a corrupção. Outros, como o Endireita Brasil, se concentravam na luta a favor do liberalismo e contra o comunismo. Ao final de 2014, surgiram o Vem Pra Rua, que ampliou a receptividade da opinião pública à mobilização popular; o Movimento Brasil Livre, que introduziu o componente ideológico e liberal no segmento jovem; e o Avança Brasil, que trouxe de volta ao debate público o importante segmento da maçonaria. Os movimentos liberais Acorda Brasil e Brasil Melhor se debruçaram sobre ações pontuais na disseminação da ideia alternativa de um Estado liberal – visão de que todos esses movimentos careciam.

Só quem participou de todo o levante da sociedade civil brasileira entre 2014 e 2016 por meio de um desses movimentos pode ter uma compreensão exata do que significaram. Ao longo de 2015, a impressão que se tinha era de que o papel desses movimentos cívicos era antes validar as ações da Operação Lava Jato, deflagrada pelo Ministério Público, do que pressionar por mudanças políticas diretas.

Embora os movimentos mostrassem vigor e uma adesão abrangente histórica, trazendo um número recorde de pessoas às ruas e mantendo essas pessoas mobilizadas por meses a fio, a verdade é que não tinham nenhum impacto direto no governo, em nenhum nível. Nenhuma medida institucional, legislativa ou investigativa foi tomada em resposta às mobilizações. Colocávamos milhões nas ruas e não tínhamos nada para mostrar como resultado dessas mobilizações. E isso é que preocupa.

Desde 2014, notávamos como, longe de reconhecer a legitimidade da pressão popular por mudanças e apresentar algo nesse sentido, o governo endurecia as posturas que questionávamos. Notávamos que as manifestações por vezes geravam respostas que eram o exato oposto do que elas reivindicavam, surtiam efeitos contrários aos movimentos nas decisões do governo, do Legislativo e até mesmo da burocracia do Estado. Esse era um sinal claro de que, não só o governo mas, também, o Estado, com todas as suas instituições, se blindavam contra a pressão política. O governo, por sua vez, dissimulava a situação, não reconhecendo os milhões nas ruas como "povo". Não nos enxergava como uma força legítima com a qual seria necessário conversar, muito menos chegar a um meio-termo em eventuais negociações.

Essa postura defensiva do governo contra sua própria população contribuiu em muito para deteriorar a República, criando menos transparência e medidas punitivas contra a liberdade de expressão. Esse instinto de proteção do Estado transcendia o governo e seus partidos de apoio, pois não se manifestava somente no Poder Executivo de Dilma, mas também no comando do Senado e da Câmara, no Judiciário e na máquina burocrática.

Pode-se dizer que, em algumas questões pontuais e de certa repercussão, a ação dos movimentos pode até ter tido uma influência. Questões como a quebra do veto ao voto impresso – quando, em novembro de 2015, o Congresso derrubou o veto de Dilma à adoção do comprovante em papel pós-votação; a rejeição unânime das contas da campanha do PT em 2014 no Tribunal de Contas da União (TCU); e a votação aberta que resultou na perda de mandato do senador Delcídio do Amaral (PT-MS).

No entanto, em diversas outras decisões que envolviam questões basilares de um Estado de direito, como a criação de limitações ao direito de expressão (com imposição de direito de resposta para qualquer político que se sentisse "ofendido" pela imprensa, por exemplo), a perda de transparência no trâmite de informações públicas nos sites do Senado e da Câmara, a manutenção do voto proporcional como sistema eleitoral, além de diversas medidas infraconstitucionais que ocorreram sob votações secretas, os movimentos anticorrupção não tiveram qualquer poder de voz e o sistema brasileiro perdeu.

O Executivo e seus apoiadores nos demais poderes e na burocracia decidiram que aquele povo que se erguia contra eles não era o mesmo povo que o tinha eleito, resumindo todas as reivindicações dos opositores a uma questão "de classe" e partindo para uma campanha segregacionista da sociedade brasileira. Essa abordagem dava conta de que só os ricos estavam insatisfeitos com a corrupção, com os desmandos e com a incompetência econômica e administrativa. Nascia a base da narrativa do "golpe" contra a democracia e contra a presidente.

A maioria dos movimentos cívicos começou a observar a oligarquia política dos sindicatos e dos partidos políticos operarem contra eles. Por serem dependentes de privilégios regulamentares que garantem sua existência, essas oligarquias são totalmente leais ao Estado e ao governo que os promove. Elas perceberam que defender o governo Dilma era uma questão de sobrevivência.

Diversos agentes da mídia, blogs e sites noticiosos foram comprados com dinheiro das estatais e formavam um verdadeiro séquito de militantes pagos, fiéis à presidente Dilma, ao Partido dos Trabalhadores e à ideologia socialista. Esse setor podre da mídia pervertia a função regulatória do poder que a imprensa deve ter e se voltava contra os movimentos populares, promovendo uma devassa pública na vida de cada um dos líderes do levante.

Além dos ataques terem nivelado o discurso abaixo da faixa mínima para se construir um diálogo, o embate resultou também na extrema polarização de posicionamentos políticos. Finalmente, o governo passou a adotar uma estratégia diferente: em vez de criar um embate "povo contra governo" (no qual, via de regra, o governo sempre perde), resolveu contra-atacar com seus próprios militantes pagos sob a liderança do Movimento dos Trabalhadores Rurais Sem Terra (MST), do Movimento dos Trabalhadores Sem Teto (MTST) e da Central Única dos Trabalhadores (CUT). A estratégia era criar um embate "povo contra povo" e dissimular a realidade de que o povo estava contra o governo; e, paralelamente, mostrar que havia um segmento do povo que ainda queria a presidente no poder.

A partir de abril de 2015, vários movimentos sociais falsos e aparelhados assumiram a liderança dos ataques contra os movimentos cívicos da sociedade que promoviam o levante contra o governo. Grupos como MST, MTST, diversas entidades estudantis, de trabalhadores, supostas "minorias raciais" e movimentos de afirmação LGBT estavam sob tutela e influência direta do governo, pecando pela falta de espontaneidade e de alinhamento com a causa pela qual se organizavam.

É notório como todos esses movimentos foram organizados pelo governo e financiados com dinheiro do contribuinte. É por isso que, na visão dos movimentos pró-impeachment de Dilma Rousseff e contra a corrupção, o Estado como um todo estava se armando contra a sociedade organizada. E mesmo depois, com a derrocada de Dilma e a sucessão de Michel Temer, as forças políticas corruptas continuaram a se proteger contra a sociedade. A amplitude das investigações da Lava Jato comprometeram todos os três Poderes e se tornou natural que agentes públicos, no comando desses Poderes, passassem a trabalhar em conluio para se protegerem; algumas vezes, transcendendo vínculos partidários.

Um leitor menos politizado talvez não se choque tanto com a retrospectiva dos acontecimentos sociais e políticos recentes apresentada nos parágrafos anteriores. Mas, para uma pessoa engajada politicamente, o relato demonstra que temos um grande problema no nosso sistema político.

No Brasil, o povo não é soberano. Essa soberania foi sequestrada pelas oligarquias políticas e econômicas e por toda a teia de apoio que elas criaram para se sustentar. E aqui chego à resposta-título deste capítulo para a grande pergunta do livro: "Por que somos um país atrasado?" Uma das respostas é porque o país vem sendo governado por uma sucessão de oligarquias. Com efeito, o oligarquismo é uma das mais dramáticas mazelas do Brasil. O problema, evidentemente, não é novo. Não tem relação apenas com a era do lulopetismo: trata-se de uma antiga doença estrutural.

SOMOS UM PAÍS ATRASADO PORQUE TEMOS SIDO GOVERNADOS POR UMA SUCESSÃO DE OLIGARQUIAS.

CLUBE DAS EXCEÇÕES | Uma visão ácida da prevalência dos monopólios e oligopólios, em cartum do final dos anos 1800: representantes das grandes empresas dominam a casa legislativa para garantirem subsídios, proteções e excessões da lei que se aplicava no resto da população [Crédito: J. Ottmann Lith. Co. after Joseph Keppler / U.S. Senate Collection]

Todo governo brasileiro dependeu de oligarquias, de grupos de interesse criados pelo próprio Estado, para se manter no poder. É quando o governo falha com alguma delas que as sementes de mudança são plantadas.

O Brasil vive sucessivas trocas de oligarquias no poder desde a Proclamação da República. De 1889 em diante, o país teve seis constituições e cada uma delas foi marcada pelos interesses da oligarquia vigente. O povo nesse nosso passado histórico tem sido usado como "validador" das ações oligárquicas, não como "promotor" direto de mudanças.

Ora, em um Estado de direito de fato, quando o povo se levanta contra o governo ou contra alguma medida oficial, sua vontade inevitavelmente prevalece, na medida em que existem mecanismos para que a sociedade aja como um agente regulador. Nos raros casos de países que atingiram a eunomia – conceito grego que significa "boa ordem" –, o povo influencia diretamente, sem que haja perda de legitimidade constitucional.

No Brasil, como ainda não tivemos essa evolução sistêmica, o único canal é por meio dos representantes eleitos e burocratas. Com o tempo, esses representantes criaram legislações para permanecerem blindados de demandas populares. Assim, praticamente foram eliminados os limites às suas vontades e conveniências. As oligarquias são as grandes manipuladoras e as maiores beneficiadas desse jogo. Para entender como elas têm influenciado a história do país, precisamos definir quem são e o que querem esses grupos de interesse. Quem, afinal, comanda o Brasil.

A palavra oligarquia é de origem grega. *Oligarkhía* significa literalmente "governo de poucos". Trata-se de uma força política organizada que é a mais comum na atualidade. Embora não exista nenhum país que se defina como uma oligarquia, a maioria dos países é comandada por uma delas ou mais.

A característica marcante desse pequeno grupo de pessoas é a manipulação de leis e políticas sociais e econômicas para seus próprios interesses. Empenham-se em criar e manter seus privilégios em detrimento do país como um todo.

Por vezes, um grupo assim tenta lançar suas teias sobre o Estado de direito. Se o Estado não for desenhado para mitigar as ações das oligarquias, se sua concepção não prevê o surgimento desses parasitas, eles acabam por distorcer o objetivo central do Estado de direito, pois suas ações visam ao próprio benefício e não ao bem comum.

As oligarquias se enquadram em duas categorias básicas. Há aquelas que agem por interesses políticos de poder e controle e as que atuam movidas por interesses econômicos e financeiros. Ambas, porém, têm como propósito final o controle total do Estado. No processo de obtenção desse controle,

> **NO SÉCULO XXI, ESSES GRUPOS DE INTERESSE OLIGÁRQUICOS SE MANIFESTAM NA FORMA DE GRANDES BLOCOS ECONÔMICOS: OLIGOPÓLIOS, MONOPÓLIOS, ESTATAIS, GRANDES EMPRESAS.**

tentam alijar por completo qualquer outra forma de influência no governo. Na prática, oligarquias visam à criação de uma autocracia: um governo ilimitado, autossuficiente e absoluto, sem validação popular.

No século XXI, esses grupos de interesse oligárquicos se manifestam na forma de grandes blocos econômicos: oligopólios, monopólios, estatais, grandes empresas. Aparecem, ainda, sob a forma de grandes grupos com poder político e normativo: partidos, sindicatos e burocracia. Isso não significa, claro, que toda grande empresa, toda empresa estatal, todo partido, sindicato ou aparato burocrático seja uma oligarquia. Significa apenas que esse tipo de estrutura é muito útil para camuflar e fomentar a formação de oligarquias.

Recentemente, dois termos foram adicionados ao repertório dos analistas políticos no Brasil e no mundo: cleptocracia e plutocracia. Cleptocracia significa, literalmente, "governo de ladrões". Plutocracia, por sua vez, é o "governo dos ricos". Os termos começaram a figurar em artigos e discursos sobretudo depois da crise financeira de 2008 e seu uso foi intensificado por movimentos como o Occupy Wall Street, que surgiu no fim de 2011, em Nova York. Essas nomenclaturas nos permitem enxergar com precisão qual a intenção final de uma oligarquia quando consegue se apropriar de um governo. Elas dizem respeito ao estágio final de influência de um grupo de interesse sobre um governo. O processo que começa com busca de privilégios, facilidades e perpetuação no poder termina em plutocracia e em cleptocracia.

Na América Latina, nota-se toda uma gama de níveis de influência e modalidades de oligarquias. Há desde situações em que a mesma oligarquia econômica domina sucessivamente vários governos até contextos em que há competição entre oligarquias políticas diferentes que se alternam a cada novo governo. Em todos os casos, o importante é tentar identificar a deficiência da estrutura de poder que permite a influência desses grupos, a brecha exata por onde entram os parasitas do Estado.

Os efeitos dessa influência são comuns a quase todos os países considerados oligárquicos. A maioria das oligarquias se caracteriza pela existência de:

1. Grupos de interesses ricos em contraste com uma população pobre;
2. Alta tributação;
3. Regulamentação excessiva e controle da economia;
4. Violação de leis ou criação de leis para se obter benefícios ou subsídios desproporcionais;
5. Baixa participação popular e renovação política;
6. Corrupção institucional;
7. Tratamento legal e institucional diferenciado para poucos;
8. Concentração de poder político e econômico;
9. Rupturas constitucionais frequentes;
10. Instituições públicas fracas e interligadas;
11. Falta de limites e de transparência nas ações do Poder Executivo;
12. Baixo Índice de Desenvolvimento Humano (IDH).

Dado o tamanho da encrenca, pode-se presumir que a melhor alternativa para um governo seja eliminar de vez as oligarquias. Mas embora a opção pareça atraente, não é tão simples assim.

Oligarquias são formações espontâneas de grupos políticos ou econômicos que se estabelecem quando há incentivos para a criação de grupos de interesse ou ausência de punição contra ações nocivas desses grupos. Elas estão presentes em todos os níveis de governo: municipal, estadual, federal e podem ser vistas até mesmo em organizações supranacionais. Elas se regeneram automaticamente a cada ciclo histórico. Tentar acabar com as oligarquias não é prático e consumiria todo o tempo e os recursos de um governo.

Há, no entanto, outro caminho viável. É possível estruturar as instituições do Estado, do governo e da burocracia de modo a impedir que grupos de interesse se apossem do poder. Um dos objetivos centrais deste livro é justamente conscientizar aqueles que querem mudar o país para a importância das estruturas do Estado e do arranjo entre os poderes. É preciso entender que a formação de grupos de interesse é algo praticamente inevitável. Um Estado forte, no entanto, precisa estar blindado para que a influência desses grupos seja limitada e não se sobreponha ao bem comum. Por isso é necessário revisitar experiências políticas anteriores e buscar exemplos externos para que possamos aprender com erros e acertos.

É possível que alguns leitores se perguntem a essa altura se aristocracias não seriam também formas de oligarquias. As definições contemporâneas de "aristocracia" e "oligarquia" as tornam praticamente sinônimas – ambas designariam grupos em defesa de seus privilégios em detrimento dos demais. Mas quando se resgata a origem do termo "aristocracia", ou "governo dos melhores", o intento fica mais claro e passamos a entender o real valor de sua contribuição.

Gostaria de deixar claro que meu interesse de resgatar o real significado desse termo de modo algum tem relação com a defesa do regime monárquico no Brasil ou com a possibilidade de criação de um poder aristocrático. Meu objetivo é exclusivamente pontuar que o sentido contemporâneo do termo acabou deturpando completamente o sentido original.

Oligarquia e aristocracia representam forças políticas que se caracterizam por poucos indivíduos influenciando o poder político de maneira desproporcional ao poder da maioria. O conceito de aristocracia, no entanto, já foi defendido por vários filósofos, historiadores e políticos que viam a influência desse grupo como positiva para o coletivo. A grande distinção entre as duas está na intenção de cada uma. Teoricamente, em sua concepção clássica, uma aristocracia age pelo interesse comum, ao passo que uma oligarquia age em interesse próprio.

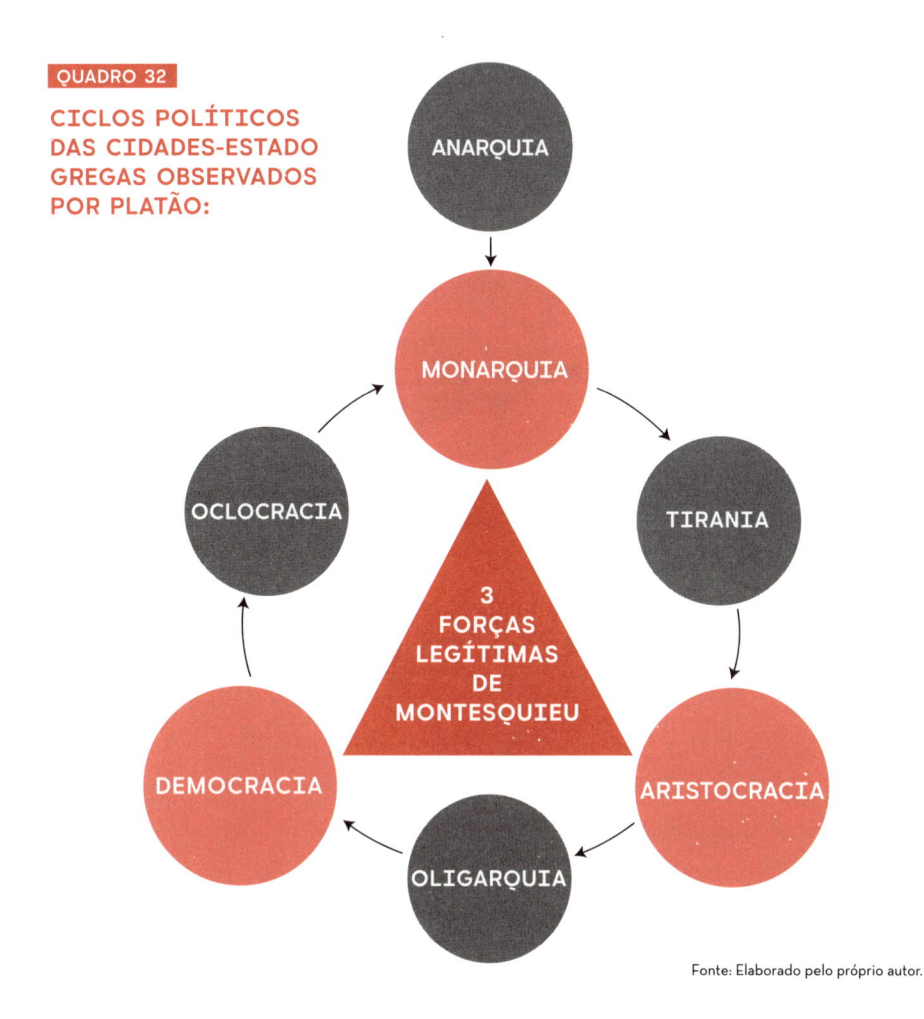

QUADRO 32

CICLOS POLÍTICOS DAS CIDADES-ESTADO GREGAS OBSERVADOS POR PLATÃO:

ANARQUIA → MONARQUIA → TIRANIA → ARISTOCRACIA → OLIGARQUIA → DEMOCRACIA → OCLOCRACIA → MONARQUIA

3 FORÇAS LEGÍTIMAS DE MONTESQUIEU

Fonte: Elaborado pelo próprio autor.

Como veremos adiante, desde a época das democracias tirânicas da Grécia antiga, os bons tiranos, como Sólon, agiam sob a lógica de um "governo dos melhores" em prol do bem comum. Os fazendeiros romanos que libertaram Roma da tirania etrusca agiram visando a comunidade e criaram um sistema para o bem de todos, não somente em favor deles próprios. Algo similar foi feito pelos fundadores dos Estados Unidos, todos eles "aristocratas", mas genuína e reconhecidamente preocupados com o bem da nação que estavam criando.

CIDADANIA | Considerado como um dos "bons tiranos" da Grécia Antiga, Sólon agia sob a lógica do governo dos melhores em prol do bem comum: suas reformas políticas e sociais ampliaram a definição de cidadania, incluindo mais segmentos da sociedade nas assembleias públicas [Crédito: SU_09 / Istockphoto]

QUADRO 33

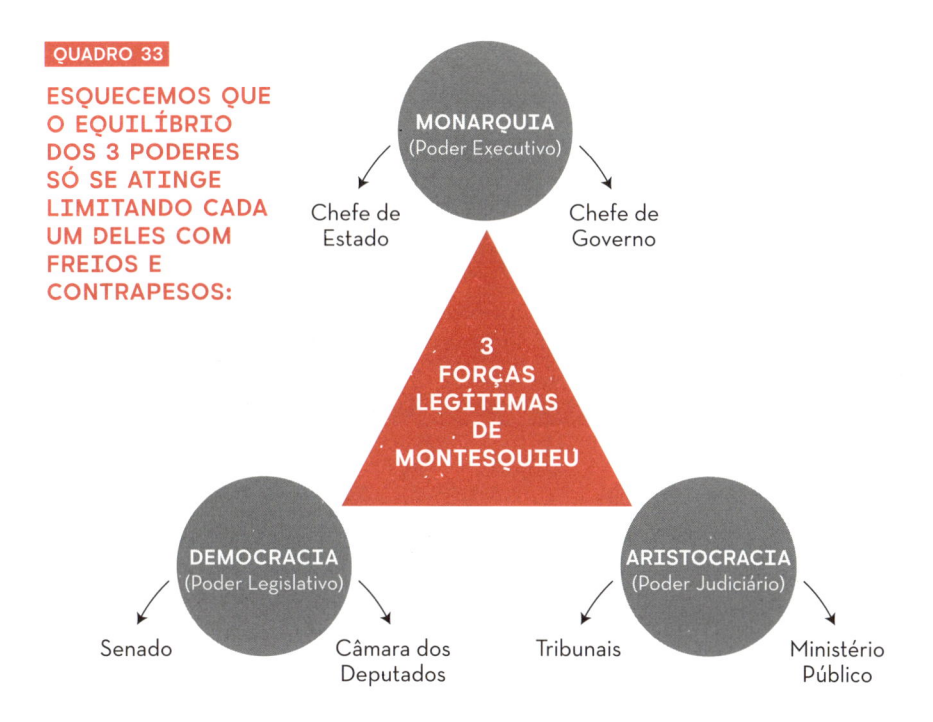

ESQUECEMOS QUE O EQUILÍBRIO DOS 3 PODERES SÓ SE ATINGE LIMITANDO CADA UM DELES COM FREIOS E CONTRAPESOS:

MONARQUIA (Poder Executivo)
- Chefe de Estado
- Chefe de Governo

3 FORÇAS LEGÍTIMAS DE MONTESQUIEU

DEMOCRACIA (Poder Legislativo)
- Senado
- Câmara dos Deputados

ARISTOCRACIA (Poder Judiciário)
- Tribunais
- Ministério Público

Fonte: Elaborado pelo próprio autor.

Entende-se, portanto, o motivo pelo qual vários filósofos ao longo da história, de Aristóteles a Jean Jacques Rousseau, defenderam a aristocracia como parte integrante e essencial para uma forma de governo estável. Aristóteles tinha receio dos *kyklos* – ciclos, em grego –, tal qual descritos por seu mentor, Platão.

De acordo com Platão, toda civilização passa por ciclos de organização de governo. Da anarquia inicial surge um líder que se torna o monarca. Ao longo das gerações, sua descendência se desvirtua, tornando-se despótica. Isso, por sua vez, leva o grupo de cidadãos mais proeminentes interessados no bem comum a estabelecer uma aristocracia.

Com o passar do tempo, esses aristocratas também perdem a virtude, passam a representar o bem próprio e transformam-se em uma oligarquia. Os oligarcas sem legitimidade invariavelmente são destituídos pela força do povo, que estabelece uma democracia. A maioria no comando

QUADRO 34

HISTÓRIA REPUBLICANA DEFINIDA POR GOVERNOS OLIGÁRQUICOS E POPULISTAS

PERÍODO	DATA	INFLUÊNCIA GOVERNO
PRIMEIRA REPÚBLICA	1891–1930	Oligarquia
ESTADO NOVO (ERA VARGAS)	1930–1946	Oligarquia
SEGUNDA REPÚBLICA	1946–1964	Populista
REGIME MILITAR	1964–1985	Oligarquia
NOVA REPÚBLICA	1885–2002	Oligarquia
NOVA REPÚBLICA	2002–atual	Populista

da democracia comete excessos e abusos de poder; o governo então se esfacela em anarquia e o ciclo recomeça.

Os filósofos posteriores a Platão acreditavam que esse ciclo era maléfico e, portanto, seria necessário tomar medidas para evitá-lo. Eles reconheciam que, desse ciclo, somente três poderes eram legítimos (monarquia, aristocracia e democracia) e se mostravam presentes em qualquer ecossistema político, desde uma tribo a um país. Hoje em dia o poder da monarquia está genericamente associado ao Poder Executivo, o da aristocracia ao Poder Judiciário e a da democracia ao Legislativo.

Cada um desses pensadores, no entanto, estabeleceu vários pré-requisitos para que esse arranjo de forças funcionasse em equilíbrio e harmonia – imposição constitucional de limites aos poderes, fragmen-

GRUPO APOIO	COMPOR-TAMENTO POLÍTICO	REGIME	TRIBUTAÇÃO %PIB
Cafeicultores, Pecuaristas	Direita Conservadora	Democrático	13%
Banqueiros, Militares	Esquerda Progressista	Ditadura	15%
Militares, Sindicatos	Esquerda Progressista	Democrático	17%
Militares, Banqueiros, Industriais	Esquerda Progressista	Ditadura	27%
Banqueiros, Industriais	Esquerda Progressista	Democrático	33%
Sindicatos, Construtoras	Esquerda Revolucionária	Democrático	>40%

Fonte: Elaborado pelo próprio autor.

tação dos poderes, sistema de validação de poderes por meio do voto, limitação de mandatos, válvulas e escape legais em caso de mudanças abruptas, justiça independente e incorruptível e educação do povo, entre outros. E isso só seria possível de maneira constitucional, num Estado de direito.

Todavia, somente no século XVII, após o surgimento do liberalismo político, é que os sistemas políticos do Ocidente começaram a incluir tais premissas em suas reorganizações de Estado. José Bonifácio, quando encomendou a elaboração da Constituição de 1824 ao conselho de Estado, alertou para que o mesmo criasse "barreiras inacessíveis ao despotismo quer real, quer aristocrático, quer democrático [e] afugente a anarquia". Mesmo assim, isso não foi o bastante para evitar que países como o Brasil, fundado de acordo com esses princípios, sucumbisse nas mãos

QUADRO 35

O CICLO POLÍTICO BRASILEIRO A PARTIR DA PRIMEIRA REPÚBLICA

[Diagrama em ciclo: OLIGARQUIA → DESTRUIÇÃO DAS LEIS E DA CONSTITUIÇÃO → POPULISMO → DESTRUIÇÃO DAS LEIS E DA CONSTITUIÇÃO → OLIGARQUIA]

Fonte: Elaborado pelo próprio autor.

de oligarquias menos de cem anos depois. Há outros aspectos de organização que mitigam a ação das oligarquias, e a história do Brasil é um excelente caso de estudo para explicar quais são eles.

Nela podemos ver vários exemplos de ação desses grupos oligárquicos contra o bem geral da nação. No século xix, por exemplo, a elite econômica que dominava o Brasil, composta por fazendeiros, pecuaristas e cafeicultores e apoiada por um grupo de militares dissidentes, buscava manter os privilégios que tinha graças a um sistema econômico baseado no trabalho escravo. Como a monarquia brasileira eliminou a escravidão por decreto, gerando perdas ao modelo econômico desses oligarcas, e como também almejava iniciar uma revolução industrializante no Brasil, aquela elite econômica se sentiu ameaçada e viu-se compelida a controlar a agenda política.

Enquanto os senhores de escravos cobiçavam o poder econômico do país, outra oligarquia conspirava pelo controle do poder político. O Exército brasileiro queria mais poderes dentro do Império, uma vez que sua relevância e sua força tinham crescido desde a Guerra do Paraguai, entre 1864 e 1870. Uma nova classe militar surgida durante a segunda metade do século XIX buscava melhores condições e amparo do Estado. Ambas, a oligarquia econômica dos agricultores e a política do Exército, conspiravam pelo poder. Isso fez com que no Brasil, assim como em todos os outros países da América Latina, a República fosse fundada para servir a um grupo de interesse – no caso, uma oligarquia econômica agropecuarista.

Durante as primeiras quatro décadas da jovem República brasileira, de 1891 até 1930, a alternância no Poder Executivo se limitou a esse pequeno grupo de pessoas, a ponto de ter sido cunhado o termo "política do café com leite". Essa política, iniciada na República Velha, visava à predominância no poder nacional das oligarquias paulista (produtora de café) e mineira (produtora de leite), com presidentes civis fortemente influenciados pelo setor agrário daqueles estados.

A política das oligarquias do café e da pecuária fez com que instituições públicas como os cartórios se forjassem sob práticas como o nepotismo, aparelhando a máquina pública para preservá-las no poder. A origem oligárquica da República afetou o sistema de governo, impedindo a criação de instituições republicanas autônomas. E, como acontece em todo modelo de oligarquia, o grupo agropecuário angariou benefícios em detrimento de todo o país.

A não inclusão de outras parcelas da sociedade na equação econômica e política do poder foi uma constante desde o início da República brasileira até os dias de hoje. Esse período inicial conturbado causou repercussões negativas, com sucessivas rupturas da República por golpes militares e por governos populistas. O ciclo perverso de derrocada de sistemas políticos oligárquicos prevaleceu no Brasil durante todo o século XX, em grande parte influenciado pelo fato de que a República

QUADRO 36
CENTRALIZAÇÃO DO PODER POLÍTICO

- OLIGARQUIA
- DEMOCRACIA/POPULISMO

Dependem e criam cada vez mais **centralização de poder**

- ESTADO DE DIREITO

Fomenta e protege-se na **descentralização do poder**

Fonte: Elaborado pelo próprio autor.

se estabeleceu sobre bases podres, uma vez que as próprias instituições republicanas surgiram para a manutenção de privilégios de grupos específicos, e não para o bem comum.

Dentro desse ciclo, grupos de interesse escolhiam seus líderes e lhes davam apoio na luta contra o grupo de interesse aliado ao governo vigente. Isso resultava em instabilidade ou até mesmo em golpes de Estado. O revezamento no poder não ocorria de maneira pacífica e democrática. Era uma mera disputa entre grupos de interesse pelo controle da máquina pública e de seu aparelho de arrecadação tributário sempre crescente. Ao longo de 130 anos do Brasil República sempre foram poucos os que realmente comandaram o país.

O "quadro 34 (páginas 148-149)" resume o Brasil República desde a sua fundação. Nele, é possível perceber a presença de grupos de

QUADRO 37
ESTADOS UNITÁRIOS

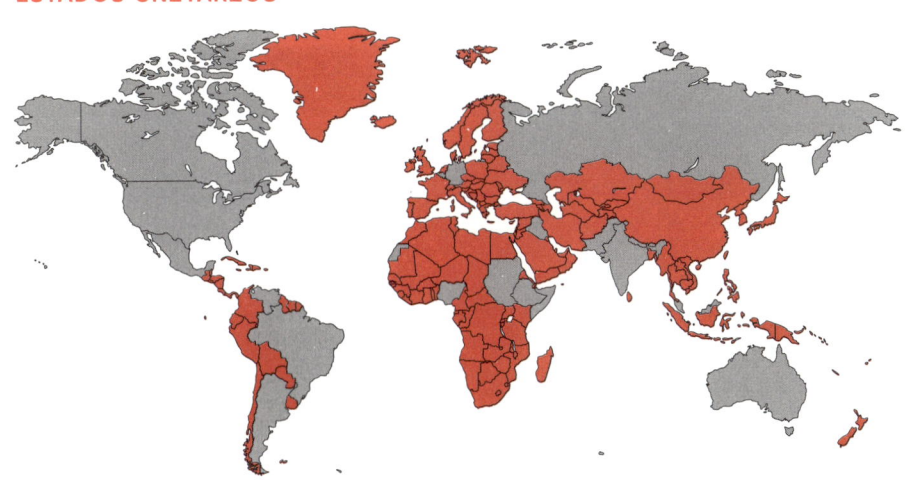

Em vermelho, Estados organizados como unitários.

Fonte: Wikipedia, 2007

apoio e de sustentação política de diversos líderes que o Brasil teve nesse período. Vemos que por trás de um presidente eleito havia uma oligarquia, e quando ela perdia sustentabilidade, uma outra oligarquia ou um grupo populista surgia. Note-se que a carga tributária crescia a cada nova Constituição. Um povo soberano não impõe a si mesmo tributos e burocracia crescentes. E em nenhum momento da história republicana brasileira vemos a sociedade organizada influenciando diretamente a adoção de medidas do governo ou estabelecendo limites – características básicas de Estados de direito. Também não se vê presidentes da República reforçando instituições autônomas, muito pelo contrário. Portanto, o Brasil republicano é caracterizado por um modelo oligárquico com rupturas populistas.

A essa altura, o leitor já concluiu que o Brasil tem uma estrutura de poder oligárquica que passou por períodos populistas.

O ciclo de poder no Brasil nos últimos 130 anos é uma boa síntese para todas as outras repúblicas presidencialistas que sofrem os efeitos de oligarquias agindo no Poder Executivo.

QUADRO 38

FEDERATIVO VS. UNITÁRIO

	CONFEDERAÇÃO	FEDERAÇÃO
SOBERANIA	Regional	Nacional
AUTONOMIA	Governos soberanos	Governos autônomos
REPRESENTAÇÃO REGIONAL	Governos soberanos	Governos autônomos
PODER DECISÓRIO	Regional	Regional, limitado à Constituição
INTERFERÊNCIA DO PODER CENTRAL	Nenhum	Casos especiais
EXEMPLOS	EUA 1776–1789, Alemanha 1815–1971, Suíça 1291–1798	EUA, Brasil, México, Rússia, Índia, Canadá, Bélgica, Suíça, Alemanha, Austrália, Argentina, Rússia, Áustria

Em toda a América Latina, as repúblicas foram criadas por oligarcas, e quase todos os governos latino-americanos ainda são considerados oligarquias, com variados graus de liberdade civil e de limitações à atuação do governo. Em vários momentos da história, as oligarquias foram substituídas por outras mais ou menos totalitárias ou por governos populistas. Foi assim, por exemplo, com a Venezuela de Hugo Chávez ou com a Argentina do casal Kirschner.

Esse quadro é comum na região, mas está longe de ser exclusivo dos latino-americanos. Na verdade, é um quadro comum a todos os países que optaram por um modelo de governo presidencialista em um Estado unitário. Isso acontece justamente porque o modelo presidencialista reúne dois fatores fundamentais para a criação e a sustentação de uma oligarquia: a centralização do poder político e a concentração de poder.

UNITÁRIO		
Centralizado	Desconcentrado	Descentralizado
Nacional	Nacional	Nacional
Não tem	Não tem	Limitado
Nenhum	Unidades administrativas	Subgovernos "devolvidos"
Nacional	Nacional	Regional, limitado à Constituição
Total	Total	Total
	Arábia Saudita, Qatar, Kuwait, Oman, Irã	França, Inglaterra, Espanha, Itália, Japão, Noruega, Dinamarca, Suécia, Portugal, Turquia, China, África do Sul

Fonte: Elaborado pelo próprio autor

À primeira vista, os dois fatores parecem dizer a mesma coisa. Entretanto, são muito distintos. A centralização de poder refere-se ao poder de legislar (criar e alterar leis) e ao poder de tributar (cobrar impostos). Note-se que, quando o poder é centralizado em uma única assembleia e as jurisdições menores do país não têm autonomia para criar suas próprias leis, fica mais fácil obter controle de toda a nação. Também é mais interessante controlar o poder centralizado justamente porque ele concentra o maior volume de tributos. Acontece que o processo eleitoral para um poder centralizado é muito mais competitivo ante ao modelo em que o poder central não concentra tanto os poderes legislativos e tributários. Os grandes grupos de interesse se formam para competir pelo poder quando existem essas circunstâncias, ao passo que em sistemas descentralizados o volume de recursos tributários e legislativos

QUADRO 39

EQUIVALÊNCIA DE PIB ENTRE ESTADOS BRASILEIROS E PAÍSES E ESTADOS DOS EUA (EM US$ BILHÕES)

O Brasil já tem um PIB por estado-membro capaz de sustentar sua própria representação política.

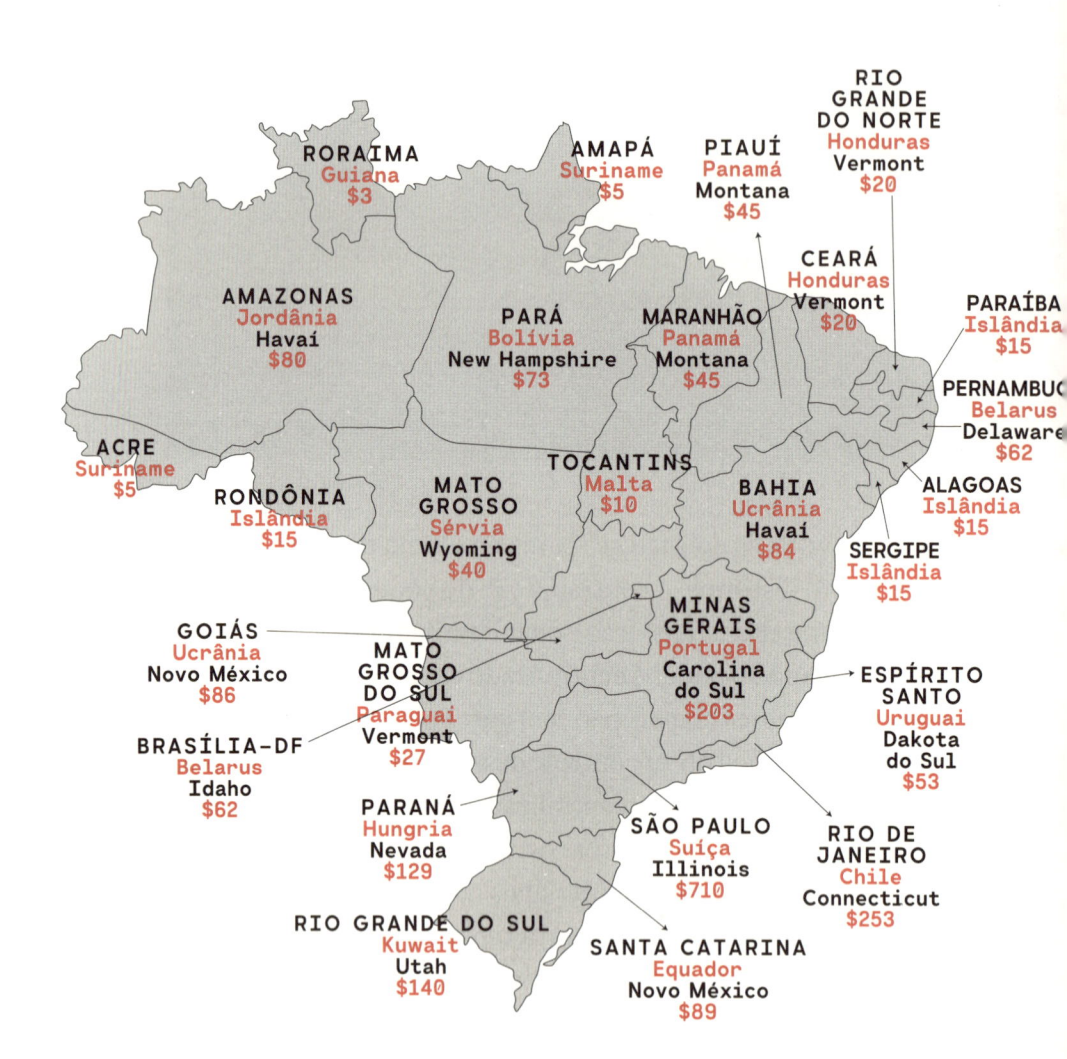

RORAIMA
Guiana
$3

AMAPÁ
Suriname
$5

PIAUÍ
Panamá
Montana
$45

RIO GRANDE DO NORTE
Honduras
Vermont
$20

AMAZONAS
Jordânia
Havaí
$80

PARÁ
Bolívia
New Hampshire
$73

MARANHÃO
Panamá
Montana
$45

CEARÁ
Honduras
Vermont
$20

PARAÍBA
Islândia
$15

PERNAMBUCO
Belarus
Delaware
$62

ACRE
Suriname
$5

RONDÔNIA
Islândia
$15

MATO GROSSO
Sérvia
Wyoming
$40

TOCANTINS
Malta
$10

BAHIA
Ucrânia
Havaí
$84

ALAGOAS
Islândia
$15

SERGIPE
Islândia
$15

GOIÁS
Ucrânia
Novo México
$86

MATO GROSSO DO SUL
Paraguai
Vermont
$27

MINAS GERAIS
Portugal
Carolina do Sul
$203

ESPÍRITO SANTO
Uruguai
Dakota do Sul
$53

BRASÍLIA-DF
Belarus
Idaho
$62

PARANÁ
Hungria
Nevada
$129

SÃO PAULO
Suíça
Illinois
$710

RIO DE JANEIRO
Chile
Connecticut
$253

RIO GRANDE DO SUL
Kuwait
Utah
$140

SANTA CATARINA
Equador
Novo México
$89

	ESTADO	PIB Por Estado 2014 em Reais R$**	40% PIB (A)*	Orçamento Aprovado 2014 (B)**	Superávit ou Déficit A − B	Impostos Per Capita (C)	Orçamento Per Capita (D)	Superávit ou Déficit D / C
1	São Paulo	1.771.036	585.578	192.752	392.826	13.059	4.299	−67,08%
2	Rio de Janeiro	633.821	221.663	75.900	145.763	13.306	4.556	−65,76%
3	Minas Gerais	507.276	164.622	75.000	89.622	7.830	3.567	−54,44%
4	Rio Grande do Sul	349.025	112.756	57.400	55.356	9.978	5.080	−49,09%
5	Paraná	321.708	105.867	35.000	70.867	9.400	3.108	−66,94%
6	Santa Catarina	222.841	73.368	21.300	52.068	10.621	3.083	−70,97%
7	Distrito Federal	215.249	79.069	35.000	44.069	26.480	11.721	−55,73%
8	Bahia	210.838	66.219	42.000	24.219	4.331	2.747	−36,57%
9	Goiás	155.779	49.060	22.000	27.060	7.308	3.277	−55,16%
10	Pernambuco	147.500	46.341	32.000	14.341	11.585	8.000	−30,95%
11	Espírito Santo	134.916	44.941	13.291	31.650	11.297	3.341	−70,43%
12	Pará	114.401	36.693	23.300	13.393	4.428	2.812	−36,50%
13	Ceará	113.299	35.863	21.300	14.563	3.994	2.372	−40,61%
14	Mato Grosso	101.606	32.604	13.600	19.004	9.841	4.105	−58,29%
15	Amazonas	80.601	24.452	14.800	9.652	6.113	3.700	−39,47%
16	Maranhão	73.939	24.860	14.100	10.760	3.572	2.026	−43,28%
17	Mato Grosso do Sul	68.472	20.023	13.057	6.966	7.446	4.856	−34,79%
18	Rio Grande do Norte	49.708	15.494	13.600	1.894	4.450	3.906	−12,23%
19	Paraíba	48.686	15.083	10.700	4.383	1.820	1.291	−29,06%
20	Alagoas	37.139	11.929	8.500	3.429	3.548	2.528	−28,74%
21	Rondônia	36.909	11.758	7.200	4.558	6.565	4.020	−38,76%
22	Sergipe	34.974	11.258	8.300	2.958	4.959	3.656	−26,27%
23	Piauí	32.332	9.954	8.600	1.354	3.097	2.676	−13,60%
24	Tocantins	24.550	7.926	9.100	−1.174	5.160	5.924	14,81%
25	Amapá	13.098	4.378	5.100	−722	1.091	1.271	16,48%
26	Acre	12.104	3.995	4.800	−805	4.871	5.854	20,16%
27	Roraima	9.194	3.072	3.000	72	5.953	5.814	−2,33%
	MÉDIA	5.521.000	1.818.826 32,94%			7.485	4.059	−36,13%

*Simulação: PIB por estado x 40% menos ICMS do estado
**Banco Central e IBGE, Diário Oficial.
Ministério da Fazenda, Fundo Monetário Internacional (FMI)

Fonte: IBGE/ Wikipedia

fica pulverizado em diversas assembleias legislativas em todo o território nacional. A descentralização, portanto, mitiga o controle efetivo de todo o sistema e reduz o interesse econômico de se competir pelo poder central.

Quando um país tem comando e representação centralizados, o que geralmente ocorre é ineficiência administrativa. Em um governo centralizado, como em um Estado unitário, a diversidade regional não é representada politicamente. É por isso que a maioria dos Estados unitários centralizados só funciona bem em países minúsculos, com uma população reduzida e pouca disparidade entre regiões. Liechtenstein, Mônaco, Luxemburgo e Andorra são bons exemplos.

A maioria dos Estados unitários com população mais numerosa ou com maior extensão de terras que os mencionados acima conta com mecanismos de descentralização do poder ou com províncias e regiões que gozam de certa autonomia administrativa. Países como França, Inglaterra, Espanha, Itália e Japão são exemplos de nações com grande volume populacional e com algum nível de descentralização administrativa. Nesses casos, o Estado unitário permite que as diferentes regiões se representem politicamente, mas pode retomar o poder político ou interferir na administração local a qualquer momento.

Há uma forma de descentralização mais efetiva e permanente do que um Estado unitário descentralizado. Essa forma é a federação. Em um sistema federativo, as províncias ou estados-membros gozam de um nível de autonomia administrativa, jurídica e tributária que uma província em um Estado unitário não teria. O poder da União não tem licença para interferir nas questões de cada um de seus estados-membros, a não ser em situações raras e extremas determinadas pela Constituição. As federações, por outro lado, não têm soberania, que é exercida pelo poder da União.

Interessante notar que a estrutura de poder dos estados-membros de uma federação para com seus municípios é comparável a de um Estado unitário. Ou seja: uma federação é composta de vários estados-membros

QUADRO 40
CONCENTRAÇÃO DO PODER POLÍTICO

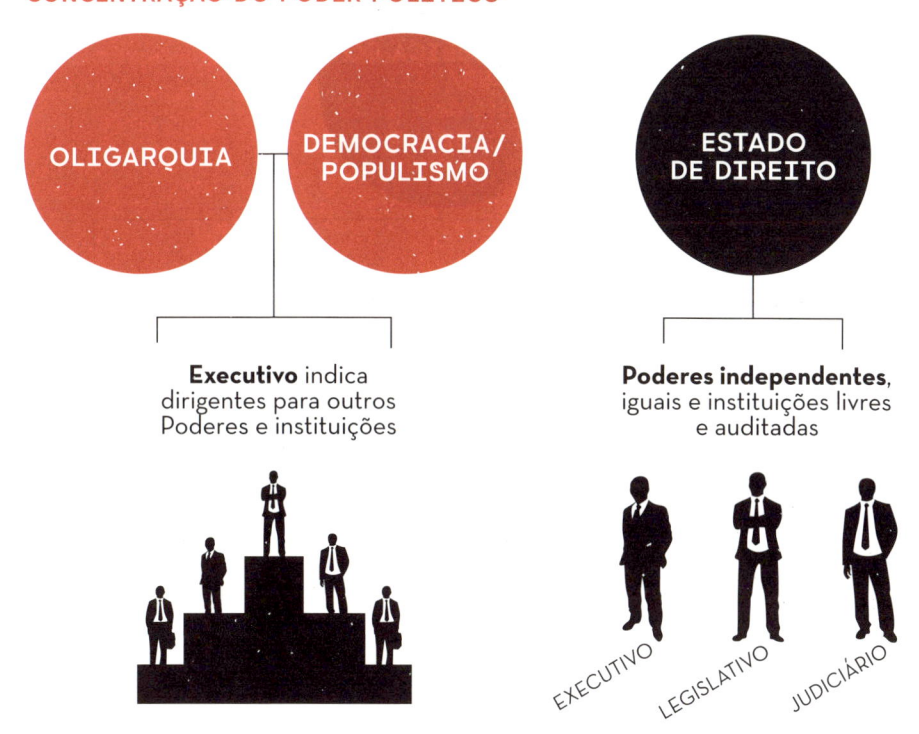

OLIGARQUIA — **DEMOCRACIA/POPULISMO**

Executivo indica dirigentes para outros Poderes e instituições

ESTADO DE DIREITO

Poderes independentes, iguais e instituições livres e auditadas

EXECUTIVO — LEGISLATIVO — JUDICIÁRIO

autônomos que são, por sua vez, estados unitários em relação aos seus municípios.

Os países federativos geralmente têm maior tamanho geográfico e população extensa. Estados Unidos, Canadá, Austrália, Brasil, Argentina, Alemanha, Índia e Rússia se enquadram nessa definição. A Suíça e a Bélgica são exceções: mesmo pequenos, esses países têm estados-membros federados.

A forma mais extrema de descentralização política ocorre no modelo de confederação. Nesse modelo, cada estado-membro é autônomo e soberano. Ou seja, os estados são completamente independentes uns dos outros. O que os une é um acordo de interesses para atuação em conjunto em causas comuns, mas eles podem até mesmo manter moedas e línguas diferentes. Os Estados Unidos já seguiram esse modelo, assim como a Suíça, com a

QUADRO 41

MUITOS PODERES NOMEADOS NAS MÃOS DO EXECUTIVO

PRESIDENTE REPÚBLICA DO BRASIL: chefe de Estado e chefe de governo

- **24 Ministros de Estado**
  - Advocacia-Geral da União
  - Defensoria Pública da União
  - **13 Autarquias:** i.e. Banco Central, CVM, IBGE, FUNAI, CADE, BNDES

- **31 Conselhos Profissionais:** i.e. Agências de Publicidade, Músicos, Engenharia, Biologia, Química etc.
  - **11 Institutos:** ie. INCRA, INPI, INSS etc.
  - **40 Institutos de Ensino**

- **3 Departamentos de Estado:** Infraestrutura, Obras e Produção Mineral
  - **13 Agências Reguladores:** i.e. ANATEL, ANEEL, ANCINE
  - **37 Universidades Federais**

- **STF, STJ, TSE, MPF, PF, TCU**
  - **Estatais:** Petrobras, Correios, CEF, Banco do Brasil etc.

Fonte: Elaborado pelo próprio autor.

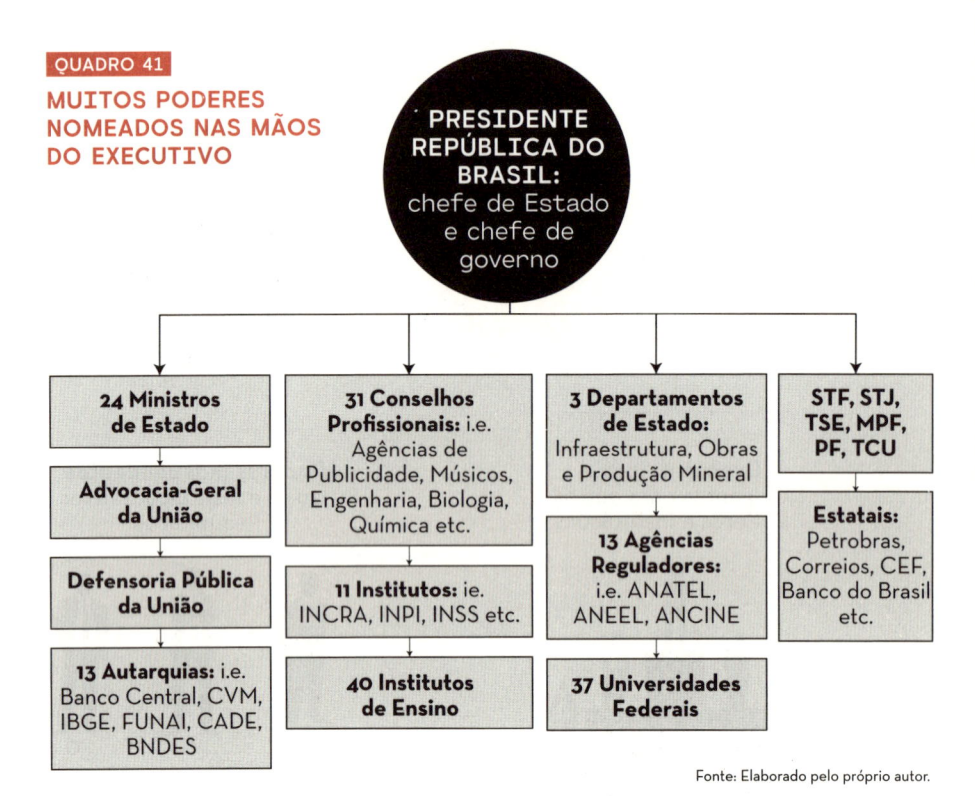

Confederação Helvética, mas posteriormente optaram por um modelo federativo por entender que seria mais eficiente atacar desafios externos como guerras e acordos comerciais de maneira mais coesa. O exemplo mais notável de modelo confederativo hoje é a União Europeia.

A descentralização administrativa como forma de melhor atender às demandas da população tem sido uma tendência mundial desde o advento do liberalismo político, no século XVIII. Com o avanço dos modelos de representatividade política do povo em cada país, a opção pela descentralização do poder tem sido a regra, não a exceção.

Se há algum impedimento à criação de um Estado descentralizado com partes autônomas, esse impedimento se resume exclusivamente ao custo de criação de assembleias legislativas e outras instituições locais, como agências reguladoras e cortes judiciais. A operação administrativa

QUADRO 42

EXISTEM DITADURAS DESCENTRALIZADAS COM PODER FRAGMENTADO?

QUANTO MAIS ALTO O IDH...
1. Mais **FRAGMENTADO** é o poder
2. Mais **DESCENTRALIZADO**
3. Menos **INTROMISSIVA** é a Constituição
4. Mais **VALIDAÇÃO** popular de poderes
5. Mais **LEGÍTIMAS** as instituições
6. Mais **ESTÁVEL** e mais **PRÓSPERA** é a nação

Fonte: Elaborado pelo próprio autor.

em estados federativos ou descentralizados costuma ser mais cara. Mas esse é o único porém. Em comparação com as outras vantagens, evidentemente o custo se reverte em benefícios efetivos para a sociedade.

No caso brasileiro, a situação é de tal modo peculiar que o poder extremamente centralizado em Brasília convive com instituições regionais, estaduais e até mesmo municipais aptas, ao menos em tese, a operar num regime descentralizado. Ou seja: implementar um federalismo *de facto* não implicaria numa despesa estratosférica.

Como fica a ação das oligarquias em um Estado descentralizado? O efeito em um Estado unitário é sempre maior que em um Estado federativo. Na federação, para que uma oligarquia obtenha o poder total, ela terá de conquistar poder político em cada uma das subdivisões autônomas, ao passo que num Estado unitário basta controlar o poder central.

É possível que surjam oligarquias locais num Estado federativo? Certamente. Mas, conforme o que já foi exposto, acabar de vez com as oligarquias é um objetivo utópico. Nossos esforços devem se concentrar em limitar o efeito de sua atuação, algo que fica mais plausível quando o poder político é pulverizado em diversas áreas, mitigando o interesse de competir pelo poder central e encarecendo qualquer tentativa de controle efetivo de todo o sistema político.

Em outras palavras, quanto mais poder concentrado houver, maior será a competição por ele; e isso pode gerar instabilidade. Em uma organização fragmentada, caso uma oligarquia domine o poder de maneira totalitária em um estado-membro, os demais estados e o próprio governo da União limitarão as ações desse grupo. A descentralização fomenta, portanto, a criação de limites bilaterais entre os estados-membros. Já o centralizado está mais suscetível a situações de concentração de poder. Quando há concentração, o poder central rege por decreto, sem considerar as posições de representantes populares. Invariavelmente, esta última leva a um Estado totalitário, corrupto e despótico que, por sua vez, gera ainda mais concentração. Quando um grupo oligárquico consegue acumular poderio, faz de tudo para centralizar ainda mais poderes legislativos e tributários das partes administrativas que ainda têm alguma autonomia.

A concentração de poder, por sua vez, refere-se à destruição dos três Poderes do Estado de direito (Executivo, Legislativo e Judiciário). Quando o Executivo começa a controlar os outros Poderes, o comando torna-se convergido. Note no quadro 41 (página 160) como no sistema "superpresidencialista" brasileiro o presidente nomeia para agências reguladoras e até mesmo outros poderes do Estado que deveriam ser independentes e iguais ao poder do presidente. Se o Poder Executivo tem a prerrogativa de nomeação por definição, o nomeado é dependente do Poder Executivo. Dessa maneira, no sistema presidencialista, uma só pessoa, o presidente, passa a controlar a agenda política e econômica do país.

O segredo dos ditadores modernos que operam sob um Estado de direito fragilizado é concentrar o poder político enquanto mantém uma fachada de independência do Legislativo e do Judiciário. No Brasil, dois exemplos recentes dessa distorção são as nomeações de ministros do Supremo Tribunal Federal pelo chefe do Executivo para a defesa de um projeto de poder e a mecânica de compra de votos no Congresso, cujo processo ficou conhecido como Mensalão. Com artifícios como esses, o governante mal-intencionado consegue alterar as leis para governar e se perpetuar no poder. Quando os poderes se mantêm equivalentes e independentes, fica difícil modificar as leis para que um ou outro se beneficie.

No perverso modelo brasileiro, o poder concentrado muitas vezes passa despercebido, escondido dentro das autarquias e agências reguladoras cujos diretores são nomeados pelo Poder Executivo. Essas autarquias têm poder independente e podem regulamentar, criar taxas e limitar direitos de cidadãos.

Há mesmo aquelas cujas normatizações têm impacto direto na qualidade de vida do cidadão. É o caso da Agência Nacional de Vigilância Sanitária (Anvisa), que chega a impedir a importação de certos medicamentos indispensáveis ao tratamento de doenças raras apenas por razões comerciais. Mesmo se o Poder Executivo for reduzido às nomeações para as autarquias, há risco de surgimento de um poder central tirânico. No Brasil, quando se trata de autarquias, o povo não tem poder de impor limites sobre quem detém poder sobre o povo. E isso precisa ser revisto.

Atualmente, a maioria das nações, de uma maneira ou de outra, postula em suas constituições os mesmos preceitos da Carta Magna norte-americana. No papel, todas as nações que compõem as Organizações das Nações Unidas (ONU) têm constituições em linha com o liberalismo político idealizado por John Locke. Na prática, no entanto, pouquíssimos países têm o privilégio de ser de fato regidos sob esses princípios. A sede pelo poder total consegue maquiar qualquer sistema político, até mesmo num Estado de direito com mecanismos democráticos.

A América Latina e a maioria dos outros países que optaram por sistemas presidencialistas sofrem os efeitos do centralismo e da concentração de poder. Inevitavelmente, seus povos vivem uma mentira institucional, incluindo os brasileiros. O que podemos fazer? Para combater a atuação das oligarquias, nossa estrutura de poder tem de ser revista.

Seria necessário:

1. Submeter a referendo popular a criação de estatais, autarquias e agências reguladoras;
2. Conceder ao povo o poder de revogação do mandato das pessoas nomeadas pelo Executivo para estatais, autarquias e agências reguladoras;
3. Transferir para os estados-membros atribuições como gestão da Previdência, regulamentação trabalhista, liberação ou não de casamento entre homossexuais, estabelecimento ou não de pena de morte para determinados crimes etc. Ou seja: responsabilidades hoje restritas à União, conforme o Artigo 22 da Constituição Federal, se tornariam atribuições dos estados-membros via legislação complementar.

Essas são apenas algumas iniciativas que limitariam o poder central. A maioria dos países modernos dispõe desses e de outros instrumentos que, uma vez adotados aqui, se configurariam no primeiro passo para a criação de um Brasil não oligárquico, com menos concentração dos meios de produção nas mãos de poucos.

CAPÍTULO 9

VÁRIAS OPORTUNIDADES E POUCOS CAPAZES DE APROVEITÁ-LAS

Concentrar renda não é o problema; o problema é concentrar oportunidades

Todo sistema de governo sabe que tem de atender às expectativas de sua população. Mesmo as autocracias mais tradicionais pagam, de uma maneira ou de outra, para se manter no poder. A politização da pobreza é um fator potencialmente desestabilizador mesmo nos sistemas mais bem controlados e legítimos. Mas o que gera o descontentamento com a pobreza varia conforme a época e o contexto.

Questões como a desigualdade social, a má distribuição de renda e a reivindicação por reforma agrária não geram no século XXI o mesmo grau de aborrecimento que geravam até o início do século XX. O que produz a percepção de pobreza atualmente é o difícil acesso aos meios de produção e às oportunidades. Vou explicar essa afirmação partindo de uma experiência pessoal.

Em agosto de 2014, atingi uma encruzilhada em minha pequena distribuidora de autopeças. Em abril daquele ano, minha empresa teve o melhor desempenho de sua história, e acreditei que, após a Copa do Mundo, o comércio retornaria com a mesma força demonstrada em abril. Foi então que... Surpresa! Quase metade de meus clientes ficou inadimplente em maio, junho e julho.

Como minha carteira de clientes é pulverizada e composta de pequenos empresários – geralmente lojistas – espalhados por todo o Brasil, o quadro tornou-se rapidamente preocupante. Não se tratavam de casos pontuais. Fiquei intrigado. Quando contrastava meus números com os dados da economia, a taxa de desemprego se mostrava baixa, perto dos 4%, e o PIB crescia pouco acima de 1%. Como também tenho experiência no mercado financeiro, notei que o Copom havia aumentado os juros duas vezes consecutivas no período. Aquilo, aparentemente, não fazia sentido: pequenos empresários fechando as portas ou tendo dificuldades em acertar as contas e o governo subindo juros para conter a inflação? Será que outros segmentos da economia estavam indo tão bem assim para alavancar aquele aumento de preços? Será que o mercado estava vendo algo que eu ainda não via?

Dúvidas à parte, no próprio mês de agosto tomei providências para reduzir custos fixos e administrativos e travei toda recompra de produtos que não girassem no mês. Eliminei vendas a prazo e passei a aceitar somente depósitos em conta ou pagamentos com cartões de crédito.

Dois meses depois, registrei que a empresa tinha reduzido seus custos em mais de 70% e o faturamento havia despencado para menos de 40%. O negócio, que era pequeno, regrediu para a condição de microempresa em questão de dois meses. O único dado positivo era que eu havia atingido um novo ponto de equilíbrio sustentável e poderia mantê-la operando com reposição mínima de produtos de alto giro e margem.

Tomei as decisões necessárias para sobreviver sem refletir tanto sobre o contexto geral, já que muitos dos meus clientes tomavam as mesmas providências. Apesar da drástica redução, estava aliviado de ter me antecipado a um cenário que para mim era óbvio desde aquele momento: o Brasil estava entrando em crise econômica. Com mórbida satisfação, encarei minha contabilidade calculando o quanto havia poupado comparando com o caso hipotético de ter mantido a mesma estrutura de custos frente à baixa demanda que meu segmento já registrava.

Então resolvi prestar mais atenção ao cenário político. Até aquele momento, estava alienado das questões políticas brasileiras. Acompanhava por alto as evoluções do caso Mensalão. Intuitivamente, como todo brasileiro, pensava que tudo poderia, como se diz popularmente, "terminar em pizza", como em diversos outros casos de corrupção de governos anteriores.

Mas aquele escândalo dava sinais de ser diferente. Àquela altura, a Operação Lava Jato, deflagrada em abril de 2014 por procuradores da República e investigadores da primeira instância da Justiça Federal do Paraná, já contava com 46 indiciados por crimes de formação de organização criminosa, contra o sistema financeiro nacional, falsidade ideológica e lavagem de dinheiro e com 30 presos, entre eles um doleiro ligado à então ministra da Casa Civil e um ex-diretor da Petrobras. O simples fato de que pessoas importantes estavam sendo presas e indiciadas, corriqueiro na maior parte dos países, soava surpreendente no Brasil.

> **O SIMPLES FATO DE QUE PESSOAS IMPORTANTES ESTAVAM SENDO PRESAS E INDICIADAS, CORRIQUEIRO NA MAIOR PARTE DOS PAÍSES, SOAVA SURPREENDENTE NO BRASIL.**

Há tempos eu acreditava que o Brasil, tendo formado instituições independentes nas últimas décadas, começaria a ver evoluções naturais em seu sistema político. A Lava Jato parecia indicar que essas evoluções estavam em curso.

Um recém-empossado Ministro do Supremo Tribunal Federal, no entanto, escolhido a dedo pela então presidente, deu um banho de água fria em meu otimismo. Ele libertou todos os envolvidos no esquema do Mensalão apenas uma semana após sua posse. Naquele momento, tudo o que eu havia aprendido, admirado e resguardado como sagrado na Ciência Política me retornou à cabeça como um flashback e um alerta.

"Não temos um Estado de direito!", pensei imediatamente. "Há uma nítida concentração de poder no Executivo!", indignei-me. "Será? Como os outros não estão vendo isso? Jornalistas, cientistas políticos, onde estão vocês? Ninguém vai fazer nada?", questionei para, logo, em seguida, relativizar: "Devo estar errado, não deve ser tão grave assim".

Refleti a respeito do que minha empresa passava naquele momento e me indaguei se os fatos não poderiam estar relacionados. Pensei o seguinte: suponhamos que não temos um governo de leis, um Estado de direito. Se isso for verdade, é óbvio que não temos também um sistema de livre mercado. Foi aí que me alarmei. Naquele momento, fiquei, de fato, pasmo. Todo cientista político sabe que o livre mercado só existe e só se sustenta se for regido por um Estado de direito, governado por leis e com instituições públicas independentes, transparentes e repletas de freios e contrapesos entre si.

Mas por que tanto alarde? Porque sem isso o que nos resta é a antítese: um sistema político oligárquico, de economia controlada e planejada centralmente. Ou seja, uma espécie de socialismo que tanto descrevi em capítulos anteriores. Minha experiência empresarial me dava sinais de que eu poderia estar certo. Não é de hoje que pequenos empresários com quem tive contato se queixam da burocracia, da alta tributação, da baixa rentabilidade e do baixo crescimento de seus negócios mesmo com o Brasil registrando um alto crescimento do PIB. Muitos lamentavam não poder expandir e abraçar oportunidades por causa da legislação trabalhista ou por falta de acesso a um financiamento competitivo mesmo nos momentos em que o país registrava taxas de inflação e de desemprego bastante baixas.

Em outras palavras, alguém estava crescendo e contratando, e não eram os pequenos e médios empreendedores. Em conversas com grandes empresários e organizações próximas, eu constatava que esse problema parecia distante. À medida que a crise aumentava e os escândalos passaram a envolver toda a cúpula do governo, notamos que diversos grandes empresários se manifestaram para defender a manutenção do quadro político. Eles não viam necessidade de impeachment mesmo diante de um Executivo desastroso.

O presidente do conselho da COSAN, Rubens Ometto, por exemplo, deu uma entrevista "reconhecendo méritos" da presidente Dilma Rousseff. A COSAN é um conglomerado diversificado em logística, energia, alimentos e combustíveis. Ometto pontuou que a presidente era "mulher patriota, correta e de fibra" e que foi essencial para a interlocução com o governo quando era ministra de Minas e Energia no governo Lula. Em 2015, a COSAN continuava confiante com a presidente Dilma e inaugurou uma nova refinaria com financiamento do banco estatal BNDES. Depois da derrocada do governo Dilma e o aprofundamento dos escândalos, essa opinião pública de Ometto mudou. Vários grandes empresários como Ometto tiveram que se reposicionar publicamente para evitar o escárnio. Dos males, o menor.

Em outro setor da economia, uma variação do mesmo tema se repetiu, mas com raízes muito mais profundas. Wesley e Joesley Batista, donos da JBS, uma das maiores empresas de alimentos do mundo, fizeram muito mais do que lobby em prol dos governos de Lula e Dilma. Como as investigações da Lava Jato depois de 2015 mostraram, assim como a Petrobras e a Odebrecht, a JBS configura como uma das empresas mais envolvidas e dependentes de relacionamento com o governo. Grandes esquemas de propina para ganhos políticos e obtenção de financiamento público ocorreram.

Infelizmente a lista de grandes empresários dependentes envolvidos com o governo não se resume a esses poucos mencionados. Também, pudera: a concentração de depósitos em bancos estatais

> À MEDIDA QUE A CRISE AUMENTAVA E OS ESCÂNDALOS PASSARAM A ENVOLVER TODA A CÚPULA DO GOVERNO, NOTAMOS QUE DIVERSOS GRANDES EMPRESÁRIOS SE MANIFESTARAM PARA DEFENDER A MANUTENÇÃO DO QUADRO POLÍTICO.

e a capacidade de financiamento de grandes projetos com juros muito abaixo do que é praticado ao público em geral tornam a dependência de todos os grandes empresários nos mandos e desmandos do governo.

Veja no quadro 43 (página 171) a lista (incompleta) de grandes empresas com financiamento do BNDES que estão envolvidas na Operação Lava Jato.

Fica o registro de como a interdependência de grandes empresários e o governo os forçam a se posicionar e agir em prol de agentes públicos que os favoreçam. O que é importante notar é que a mudança para um sistema competitivo de livre mercado não é a melhor opção para eles. E mesmo diante da gritante divergência ideológica que aparentemente possa existir entre um líder empresarial e um sindicalista defensor do socialismo à moda petista, ambos estavam lado a lado no apoio a Lula, Dilma e assemelhados no que tange aos controles exercidos sobre a economia.

Para quem entende como o sistema oligárquico de economia planejada funciona, essa aparente contradição faz todo o sentido. Em um sistema oligárquico, as oligarquias asseguram privilégios para si por meio do Estado. Grandes empresários, sindicatos, funcionários públicos (eleitos e nomeados) constituem as oligarquias mais comuns.

Em tese, se um país oligárquico registrar taxa de emprego crescente, é muito provável que essa injeção de força produtiva tenha origem em oligarquias econômicas "amigas" do governo ou em oligarquias políticas criadas pela Constituição. Enquanto isso, empresas menores, fora do "canal de valor", crescem menos, estagnam ou fecham.

Seguindo a teoria, a maior parte da regulamentação criada pelo governo visa ao aumento de controle das oligarquias políticas ou à eliminação de competição contra as oligarquias econômicas. Tudo isso se traduz em mais burocracia e tributos sobre aqueles que estão fora desse arranjo: ou seja, a classe média trabalhadora, profissionais liberais e os micros, pequenos e médios empresários.

A distorção desse sistema fica clara quando notamos que as grandes empresas do Brasil frequentemente registram taxas de crescimento

QUADRO 43*
EMPRESAS ENVOLVIDAS NA OPERAÇÃO LAVA JATO

NOME DA EMPRESA	SETOR
JBS	Alimentos
PETROBRAS	Petróleo
BR DISTRIBUIDORA	Petróleo
TRANSPETRO	Petróleo
FLETOBRAS ELETRONUCLEAR	Petróleo
COMPLEXO PETROQUÍMICO RJ	Petróleo
PASADENA REFINERY SYSTEM	Petróleo
REFINARIA ABREU LIMA	Petróleo
REFINARIA LANDULPHO ALVES	Petróleo
REFINARIA PRESIDENTE GETÚLIO VARGAS	Petróleo
ODEBRECHT	Construção
OAS	Construção
CAMARGO CORRÊA	Construção
ANDRADE GUTIERREZ	Construção
QUEIROZ GALVÃO	Construção
UTC ENGENHARIA	Construção
ENGEVIX	Construção
IESA ÓLEO E GÁS	Construção
TOYO SETA	Construção
MENDES JUNIOR	Construção
GALVÃO ENGENHARIA	Construção
SKANSA	Construção
PROMOR ENGENHARIA	Construção
GDK	Construção
TECHINT	Construção
CARIOCA CHRISTIANI NIELSEN ENGENHARIA	Construção
SCHAHIN ENGENHARIA	Construção
ALUMINI ENGENHARIA	Construção
MPE MONTAGENS PROJETOS	Construção
TOMÉ ENGENHARIA	Construção
CONSTRUCAP	Construção
WLORRC	Construção
ENGESA	Construção
DIÁRIO GRANDE ABC	Mídia
ORGANIZAÇÃO AMON DE MELLO	Mídia
ALSTOM	Indústria e Transporte
ARATEC ENGENHARIA	Consultoria Construção
BTG PACTUAL	Financeiro
ELDORADO BRASIL	Papel Celulose
H. STERN	Joias
MOSSACK FONSECA	Advocacia
JARAGUÁ EQUIPAMENTOS	Indústria
ROLLS-ROYCE	Bens de Capital
SANKO SIDER	Indústria
SETE BRASIL	Financeiro

* Lista atualizada Maio de 2017

Fonte: Elaborado pelo próprio autor.

QUADRO 44
QUEM SÃO AS OLIGARQUIAS?

OLIGARQUIAS

ECONÔMICAS
Grandes empresas

POLÍTICAS
Sindicatos
Partidos políticos
Autarquias
Funcionários públicos
Militares
ONGs internacionais

Fonte: Elaborado pelo próprio autor.

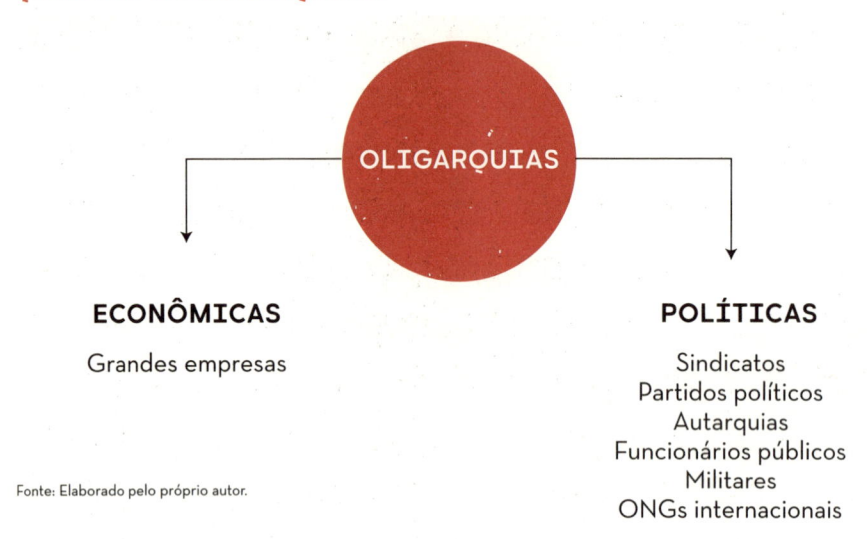

superiores às de pequenas empresas. A regra no mercado global é justamente o oposto: é mais normal uma pequena empresa crescer proporcionalmente muito mais do que uma grande empresa já estabelecida. Numa situação de livre mercado, por terem estruturas mais enxutas e contar com gestão menos burocrática, empresas pequenas geralmente demonstram taxas de crescimento superiores. Fica a sugestão para que economistas se debrucem de modo mais aprofundado sobre essa distorção.

Seria possível que, por serem as únicas que detêm privilégios regulamentares e acesso a financiamentos subsidiados pelo governo via BNDES, somente as grandes empresas fossem capazes de viabilizar a maioria das oportunidades, alijando boa parte dos empreendedores e pequenos empresários do acesso ao jogo do mercado? Em caso positivo, isso caracterizaria a concentração dos meios de produção e seria mortífero para qualquer modelo de governo democrático. Eu diria que essa concentração de crédito, poder e influência nas mãos de uns poucos empresários é mais fatal para a democracia do que a própria concentração de poder político.

Até o final de 2014, essa era uma tese empírica que eu compartilhava com alguns outros pequenos empresários. Eles achavam que fazia todo o sentido, mas nenhum de nós podia validar a teoria com dados concretos. Foi então que percebi que embora fosse necessário um estudo mais alentado sobre a relação desigual de acesso ao crédito e às regulamentações claramente favoráveis às grandes empresas, uma outra forma de validação da tese caía em nosso colo. Os escândalos do Mensalão, do Petrolão e do BNDES estavam estourando na mídia. E todos os conceitos oriundos de teorias visitadas há muito tempo se materializavam diante de mim. Eu não queria acreditar que aquilo fosse verdade, pois seria o colapso dos sistemas político e econômico do Brasil. Ou seja, uma nova ruptura institucional do modelo republicano.

> **A DISTORÇÃO DESSE SISTEMA FICA CLARA QUANDO NOTAMOS QUE AS GRANDES EMPRESAS DO BRASIL FREQUENTEMENTE REGISTRAM TAXAS DE CRESCIMENTO SUPERIORES ÀS DE PEQUENAS EMPRESAS.**

Exagero? Para um leigo, pode parecer que seja, mas a Ciência Política já coletou exemplos o bastante, em diversos momentos históricos em diferentes países, para notar aí certo padrão.

A concentração da renda ou dos meios de produção (capital) nas mãos de poucos é sempre uma constante. Todas as cidades do mundo têm concentração de renda e não por isso vivem no caos. O que inevitavelmente causa o colapso dos sistemas econômico e político é a falta de acesso às oportunidades que possibilitam a ascensão social. As oportunidades e não necessariamente a renda ou o capital é que precisam estar acessíveis a uma massa crítica de pessoas para se criar a percepção de que todos podem sair da pobreza por meio de seus próprios esforços. Caso contrário, as pessoas sentem que existem obstáculos intransponíveis travando sua vida. Desenvolvem a percepção de que estão presos à pobreza ou à mediocridade por mecanismos que nada têm a ver com seus esforços ou talentos. Essa percepção torna-se um risco para a estabilidade de um país.

É muito importante distinguir o debate acerca da concentração de oportunidades em contraposição aos temas de desigualdade social, reforma agrária ou distribuição de renda. Essas três últimas bandeiras são meros desincentivos contra a livre iniciativa e o livre mercado. Já a concentração de oportunidades a que me refiro é uma tentativa de redefinir o termo "capital" como acesso a chances que abrem as possibilidades de ascensão social. Ou seja: a injustiça fundamental e perigosa não é a desigualdade de renda, mas a de acesso a oportunidades que faz com que a desigualdade de renda seja um fato intransponível pelo indivíduo.

> **AS OPORTUNIDADES E NÃO NECESSARIAMENTE A RENDA OU O CAPITAL É QUE PRECISAM ESTAR ACESSÍVEIS A UMA MASSA CRÍTICA DE PESSOAS PARA SE CRIAR A PERCEPÇÃO DE QUE TODOS PODEM SAIR DA POBREZA POR MEIO DE SEUS PRÓPRIOS ESFORÇOS.**

Na economia moderna, o conceito de meio de produção (capital) encontra-se em transição. Entre economistas e cientistas políticos sérios, o termo "capital" já não significa o mesmo daquele utilizado na arcaica narrativa marxista. Hoje, os meios de produção (ou o capital) estão mais vinculados ao acesso às oportunidades e à capacidade de materializá-las. Em um passado recente, a definição restringia-se a bens tangíveis, tais como propriedades, moeda, máquinas, mão de obra etc.

Pontue-se aqui que você não tem razão para se afligir caso seja essa a ideia que ainda tem de "capital". Ocorre que as coisas tornaram-se mais complexas depois das revoluções tecnológicas e de informação da virada do milênio para cá. O valor de mercado de muitos bens concretos – como carros ou minas de diamante – pode ser inferior ao potencial de ideias e cérebros criativos. Qual é o maior capital disponível, por exemplo, no Vale do Silício, na Califórnia? O ativo imobilizado das empresas físicas lá instaladas ou o patrimônio intelectual das lideranças de companhias como Apple, Google e Microsoft? Caso os Estados Unidos venham a se tornar um país menos viável para negócios e as principais mentes da indústria da tecnologia decidam migrar, por exemplo, para a Islândia, em qual das duas nações estará o maior capital do segmento? É fácil concluir que, no passado, os bens mais tangíveis tinham valor por si só. Hoje, o valor deles é relativo e outras coisas ganharam valor.

Voltemos a 2014, para aquele momento em que eu contrastava a realidade árdua que vivia todo o setor em que atuava minha empresa com a relativa saúde da economia nacional.

Passei a notar que as oportunidades não estavam se materializando para muitos dos pequenos empresários e que somente os grandes estavam satisfeitos. Isso significa várias coisas ruins. Significa que diversas oportunidades nunca se materializarão no Brasil se não forem do interesse do Estado ou das oligarquias econômicas. Significa que menos empreendedores terão oportunidades de ascensão social, que um número maior de pequenos empresários tenderão a ficar pequenos para sempre, independentemente de seus méritos, esforços ou do quão boas sejam suas ideias. Haverá menos empresas atingindo status de grandes empresas. Significa também um mercado menos dinâmico e aquecido, com menos oportunidades e diversidade de postos de trabalho. Menos trabalhadores confiarão seu futuro e seu bem-estar ao empreendedorismo. Haverá menos inovação criada por brasileiros no ecossistema econômico global. Significa que haverá menos competição e, consequentemente, mais preços altos praticados por grandes empresas, em prejuízo dos consumidores.

Mas a pior consequência dessa limitação de acesso a esse "novo capital" é o fomento do populismo e da instabilidade política e econômica, justamente os maiores inimigos da prosperidade. É esse o grande motivo pelo qual precisamos nos opor ao arranjo oligárquico

> **É FÁCIL CONCLUIR QUE, NO PASSADO, OS BENS MAIS TANGÍVEIS TINHAM VALOR POR SI SÓ. HOJE, O VALOR DELES É RELATIVO E OUTRAS COISAS GANHARAM VALOR.**

de economia centralmente controlada. Seguramente os grandes empresários que dão sustento a tal arranjo perceberiam eles mesmos os riscos que criaram para o país caso tivessem alguma consciência histórica e política. Mas boa parte deles não tem esse discernimento, e é essa uma das missões deste livro.

Em um paralelo histórico, vemos que o Estado de direito moderno criou mecanismos para se proteger de efeitos similares. Atualmente, todos os Estados de direito modernos combatem, de uma forma ou de outra, monopólios e oligopólios. Instituições independentes monitoram a concentração de poder político e econômico, dado seu potencial de desestabilizar o Estado.

O povo precisa crer que tem acesso a oportunidades de ascender socialmente, politicamente e economicamente. Essa percepção só é fomentada por meio das diversas histórias de sucesso de cidadãos comuns chegando ao pico do poder econômico e político. Se o Estado ou os agentes econômicos ligados a ele concentram essas oportunidades, sendo os únicos que dispõem de meios para usufruir das mesmas, cria-se o início da ilegitimidade das instituições públicas e o consequente fomento do populismo.

A história da estrutura de poder da República Romana da antiguidade nos oferece um grande aprendizado, uma lição que serviu de guia para a maioria dos historiadores do mundo ocidental.

A República Romana nasceu da mais alta pureza que o espírito humano havia concebido até então com o propósito de criar um Estado desencarnado, menos dependente de déspotas esclarecidos. Seria o tipo de gestão que os gregos chamariam de governo das boas leis, a perfeita eunomia – o Estado de direito.

Se tivermos que recontar essa história pelo prisma do tema inicial, poderíamos recontá-la da seguinte maneira: os senadores romanos não atentaram para o fato de que a concentração das oportunidades nas mãos de poucos provocava o desequilíbrio social e a instabilidade das forças políticas. O resultado foi a ruína de seu sistema. O Estado de direito, que orgulhara os romanos, deteriorou-se numa democracia populista sem mecanismos de limites e controle dos poderes, produzindo frequentes abusos. Em consequência, a legitimidade das instituições foi corrompida, a República enfraqueceu-se e todo o sistema foi posto em xeque. Nesse cenário, uma nova força oligárquica assumiu o controle. Como a sucessão de poder entre oligarquias é sempre instável, houve clamor popular pela volta de uma ainda mais forte e controladora – ou seja, uma tirania.

Muitos acham que o Império Romano, que sucedeu a República Romana em 29 a.C., foi um período glorioso. Engano. Sem dúvida houve avanços em algumas instituições sob o comando de alguns Césares, mas a concentração de poder, à semelhança da tirania grega de mil anos antes, garantiu a instabilidade política e a lenta e total ruína do Império. O que sobrou de conhecimento sobre esse período foi mais tarde resgatado por historiadores da Igreja e de outros países, pois em 395 d.C. não restava nenhuma instituição pública ou sociedade romana consciente para contar sua própria história.

> O ESTADO DE DIREITO QUE ORGULHARA OS ROMANOS DETERIOROU-SE NUMA DEMOCRACIA POPULISTA SEM MECANISMOS DE LIMITES E CONTROLE DOS PODERES, PRODUZINDO FREQUENTES ABUSOS.

Esse ciclo de derrocada nos permite entender por que é importante para um Estado de direito resolver de maneira efetiva a questão do acesso às oportunidades e em segundo plano o acesso aos meios de produção para o povo em geral.

Na história da humanidade, sistemas de leis promissores como o de Sólon, na Grécia, 594 a.C., e da República Romana, 509 a.C., falharam no mesmo ponto e sofreram as mesmas consequências. Como primeiro sintoma de sua ineficiência, surgiram os populistas. De Pisístrato, em 561 a.C, em Atenas, passando por Gracchus, em 133 a.C., e Júlio César, em 46 a.C., em Roma, as tentativas de se criar uma eunomia (boas leis) no mundo antigo sucumbiram.

> **A AMEAÇA QUE SOFREMOS HOJE É A MESMA QUE GRÉCIA E ROMA VIVERAM NA ANTIGUIDADE.**

Na raiz do problema, líderes populistas abraçando a narrativa de distribuição de renda para consertar a concentração de oportunidades.

Diga-se de passagem que a concentração de oportunidades e a busca natural para sair da pobreza contribuíram para a derrocada do feudalismo, a partir do século ix – sem os líderes populistas, mas pelos mesmos sintomas. O modelo se mostrou insustentável na França e na Itália já por volta do século xii e, mais tarde, extinguiu-se na Alemanha, na Inglaterra e no restante da Europa Ocidental até o século xv.

A verdade é que o Estado de direito romano era sofisticado e superior a vários sistemas de governo que surgiram do século xix em diante. Contudo, somente alguns poucos países souberam aplicar os aprendizados e evoluir. A maioria, infelizmente, segue repetindo os equívocos dos antigos gregos e romanos.

Nos últimos cem anos, o Brasil vem sendo um desses países. A ameaça que sofremos hoje é a mesma que Grécia e Roma viveram na Antiguidade. Nosso anseio de criar, preservar e progredir sob um governo de leis foi limitado pelo populismo e pela concentração dos meios de produção. A ausência de estabilidade é tão frequente que a instabilidade política tornou-se a norma no país. Quando entendermos que limitar as chances de prosperidade a uns poucos eleitos é um fator de risco social, começaremos a lutar por uma sociedade mais justa, em que todos sintam que podem chegar aos níveis mais elevados da pirâmide dependendo apenas de seus esforços e talentos. Ao compreeendermos que a falta de acesso às oportunidades e aos meios de produção são um risco constante à estabilidade da nossa ordem institucional, combateremos seriamente essa injustiça. E esse será o primeiro passo para uma estabilidade duradoura e legítima.

CAPÍTULO 10

KARL MARX E A PSIQUÊ DO BRASILEIRO

Por que acreditamos que só a esquerda tem respostas à pobreza

Em maio de 2016, fui a uma concessionária buscar meu carro, que passava por uma revisão. Fui muito bem atendido pelo gerente de serviço e logo iniciamos uma conversa. Apesar da crise, eu estava bem disposto e otimista com as coisas em geral, ao contrário dele. Imaginei se seu pessimismo seria causado pela crise que afetava brutalmente o setor automobilístico. Perguntei como andavam as coisas, me referindo à economia. Para minha surpresa, ele respondeu dizendo que estava infeliz porque o país agora estava entregue aos corruptos.

Naquela época, a presidente Dilma Rousseff tinha acabado de ser afastada do cargo. O triunvirato composto por Michel Temer, Renan Calheiros e Eduardo Cunha – a cúpula do PMDB que assumira o comando da nação – estava longe de ser isento de qualquer esquema de corrupção. Muito pelo contrário. Eram intrinsecamente ligados aos arranjos de poder espúrios. Mesmo assim, fiquei perplexo porque aquelas três autoridades não eram figuras tão conhecidas do povo em geral e o gerente não me parecia um ávido consumidor do noticiário político. Perguntei se ele não via o progresso da Lava Jato e as desarticulações dos esquemas de corrupção aparentemente criados por Lula como fenômenos positivos. Para meu choque, o gerente respondeu que não estava nem aí para isso.

Naquele momento, o meu tom mudou e fui mais a fundo na conversa. Queria entender melhor aquela postura tão "misteriosa" – ao menos sob meu ponto de vista. Ele me falou de como Lula ajudou as classes menos favorecidas, a exemplo de sua própria família, que morava no Nordeste e havia melhorado de padrão graças aos programas sociais do governo petista. Mesmo assim, indaguei se não o incomodava o fato de que Lula supostamente seria o líder do maior esquema de corrupção do mundo, de que a crise que vivíamos seria em parte motivada por esse esquema e de que toda essa benesse social não era sustentável financeiramente. Obtive a mesma resposta em tom displicente, diminuindo a importância da minha pergunta.

"Como é que você pode falar uma coisa dessas?", perguntei, indignado. Ele me dispara, então, discurso igualmente indignado: "Lula combatia os empresários. O que os empresários têm feito para melhorar a vida dos que têm pouco, enquanto eles têm de sobra? O que os ricos têm feito pelos pobres no Brasil? Se não colocar um cara como Lula no poder, tudo fica nas mãos desses empresários e volta a ser como antes".

Futilmente tentei rebater dizendo que, na verdade, precisávamos era de mais empreendedores e empresários gerando cada vez mais empregos e riqueza. Desse modo, a faixa salarial naturalmente subiria, pois haveria competição por mão de obra. Insisti que era bom que os empresários fizessem dinheiro no Brasil, assim a renda poderia circular aqui, gerando novos projetos no país e facilitando para que outros empresários criassem ainda mais oportunidades de negócios e, consequentemente, mais empregos. Prossegui com o meu monólogo afirmando que gostaria de ver ele, o gerente, com vontade de se tornar um empresário também. E concluí pontuando que toda melhoria na qualidade de vida dos brasileiros viria de produtos e serviços criados pelos empreendedores e não pelo governo.

Ao final do meu pequeno discurso, percebi que o gerente me olhava com certa estranheza. Ele gentilmente me explicou quais serviços haviam sido efetuados no meu carro e se despediu. Ficou óbvio que minha retórica calcada na lógica da teoria da "mão invisível" do mercado de Adam Smith não era páreo para as milhares de evocações emocionais da narrativa de Karl Marx que permeiam a psiquê do brasileiro.

> **O LIBERALISMO ECONÔMICO NÃO FOI UM CONCEITO DESENVOLVIDO PARA "RESOLVER" O PROBLEMA DA POBREZA OBSERVÁVEL DIRETAMENTE, MAS SIM PARA SUPERÁ-LO POR TABELA, APÓS TER GERADO MAIS OPORTUNIDADES DE EMPREGO.**

No caminho de casa, fiquei pensando no abismo que existia entre a minha visão de mundo e a dos brasileiros que preferem acreditar que empreendedores e empresários são pessoas maldosas interessadas apenas em explorar o trabalhador e os mais pobres. Depois de uma longa reflexão sobre o porquê disso, ficou claro que na minha realidade os princípios do liberalismo econômico não são tão visíveis quanto os princípios de igualdade que a maioria das pessoas adotou. Notei o quanto a narrativa marxista, responsável por essa percepção, é baseada na realidade observável e na predisposição do ser humano de buscar simetria. Em outras palavras, é mais fácil perceber o desemprego, a pobreza e a desigualdade social por serem observáveis diariamente à revelia do fato de convivermos e tolerarmos grande diversidade no nosso meio.

Em contraste, o conceito de liberdade de mercado é baseado no raciocínio e na experiência de como as pessoas se comportam financeiramente, ambos de difícil visualização para a maioria. Para acentuar esse problema, o liberalismo econômico não foi um conceito desenvolvido para "resolver" o problema da pobreza observável diretamente, mas sim para superá-lo por tabela, após ter gerado mais oportunidades de emprego.

Vale lembrar que somente com a experiência de mais de 250 anos de história econômica, desde o final do mercantilismo até hoje, é que podemos concluir que o sistema de livre mercado descrito por Adam Smith foi o melhor modelo para combater a pobreza, mesmo que essa não seja sua "razão de ser" como teoria econômica. Vamos lembrar também que, na prática, nenhum país atinge de fato um livre mercado, pois todos sofrem algum grau de intervenção do governo ou de grupos econômicos monopolísticos. O que podemos dizer é que há países que se aproximam mais de uma economia de livre mercado do que outros, e os que mantiveram essa proximidade por mais tempo têm registrado ótimos resultados no combate à pobreza.

Durante todo o século xx, disseminar as constatações de Adam Smith foi a missão de alguns notáveis filósofos que vieram depois dele, como Friedrich August von Hayek, Ludwig von Mises, Murray Rothbard e Milton Friedman. Mas o marxismo também evoluiu como retórica. O linguista, filósofo e cientista cognitivo norte-americano Noam Chomsky, por exemplo, tem inovado na retórica marxista com muita perspicácia desde os anos 1970 até os dias de hoje. De modo semelhante ao fenômeno do oligarquismo no Brasil, Chomsky tem observado como as grandes empresas nos Estados Unidos estão cada vez mais acopladas às agências reguladoras, nomeando dirigentes e criando regulamentações para mitigar competição. Na sua linha de argumentação, no entanto, Chomsky critica o modelo americano, chamando-o de "neoliberal". Ele define "neoliberalismo" como um sistema no qual os ricos e poderosos têm regulamentações e financiamentos favoráveis do governo enquanto os demais operam dentro de leis de oferta e demanda de mercado.

Note o leitor que essa é uma definição próxima daquela que propus para a ideia de oligarquismo. Mas, na minha visão, o fato de um grupo de influência conseguir regular o jogo em seu próprio benefício elimina qualquer possibilidade de existência de um livre mercado. Portanto, não se pode associar o termo liberalismo ou capitalismo ou qualquer variante de um cenário oligárquico. Assim, é absolutamente inapropriada

QUADRO 45
COEFICIENTE DE GINI: DESIGUALDADE DE DISTRIBUIÇÃO DE RENDA

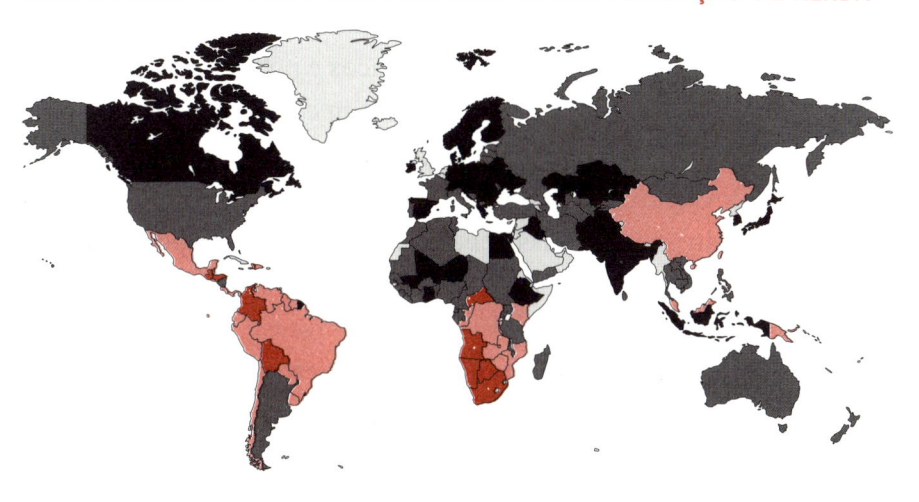

Índice Gini (Igualdade de renda = 0)

- 25–35
- 35–45
- 45–55
- 55–66
- Indisponível

Fonte: Banco Mundial

a definição utilizada por Chomsky e repetida à exaustão por intelectuais de esquerda.

Do mesmo modo, um sistema oligárquico não pode ser considerado socialista; talvez, apenas, neossocialista, uma vez que os meios de produção não estão cem por cento nas mãos do Estado – apesar de serem controlados por ele por meio de regulamentações equivalentes àquelas utilizadas num modelo socialista.

Não é por acaso que Chomsky escolhe o termo "neoliberal": seu objetivo com essa escolha lexical é atacar o liberalismo e todas as suas variantes, mesmo que de forma imprecisa. Na sua argumentação, Chomsky tenta estabelecer uma relação de causalidade entre a desigualdade social causada pela concentração dos meios de produção e a instabilidade política que ela pode gerar. Chomsky usa o termo desigualdade social para criar desconforto e um senso de urgência em seus seguidores e para validar mais controles e impostos sobre os mais ricos.

O quadro 45 (página 183) mostra a desigualdade social de acordo com o Coeficiente de Gini, que mede a disparidade de renda relativa. Esse índice não mede pobreza, mas a diferença entre ricos e pobres em cada país.

Não é surpresa alguma que no Brasil, assim como nos demais países da América Latina, exista muita desigualdade social. Mas, o fato de os Estados Unidos aparecerem como um país mais comprometido com esse indicador do que nações europeias, Austrália e Japão pode ser uma novidade para o leitor – e é baseado nisso que Chomsky postula sua conclusão mais retumbante.

O intelectual que se tornou uma das vozes mais festejadas pela esquerda postula que desigualdade social causa instabilidade política e é uma ameaça à democracia. Segundo seu pensamento, quando há desigualdade social é necessário "estabilizar" a democracia. E Chomsky diz que, para isso, é necessário limitá-la, a fim de que somente poucos possam exercer o poder político, ou diminuir a desigualdade social. Como limitar a democracia não é um caminho fácil, muito menos popular e prático, o pensador propõe a criação de um Estado assistencialista (*Welfare State*) como única alternativa para atacar a desigualdade e estabilizar e preservar a lei e a ordem.

Como o leitor pode notar, é uma conclusão similar àquela do gerente da concessionária, que me disse que "se não consertarmos essa tal da desigualdade, isso pode afetar o sistema político". Ou seja, a tarefa de "estabilizar a democracia" do país de economia e sociedade mais livres do mundo, os Estados Unidos, passaria pela criação de um Estado assistencialista que opere sob um modelo econômico próximo do sistema comunista. Chomsky leva seus seguidores a acreditarem que, para combater o oligarquismo na América, a única alternativa é o estabelecimento de um Estado assistencialista.

Tolerar o oligarquismo e implementar um sistema assistencialista é a solução? O fomento de um mercado livre, não regulamentado, não aparece no escopo de opções de marxistas como Chomsky. De fato, seria a opção de menor custo e de menor intrusão na economia e na sociedade para atacar o oligarquismo e a pobreza. Mas, de alguma maneira, para Chomsky, a criação do *Welfare State* é fundamental, já que, para ele, a concentração de poder econômico é tão inevitável quanto a desigualdade social é fatal para a democracia.

Chomsky talvez ache que a criação de uma economia de livre mercado seja impossível. Talvez não acredite que o livre mercado possa desmontar o poder das oligarquias e combater a pobreza. Se esse for o caso, ele se esquece, ou convenientemente negligencia, da própria história dos Estados Unidos. Vejamos.

Ao final do século XIX, os Estado Unidos se encontravam em uma situação estrutural pior do que a do Brasil atual. Não havia a crise econômica que vivemos aqui hoje, mas o país era totalmente dominado por oligarquias e havia corrupção em todos os níveis de governo. Os oligarcas elegiam prefeitos, deputados, senadores, governadores e até mesmo presidentes da República. A violência política predominava de um jeito que faria o Brasil de hoje parecer o país mais civilizado do mundo.

A partir de 1890, no entanto, uma onda de ativismo político varreu o país com o intuito de resgatá-lo das mãos dos oligarcas. Os ativistas passaram a ocupar cargos públicos e criaram legislação e estruturas para fragmentar o poder das oligarquias políticas e econômicas em todos os níveis. Foram implementados mecanismos de democracia direta, como *recall* de mandato, referendo popular e leis de iniciativa popular. A sociedade assistiu, então, à queda de monopólios, como o da Standard Oil Rockefeller, em 1911.

Ao final dos anos 1920, importantes reformas já haviam sido feitas, e o sucesso econômico dos Estados Unidos no século XX é em grande parte resultado desses ajustes. Fica a dica para os ativistas brasileiros que se levantaram contra a corrupção e foram a favor do impeachment da presidente Dilma Rousseff em 2016.

Talvez Chomsky, assim como todo marxista, não faça menção àquele período histórico por tratar-se de uma época em que predominaram os movimentos orientados por princípios mais flexíveis. Os que tinham uma postura mais reformista eram os "progressistas" de então – designação esta que, mais tarde, seria sequestrada pelos marxistas, que a redefiniram para seu próprio uso.

Chomsky sabe que, para alcançar o comunismo, é indispensável a concentração de poder político e econômico nas mãos do Estado. Tolerar a concentração que ele critica é um passo no plano de poder marxista. É por isso que ele não ataca diretamente as causas do oligarquismo. Ao contrário, deflete para a luta contra a desigualdade social. Dessa maneira, aproveita-se da concentração dos meios de produção por meio do ressurgimento de oligarquismo nos Estados Unidos, algo que facilitará o controle dos meios de produção pelo Estado num segundo momento.

A DESIGUALDADE SOCIAL EXISTE DE FATO, MAS ELA NÃO TEM MAIORES CONSEQUÊNCIAS POLÍTICAS EM SISTEMAS COM ALTO ÍNDICE DE LIBERDADE ECONÔMICA E POLÍTICA.

Independentemente da razão real pela qual Chomsky não abraça o livre mercado como uma alternativa contra a concentração de poder econômico, ele concentra seu argumento na desigualdade social como fator desestabilizador. Mas será que a desigualdade social causa isso mesmo?

A desigualdade social existe de fato, mas afirmo que ela não tem maiores consequências políticas em sistemas com alto índice de liberdade econômica e política. Pense na seguinte falácia: o próprio argumento de Chomsky diz que somente 1% das pessoas mais ricas do mundo detém a maior parte do patrimônio e da renda mundial. Assumindo que isso seja um fato, então por que os cidadãos do mundo aceitam tal "injustiça" por tanto tempo? Por que deixaram que houvesse tamanha concentração e não se rebelaram quando somente 20%, 10% ou 5% da humanidade detinham a maior fatia do patrimônio mundial? Em que ponto o povo vai se rebelar? Quando a concentração atingir meio por cento, talvez?

ATIVISMO POLÍTICO | Jornal americano de 1911 noticia o desmantelamento da gigante Standard Oil: reflexo da grande crise nos Estados Unidos do fim do século XIX, o combate à oligarquia e aos monopólios teve o ativismo político e a sociedade organizada entre seus principais protagonistas

[Crédito: Arquivo / The San Diego Union-Tribune]

Na verdade, as pessoas naturalmente toleram e convivem com a diversidade e com a desigualdade sem maiores consequências. É claro que ninguém gosta de ver outro ser humano viver na miséria. Ninguém tem orgulho de ver uma cidade ou um país com muita pobreza. Porém, isso não desestabiliza o convívio da forma como muitos marxistas propõem. Tanto que diversas regiões na África, China, Índia ou mesmo nos Estados Unidos e no Brasil têm disparidades extremas de renda e não apresentam um contexto de instabilidade política.

O que causa descontentamento e instabilidade política não é a desigualdade social, mas sim a falta de acesso aos meios de produção que garantem a ascensão social e o combate à pobreza pelos próprios indivíduos. Em outras palavras, para um indivíduo, enquanto ele puder ter opções e alternativas para sair da pobreza ou para obter ascensão social por meio de seus próprios recursos e trabalho, ele não demandará mudanças políticas.

Essa é uma nuance muito importante de se entender. Não é o fato de existirem alguns poucos bilionários capazes de extravagâncias mil que causa descontentamento político. A causa para tal descontentamento é a falta de oportunidades e liberdades do cidadão comum poder realizar projetos, grandes ou pequenos, para melhorar sua própria qualidade de vida e para ascender socialmente.

Observe o leitor que a liberdade de empreender permite o combate em dois fronts: de um lado, oferece mecanismos para a ascensão social; de outro, reduz a pobreza.

Sob uma perspectiva histórica, podemos argumentar que foi essa limitação de ascensão social que causou frustração aos pequenos proprietários de terra em Atenas antes de Dracon. Foi essa mesma falta de acesso aos meios de produção que travou toda uma classe social na pobreza e deu início à derrocada da República Romana da antiguidade. Essa limitação de ascensão e mobilidade social que causou distúrbios sociais e políticos na Europa ao longo de todo o período medieval e do renascentista e culminou com o fim do mercantilismo. Igualmente, foi a falta de instrumentos que permitissem a ascensão social que causou o enorme mercado negro durante o comunismo da União Soviética e a falta de acesso aos meios de produção foi o que limitou o combate à pobreza e causou o fim do comunismo nos diversos países europeus no final do século xx, mesmo após gerações de pessoas terem nascido no sistema mais assistencialista que já existiu.

Recentemente, vimos a saída do Reino Unido da União Europeia (ue). Sim, apesar de o referendo popular ter sido impactado principalmente por questões de soberania nacional e cultural e pela nova onda migratória de refugiados muçulmanos, houve também um posicionamento firme contra a burocracia da ue. Bruxelas, o centro administrativo do bloco econômico, estabeleceu um cipoal de normas e regulamentações que em nada contribui para o livre comércio. O recado do Reino Unido foi: "Queremos o liberalismo que sempre orientou a nossa história. Queremos livre mercado. Queremos de volta os mecanismos que nos permitem melhorar de vida".

A causa da frustração dos britânicos com o sistema político foi inteiramente comportamental e situada num momento histórico específico, embora a necessidade de liberdade e o desejo por ascensão social sejam comuns a toda a humanidade, em qualquer tempo e lugar.

Permita-me um exemplo. Imagine trabalhadores numa fábrica. Há o dono e os operários. Imagine que todos os trabalhadores recebam o mesmo salário e

> **UMA SOCIEDADE LIVRE E POLITICAMENTE MADURA, COM UMA ECONOMIA DE MERCADO QUE GARANTE A TODOS A POSSIBILIDADE DE ASCENSÃO SOCIAL, É CAPAZ DE GERAR RIQUEZA, REDUZIR A POBREZA E MANTER UM SISTEMA POLÍTICO ESTÁVEL INDEPENDENTEMENTE DAS MEDIÇÕES DE DESIGUALDADE SOCIAL.**

executem as mesmas tarefas. O dono tem o benefício de todo o lucro, mas é o único que corre o risco de perder os bens pessoais e ficar pendurado em empréstimos bancários caso o negócio venha a quebrar. Todos os trabalhadores, no entanto, são bem remunerados – portanto, não há pobreza.

Há uma enorme desigualdade social, pois somente um possui todos os bens e fica com todo o lucro, enquanto os demais contam apenas com o salário. O convívio é pacífico até que um belo dia um grupo de operários mais qualificados e ambiciosos decide que merece melhorar sua qualidade de vida. O grupo é composto por empregados que economizaram e estudaram muito no seu tempo ocioso e querem ser livres para empreender. Na visão do grupo, o caminho para melhorar de vida é criar uma nova fábrica, na qual o conhecimento acumulado seria aplicado. Assim, esses operários de primeira linha passariam a obter os benefícios diretos de seu próprio trabalho e conhecimento.

Em um contexto de mercado livre e desregulamentado, esse ímpeto natural que qualquer ser humano possui não seria um problema, pois o grupo dissidente teria acesso a diversos meios de produção para materializar suas ambições. Haveria investidores e bancos dispostos a bancá-los, mão de obra de colegas que gostariam de mudar de emprego e encarar o risco de uma nova empresa e fornecedores ávidos por um novo cliente para suas máquinas e materiais de escritório. A distância entre o desejo de empreender e a realização do projeto é tão somente o conhecimento e a capacidade de execução.

Já em uma sociedade oligarquista a coisa não funciona assim. O dono da fábrica tem influência no governo e cria toda sorte de empecilho regulamentar para que o custo de criação de uma empresa rival seja demasiadamente caro e burocrático. Como num sistema oligárquico cada líder de setor convive com outros líderes setoriais, o financiamento da nova empresa é extremamente limitado. Quando a possibilidade de abrir o próprio negócio fica difícil, as oportunidades de ascensão social para os operários ambiciosos são limitadas. Logo, esses trabalhadores compreendem que já que não têm como empreender e permanecer no atual emprego parece uma boa opção.

A ambição por melhorar de vida, entretanto, persiste. Se o oligarca não atender às demandas por maiores salários e mais benefícios, o trabalhador recorre aos sindicatos e ao governo. O governo pode ajudar, criando novos "direitos socais" para o trabalhador, mas isso afugenta o empresário, dado que o custo para empreender torna-se proibitivo. Daí, o poder público acaba equilibrando a situação com alguma outra benesse regulamentar em favor do empresário. Se o governo não ajudar, estará sob o risco de não ser reeleito.

Note que, no oligarquismo, o foco da resolução do problema mudou. Um desafio que poderia ser solucionado unicamente com a capacidade de execução dos novos empreendedores, torna-se agora uma encrenca regulamentar da burocracia e do governo. Por isso a ascensão social é um fator desestabilizador do cenário político. Pode-se argumentar que um bilionário, numa economia de mercado, livre de oligarquismo, não é capaz de limitar a ascensão social de ninguém.

Nessas sociedades, todos têm a chance de executar suas ideias e instrumentos para se tornar um dia grandes empresários, se assim desejarem. A contrapartida é não existir assistencialismo em demasia, pois é exatamente o assistencialismo que cria burocracia e tributação, roubando poder econômico de quem produz e o transferindo para o Estado.

Já numa economia oligarquista como a brasileira, a dinâmica é bem diferente. O jogo é manter o povo contente, alheio ao fato de que suas opções de mobilidade e ascensão social são muito limitadas pela burocracia e pela tributação. Países como o Brasil têm muito assistencialismo e alto nível de tributação e regulamentação. Esse nefasto conjunto de fatores termina por cercear a criação de oportunidades e a ascensão social e causa frequentes instabilidades políticas.

Os quatro quadros a seguir mostram que mesmo não atacando a desigualdade social como um problema primordial, as economias abertas,

QUADRO 46
ÍNDICE DE LIBERDADE: NÃO FAVORECEMOS OS EMPREENDEDORES

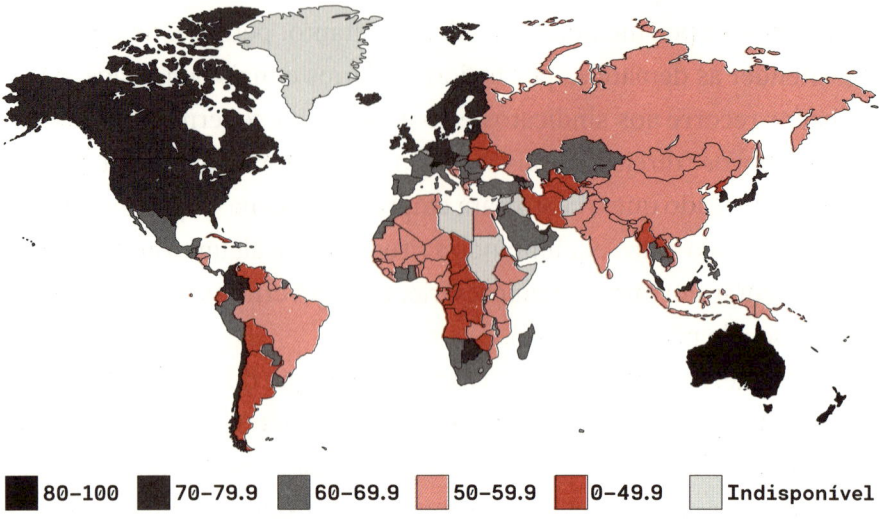

■ 80–100   ■ 70–79.9   ■ 60–69.9   ■ 50–59.9   ■ 0–49.9   □ Indisponível

Fonte: Liberty Index, Heritage Foundation/ *Wall Street Journal*

Gráfico do *Liberty Index* (Índice de Liberdade) publicado todos os anos pelo *Wall Street Journal*, que determina a liberdade econômica de todos os países baseado nas leis trabalhistas, corrupção, direitos de propriedade, liberdade financeira, nível de investimento, política monetária, assistencialismo, equilíbrio fiscal, comércio exterior e facilidade para empreender.

livres e menos regulamentadas como as dos Estados Unidos, do Canadá, de partes da Europa, do Japão e da Austrália são as mesmas que mais geram desenvolvimento humano, as que sofrem menos com pobreza e, em consequência, são as que apresentam maior estabilidade política.

Chomsky argumenta que num contexto de desigualdade social extrema, o sistema político pode entrar em colapso. Como vimos, isso é mera especulação – portanto, não verificável por experimento. O que se pode afirmar, isso sim, é que uma sociedade livre e politicamente madura, com uma economia de mercado que garante a todos a possibilidade de ascensão social, é capaz de gerar riqueza, reduzir a pobreza e manter um sistema político estável independentemente das medições de desigualdade social.

QUADRO 47
DESENVOLVIMENTO HUMANO (2015)

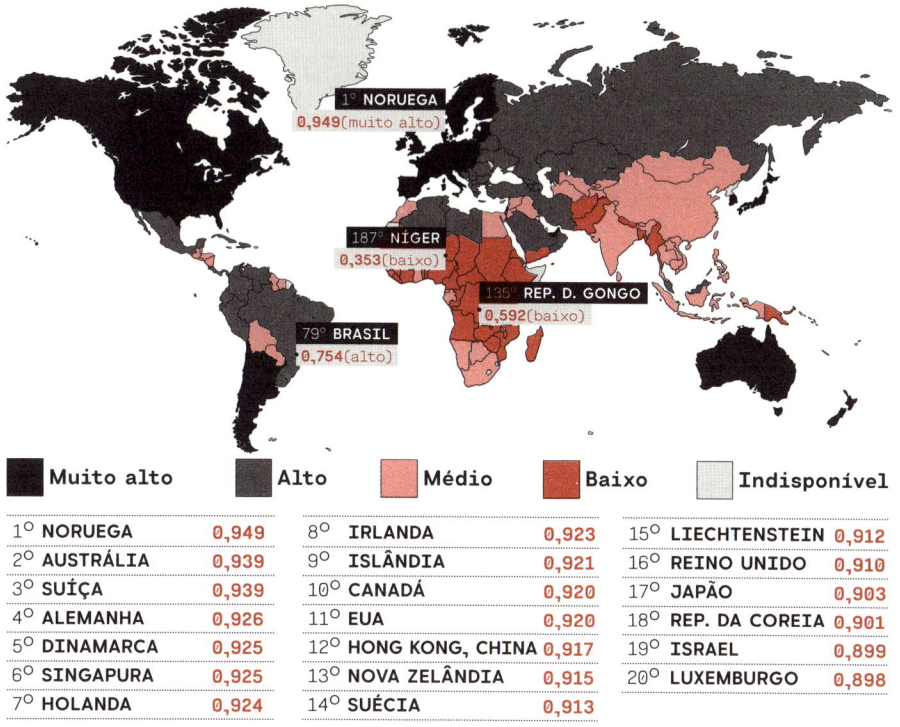

1° NORUEGA (muito alto)	0,949
187° NÍGER (baixo)	0,353
135° REP. D. CONGO (baixo)	0,592
79° BRASIL (alto)	0,754

■ Muito alto ■ Alto ■ Médio ■ Baixo □ Indisponível

1° NORUEGA	0,949	8° IRLANDA	0,923	15° LIECHTENSTEIN	0,912
2° AUSTRÁLIA	0,939	9° ISLÂNDIA	0,921	16° REINO UNIDO	0,910
3° SUÍÇA	0,939	10° CANADÁ	0,920	17° JAPÃO	0,903
4° ALEMANHA	0,926	11° EUA	0,920	18° REP. DA COREIA	0,901
5° DINAMARCA	0,925	12° HONG KONG, CHINA	0,917	19° ISRAEL	0,899
6° SINGAPURA	0,925	13° NOVA ZELÂNDIA	0,915	20° LUXEMBURGO	0,898
7° HOLANDA	0,924	14° SUÉCIA	0,913		

Fonte: ONU/ Human Development Index, 2015

Frequentemente, o liberalismo é acusado de ignorar aqueles que precisam de assistência. Talvez seja desnecessário pontuar que a ex-premiê britânica Margaret Thatcher pode ser listada entre as conservadoras mais relevantes da história. Pois bem. Em vários discursos, Thatcher reiterou que, sim, é dever do Estado cuidar dos idosos, das crianças e daqueles que, temporariamente – temporariamente, repita-se – estejam incapacitados de arrumar emprego.

Mas não é isso o que o sistema brasileiro criou? De modo algum. Há tantas atribuições auferidas ao Estado brasileiro na Constituição de 1988 que as premissas fundamentais se perderam. Quando cabe ao Estado defender direitos trabalhistas, de moradia, de saúde, de educação, de emprego, de transporte público, de lazer etc., fica difícil cumprir a contento a sua função básica.

QUADRO 48
FRACASSO DE PLANOS NACIONAIS: POPULAÇÃO NACIONAL NA LINHA DE POBREZA

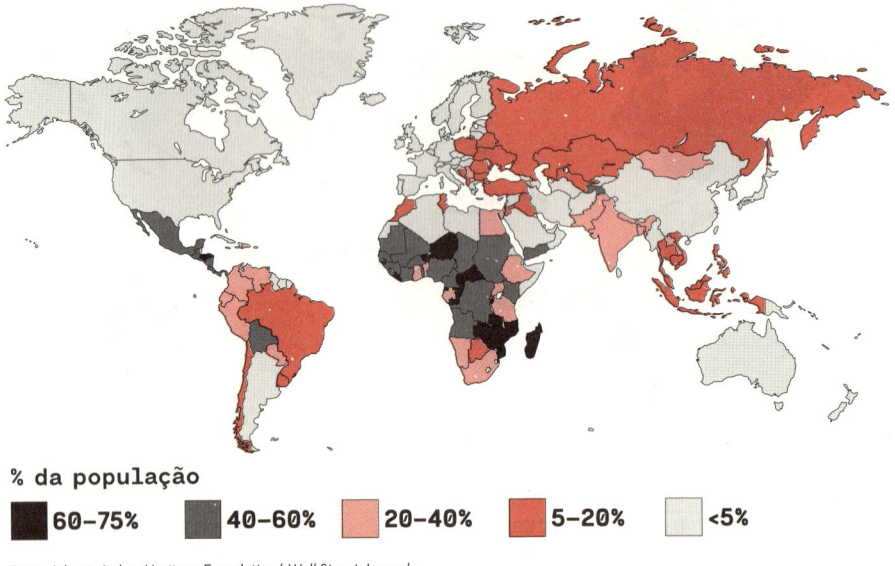

% da população

■ 60–75%   ■ 40–60%   ■ 20–40%   ■ 5–20%   □ <5%

Fonte: Liberty Index, Heritage Foundation/ *Wall Street Journal*

Gráfico do Banco Mundial, de 2014, mostrando o número % de pessoas abaixo do limite mínimo de pobreza de US$ 1,25 de renda per capita por dia.

E o que os governos podem fazer? Governos, por definição, não podem criar nenhum programa permanente, mas podem propor programas temporários com objetivos de solucionar alguma questão que se apresente num momento específico. Por exemplo, treinamento de mão de obra para novas oportunidades para as quais não há gente capacitada no mercado, caso o mercado já não ofereça essa capacitação. No entanto, no caso brasileiro, o desafio de qualquer governo é desarticular o envolvimento do Estado em áreas não condizentes aos princípios básicos do Estado, tais como petróleo, eletricidade, correios, portos, transportes, saúde, educação, trabalho, lazer e bancos.

Nós, brasileiros, acreditamos na falsa narrativa de que é preciso criar um Estado assistencialista para se progredir como sociedade rumo a melhores índices de desenvolvimento. Conforme o que foi exposto neste capítulo, isso é absolutamente falso. Como chegamos a crer que

QUADRO 49
INSTABILIDADE POLÍTICA (2015)

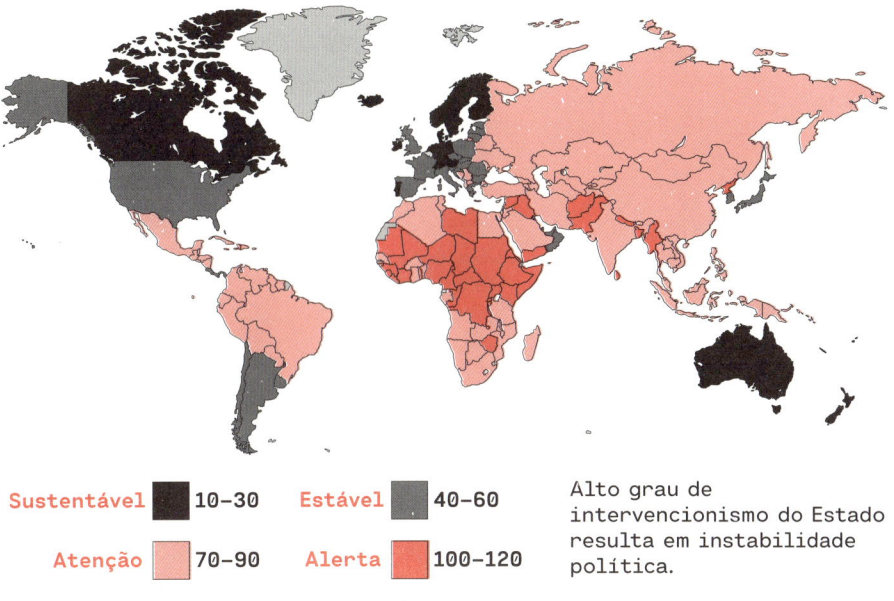

Sustentável	10-30	Estável	40-60
Atenção	70-90	Alerta	100-120

Alto grau de intervencionismo do Estado resulta em instabilidade política.

Fonte: Liberty Index, Heritage Foundation/ *Wall Street Journal*, 2015

Gráfico mostra a instabilidade política por país em 2015. Sendo as cores vermelho e rosa as áreas mais instáveis e as cinzas e pretas as mais estáveis.

GOVERNOS, POR DEFINIÇÃO, NÃO PODEM CRIAR NENHUM PROGRAMA PERMANENTE, MAS PODEM PROPOR PROGRAMAS TEMPORÁRIOS COM OBJETIVOS DE SOLUCIONAR ALGUMA QUESTÃO QUE SE APRESENTE NUM MOMENTO ESPECÍFICO.

a esquerda, que propõe um Estado interventor e limitador do poder empreendedor do indivíduo, é a vertente ideológica capaz de apresentar soluções para a redução da pobreza? Eis mais uma contradição brasileira alimentada dia a dia pela esquerda, nas escolas, nas igrejas, na imprensa. É uma contradição contra a qual precisamos lutar.

CAPÍTULO 11

DEMOCRACIA É O OBJETIVO?

Por que ignoramos a história da democracia e não sabemos como aperfeiçoá-la

O uvir as pessoas usarem o termo "democracia" para se referirem a tudo – de valores sociais a sistemas de governo – é no mínimo desgastante, tanto para nossos ouvidos quanto para o termo em si, que perde força e significado. O pior é que na maior parte das vezes em que essa palavra é usada, é completamente deturpada. Não condiz com o intento original.

Nas páginas seguintes, gostaria de conduzi-lo, meu caro leitor, a um breve passeio pela história para resgatar o que veio a ser a democracia, sua origem, seus problemas e como melhorá-la – ou, mesmo, limitá-la.

Ao final deste capítulo, você terá um resumo do mesmo conhecimento e perspectiva que tinham os revolucionários liberais dos séculos XVIII e XIX, responsáveis pela revisão de constituições e pela refundação de nações naquele período. Saber empregar o termo democracia de maneira adequada, tal como aqueles liberais souberam, é essencial para a nossa evolução política.

A história da humanidade é recente. Enquanto a Terra tem 4,6 bilhões de anos, o gênero *homo* surgiu há 2,5 milhões de anos – uma fração de tempo, comparativamente à idade do planeta. As diversas espécies do gênero *homo* organizavam-se de maneira similar à de outros mamíferos: limitavam-se a pequenas famílias lideradas por um membro dominante.

O ser humano moderno, o *sapiens*, surgiu há 200 mil anos e foi o único do gênero *homo* a aceitar a troca de informações entre agentes anônimos, não relacionados diretamente à sua própria família. Somente com o advento do *Homo Sapiens* houve um salto evolutivo sobre as diversas espécies hominídeas que ocupavam a Terra naquele tempo. Somente então, ideias abstratas, linguagem ficcional e estratégias de cooperação surgiram.

Segundo o antropólogo israelense Yuval Harari, autor do best-seller internacional *Sapiens – Uma Breve História da Humanidade*, foram esses fatores que permitiram aos homens o domínio do meio ambiente e, mais tarde, o desenvolvimento da arte, da tecnologia, do dinheiro, da religião e a criação de organizações de cooperação complexas. Ainda assim, a revolução cognitiva que marca o começo do que pode ser definido como História começou somente há 70 mil anos. Foi então que se intensificou a cooperação entre grupos de diferentes famílias.

Por que é necessário lembrar dessa nossa origem e determinar os traços que nos qualificam como seres humanos? Ora, porque temos 200 mil anos de memória *sapiens*, mas apenas 70 mil anos nos separam do início da revolução cognitiva. E os primeiros registros de reinos com leis só surgiram há 5 mil anos. Ou seja: na nossa memória ancestral ainda há registros marcantes daquele *sapiens* que não confia numa rede de relacionamentos além da família, que não transfere informações livremente, que não aceita novos conceitos e que não quer cooperar. Em sua melhor versão, essa memória age como protetora e defensora de território e soberania e foi essencial para a revolução agrícola e para a criação das cidades-estados. Mas em suas piores aspirações, essa memória primitiva também legitimou a expansão bélica e a criação de mecanismos de controle e de domínio dos demais pelo uso da força e pela coerção.

Mais adiante, há cerca de 12 mil anos, a revolução agrícola propiciou a concentração de povos em vilarejos, dando início ao lento processo de extinção do modelo de organização social baseado em uma figura central dominante. Novas formas de cooperação foram surgindo, dada a necessidade de determinados grupos estabelecerem trocas comerciais. Se um povoado produzia cevada e trigo e um outro produzia maçãs e pêssegos, por exemplo, o sistema personalista começaria a não dar conta das necessidades e imprevistos que surgiriam no decorrer dos contratos, como secas, tempestades e pragas. Seria preciso envolver mais pessoas na rede de contatos, criar estruturas de cooperação e estabelecer fluxos de informações de maneira livre e flexível. Assim, graças à expansão do comércio, começaram a se formar as primeiras cidades-estados. Elas se estabeleceram justamente ao longo das rotas de maior fluxo comercial. Em todo o Mediterrâneo, no Oriente Médio, na Índia e na China, cidades surgiram nas localidades onde havia maior concentração de povos e trocas.

Invariavelmente, os povoados antigos contavam com uma ou mais famílias dominantes responsáveis ou pelas terras ou pela defesa da região ou por ambas as coisas. É dessa necessidade de proteção das terras produtivas que nascem as cidades-estados geridas por essas famílias fundadoras e protetoras. A estabilidade e a proteção do ambiente são fundamentais

> **INVARIAVELMENTE, OS POVOADOS ANTIGOS CONTAVAM COM UMA OU MAIS FAMÍLIAS DOMINANTES RESPONSÁVEIS OU PELAS TERRAS OU PELA DEFESA DA REGIÃO OU POR AMBAS AS COISAS.**

para que se tenha produção agrícola. Isso porque o processo de plantio e colheita leva um certo tempo e demanda trabalho contínuo. Não é imediatista como a caça, ou como a simples colheita de frutos disponíveis na natureza.

O desenvolvimento de uma agricultura é característica de uma sociedade mais desenvolvida porque demanda estabilidade: é preciso se fixar em um território, ter confiança de que poderá permanecer ali por um longo período, que será possível proteger aquela determinada área. Essa era uma forma de organização comum e de sucesso há três mil anos.

No Ocidente, especificamente na região do Peloponeso – a extensa península no sul da Grécia, separada do continente pelo Istmo de Corinto –, cidades-estados como Tebas, Atenas e Esparta, para citar três das mais importantes, desenvolveram governos próprios e autônomos. A proximidade entre elas e a limitação geográfica fomentou a competição, o que foi fundamental não apenas para a intensificação do comércio mas também para os avanços organizacionais. Os modelos de gestão dessas cidades fincaram as bases das diversas variantes do que hoje chamamos de nação.

As famílias reinantes nas cidades-estados desenvolveram uma série de códigos de conduta entre si para estabelecer um sistema de comunicação, proteção e de ajuda mútua. Criaram-se sistemas de voto entre as famílias proprietárias para validar e registrar decisões do conjunto dominante.

A vida e o convívio em centros urbanos como Atenas passou a demandar um senso comum de cidadania e de sociedade. A expansão das áreas de influência por meio de guerras, da contratação ou da escravização de povoados conquistados, e mesmo da migração espontânea, resultou em um problema administrativo novo para as famílias fundadoras de Atenas. Isso ocorreu há cerca de 2.700 anos.

Até aquele período histórico, os modelos administrativos das cidades-estados do Peloponeso eram muito similares e davam conta das necessidades das famílias controladoras e da população. As cidades contavam com um monarca hereditário ou eleito dentre as famílias fundadoras. Mas, com o crescimento populacional, mesmo os regimes mais fechados como a diarquia de Esparta, que contava com dois reis hereditários e de famílias diferentes, reconheceram a necessidade de se manter a paz social com algum instrumento que possibilitasse certo nível de exercício de poder por parte dos súditos.

Rebeliões de escravos ou de cidadãos que eram pequenos proprietários se tornaram frequentes em todas as cidades. As lideranças, por sua vez, reagiam de maneira diversa às revoltas. Algumas, a exemplo de Atenas, optaram pela inclusão gradual de segmentos revoltosos no processo de decisões políticas. Outras, como Esparta, optaram por se manter fechadas e debelar as rebeliões com o uso da força, mas garantindo algumas liberdades e propriedades em troca da paz e da ordem social. As outras cidades-estados adotavam estratégias mais ou menos alinhadas a um desses dois modelos, variando entre graus de repressão e de concessão de algum nível de poder.

Nesse contexto, Atenas se sobressaiu por ter sido a única cidade-estado a registrar toda a evolução política de maneira detalhada e conseguir preservar a documentação histórica. Outras cidades, como Esparta, ocultaram deliberadamente essa sabedoria. A maioria das histórias das demais cidades-estados gregas, no entanto, acabou se perdendo em guerras e conquistas, ou chegou até nós de modo muito fragmentário.

> **COM OS DESCONTENTAMENTOS POPULARES, A VIOLÊNCIA URBANA E OS SAQUES SE SUCEDERAM NA ANTIGA ATENAS. A PRIMEIRA REAÇÃO DAS FAMÍLIAS ARISTOCRATAS DE ATENAS FOI CUIDAR DE DEFENDER SEUS PRÓPRIOS INTERESSES E POSSES.**

De acordo com os registros de que dispomos, em 620 a.C., Atenas começou a ter problemas com pequenos fazendeiros. Eles viviam à margem das grandes propriedades e, assim como os pequenos mercadores, haviam contraído dívidas altas com os grandes proprietários em razão de uma dramática quebra de safra. Em função da crise, para honrar a dívida, acabaram tornando-se escravos de seus financiadores. Foram obrigados a pagar com a força do trabalho.

Com os descontentamentos populares, a violência urbana e os saques se sucederam. A primeira reação das famílias aristocratas de Atenas foi cuidar de defender seus próprios interesses e posses. Para isso, nomearam Drácon para a função de arconte, uma espécie de monarca que era também legislador. Drácon resolveu estabelecer regras severas de ordem e de conduta para conter as hordas revoltosas.

Criador do primeiro código legal ateniense, Drácon foi tão rigoroso e implacável que seu nome deu origem ao adjetivo "draconiano". Suas leis previam, por exemplo, que qualquer roubo ou furto fosse punido com a morte. Embora tenha ficado conhecido apenas pela severidade, Drácon teve papel de destaque na história do Direito. Suas leis aboliram, por exemplo, a licença para se fazer justiça com as próprias mãos, sem recorrer ao Estado para julgar uma ofensa.

As regras reconheciam alguns direitos naturais do indivíduo, mas eram mais voltadas para preservar os direitos dos aristocratas na cidade-estado de Atenas. Como não contemplavam todo o ecossistema político de maneira equilibrada ao longo do tempo, suas leis falharam em mitigar a insatisfação popular e em consolidar a estabilidade política.

Um filósofo grego que presenciou os efeitos perversos dessa frustração foi o legislador Sólon. Em 594 a.C., Sólon, também ele um aristocrata, foi eleito arconte pelas famílias aristocratas. Sólon era comerciante e viajava por toda a região. Ele via a categoria dos mercadores com muito apreço. Tinha consciência da função que exercem não apenas na economia mas também no que dizia respeito à difusão da cultura ateniense. Como se sabe, a própria filosofia grega foi largamente disseminada pelos comerciantes que viajavam por quase todo o mundo conhecido de então. Ao assumir o poder, diferentemente de Drácon, Sólon resolveu revogar várias punições severas e abrir o sistema político de Atenas às classes emergentes.

Aqui talvez se faça necessária uma pausa para um esclarecimento. Você, caro leitor, deve estar se perguntando como Drácon e Sólon puderam ser eleitos monarcas, dado que toda monarquia é, por tradição e definição, evidentemente hereditária. Vários historiadores se referem ao posto de arconte como "tirano". Mas o termo tirano é um adjetivo usado por autores pós-Grécia antiga. O termo usado na época era *archon* – em português, "arconte", ou "governante". Desse termo se extrai variantes como "monos archon", um só governante, ou monarca. Em determinado momento, Atenas, por exemplo, chegou a eleger nove "arcontes" com diferentes atribuições, constituindo de fato uma "poliarquia" com vários governantes legítimos. O arconte eleito para ser legislador era o mais importante, pois tinha a responsabilidade de interpretar a Constituição e o poder de criar novas leis.

Com o benefício da perspectiva histórica, é difícil afirmar se os arcontes legislativos seguiam a Constituição do predecessor. Como concentravam poder, no melhor dos casos alteravam a Constituição segundo seus próprios interesses e ideias. Nos piores casos, esses arcontes sequer observavam a Constituição, ignorando a necessidade de preservar um certo nível de legitimidade constitucional. Nesses casos ilegítimos, foram mais tarde tratados por historiadores como tiranos, daí a referência moderna.

Muitos eram o que hoje chamamos de populistas. Mantinham-se no poder somente pelo apelo popular, à revelia da Constituição, do monarca ou da aristocracia. Mesmo assim, a palavra não necessariamente tinha sentido pejorativo. O conceito original de tirania era de um governo em que o líder máximo não havia recebido o poder de forma legalmente prescrita – ou seja, que não era um monarca eleito ou hereditário.

O termo é utilizado de maneira precisa em *Édipo Rei*, de Sófocles. Nessa tragédia grega, quando Édipo assume o trono de Tebas após desvendar o enigma da Esfinge, ele é chamado de "tirano". Não há a menor sombra de componente negativo nessa designação. No desenrolar da peça, no entanto, a identidade de Édipo é revelada e todos descobrem que ele é efetivamente o herdeiro do trono de Tebas. É, portanto, o rei. A propósito, a tradução literal do título da obra de Sófocles é *Édipo Tirano*. A troca para "rei" ocorreu para se evitar interpretações equivocadas por parte do público contemporâneo. Feito o esclarecimento acerca do termo tirano, podemos voltar ao filósofo e legislador Sólon.

O objetivo de Sólon era criar estruturas permanentes baseadas em leis de Estado e em princípios universais para Atenas. Ele aboliu a escravatura, qualificou e limitou as punições por crimes, padronizou pesos e medidas, criou o voto censitário (por rendimento), eliminou o voto hereditário (por herança de nascimento) e aboliu o Tribunal de Justiça.

Antes de Sólon, Atenas era governada pelos patrícios, como eram chamados os integrantes da aristocracia local. Esses aristocratas tinham propriedades e, por hereditariedade, eram os únicos cidadãos com direito a voto. Sólon, no entanto, achava necessário incluir outros segmentos da sociedade entre os eleitores, sobretudo os comerciantes, que eram grandes geradores de riqueza.

Assim, a hereditariedade como critério exclusivo para o direito ao voto foi extinta em Atenas, de modo a ampliar a *Eklesia*, a assembleia de cidadãos. Nascia o voto censitário por renda. Funcionava da seguinte forma: o cidadão que tinha determinada condição econômica passava a poder votar independentemente de sua origem. Claro que hoje isso pode parecer muito elitista, afinal, uma massa significativa de cidadãos pobres era excluída do processo, além de escravos, mulheres e estrangeiros. Para a época, todavia, era uma evolução e tanto. O voto censitário possibilitou a reforma do modelo aristocrático e forçou um novo equilíbrio, obrigando os patrícios a reconhecer a importância das classes mercadoras e empreendedoras.

Por ter incluído um número maior de indivíduos no processo político, Sólon mais tarde passou a ser apresentado por vários historiadores como o "pai da democracia". Na minha interpretação, ele foi o pai de um modelo aristocrático mais aberto e inclusivo. Apesar da fama posteriormente construída, Sólon nunca quis dar "poder ao povo", muito menos criar um "governo do povo". Mas ele tampouco queria manter o sistema de poder exclusivamente aristocrático. Seu ideal era criar a *eunomia*, palavra grega que significa "boa ordem", "governança por meio de leis". Grande conhecedor da história e das leis, Sólon via nas cidades-estados gregas à sua volta padrões irregulares e truculentos na alternância de poder, com episódios frequentes de abusos por parte de monarcas que se tornavam tiranos.

Um paralelo com a mitologia grega pode ser útil para entendermos os princípios que guiavam alguns dos arcontes. Na mitologia, há três deusas que simbolizam os princípios da coisa pública: as irmãs Eunomia, Diké e Irene. Filha mais velha de Zeus e Themis, Eunomia garante a disciplina, a ordem natural, o Estado de direito; Irene é responsável por manter a paz e, em consequência, assegurar a prosperidade; Diké é a deusa da Justiça e está sempre de olhos abertos para manter-se consciente e alerta – diferentemente da Justiça romana, a grega não é cega. Juntas, as três irmãs constituem os princípios fundamentais de uma sociedade civilizada. Para Sólon, no entanto,

> **EMBORA MOVIDO POR PRINCÍPIOS SÓLIDOS E INQUESTIONAVELMENTE BEM-INTENCIONADO, SÓLON NÃO CONSEGUIU CRIAR UM ESTADO DE DIREITO TAL QUAL O ENTENDEMOS HOJE.**

Eunomia era a mais importante das três e, portanto, requeria o máximo de empenho e instrumentos para manter-se preservada.

Sólon pretendia eliminar o fator humano e fisiológico do governo e dar estabilidade a todo o sistema por meio de leis e de fóruns adequados que confeririam legitimidade por meio de validações populares. Talvez seja por isso que o termo "democracia", quando observado pela lente de historiadores contemporâneos, é frequentemente confundido com o termo "Estado de direito".

PRINCÍPIOS | Relevo do primeiro século mostra Dionísio com as irmãs Eunomia, Diké e Irene: filhas de Zeus, suas figuras lembravam aos gregos as ideias de ordem, paz e justiça, princípios fundamentais de uma sociedade organizada [Crédito: Dionysos Horai / Louvre]

Embora movido por princípios sólidos e inquestionavelmente bem-intencionado, Sólon não conseguiu criar um Estado de direito tal qual o entendemos hoje. Uma falha do modelo foi a ausência de imunidade a aventuras populistas. Os arcontes puderam criar bases de apoio em defesa de políticas exclusivamente populistas, desestabilizando radicalmente a estrutura de poder e de patrimônio dos aristocratas. E assim o populismo desestabilizou o sistema.

JUSTIÇA PLENA | Escultura retrata a deusa Diké, uma das filhas de Zeus: símbolo da justiça grega, ela não era cega, como na representação romana; antes, permanecia sempre consciente e alerta [Crédito: Patrick Poendl / Istockphoto]

Como prelúdio de tudo o que a humanidade iria aprender e reaprender nos próximos milênios da nossa história, Sólon viu todo o seu intento de criar um sistema de leis ruir ainda em vida.

Um parente distante seu, Pisístrato, subiu ao poder de Atenas com o apoio dos moradores mais pobres de uma área rural, que constituíam a vasta maioria. Considerado o primeiro líder populista do qual se tem registro, Pisístrato, apesar de membro da aristocracia ateniense, fez uso da hoje conhecida cartilha que ainda faz sucesso na América Latina, no Caribe e na África: fez-se de vítima dos ricos e poderosos para conquistar a simpatia dos mais pobres e posar de homem do povo; usou de alegorias mitológicas e apelativas para criar um senso messiânico; prometeu riqueza e fartura para todos. Uma vez empossado, manteve a popularidade elevada baixando os impostos dos mais pobres e desapropriando terras dos grandes proprietários.

Pisístrato violou tudo o que preconizavam as normas constitucionais criadas por Sólon.

Com profundo desgosto com a situação, Sólon se impôs um exílio de Atenas assim que seu parente subiu ao poder. O que se seguiu a isso foram longas décadas de populismo. Pisístrato foi removido do poder duas vezes pelo conselho de aristocratas, todos ex-arcontes, mas sempre retornava nos braços do povo, com a mesma estratégia populista. Em seu terceiro mandato, firmou-se como tirano: conseguiu expelir todos os grupos oposicionistas e se perpetuou no poder até a morte.

Assim como Sólon previa, Pisístrato tornou-se um tirano vitalício e hereditário e fez dos filhos seus sucessores, violando a evolução da ordem constitucional que Atenas seguia até então. É verdade que historicamente Pisístrato ficou registrado como um tirano benevolente, por ter promovido o comércio, a educação e as artes, mas sua ascensão foi também responsável por um nítido retrocesso político, pois restabeleceu a tirania hereditária absolutista que Sólon abominava.

Para se manterem no poder, ambos os filhos de Pisístrato governaram como déspotas e foram extremamente odiados, a ponto de um deles ter sido executado pelo povo e o outro, exilado por um aristocrata popular chamado Clístenes.

Essa fase populista deixou Atenas extremamente fragilizada politicamente. Como consequência da instabilidade, a cidade passou a sofrer um risco direto à sua soberania com a ascensão de um novo tirano, Iságoras.

POPULISMO | Ilustração mostra a chegada de Pisístrato ao poder, no sexto século antes de Cristo: considerado o primeiro líder populista do qual se tem registro, ele era membro da aristocracia ateniense e fez uso da conhecida cartilha que ainda hoje faz sucesso no Terceiro Mundo, apresentando-se com características messiânicas e discurso em favor dos mais pobres
[Crédito: Edward Sylvester Ellis / Charles F. Horne (Charles Francis)]

Apoiado por Esparta, Iságoras provou ser extremamente impopular e perverso. Expulsou boa parte da aristocracia, efetivamente desarmando Atenas, desapropriou terras e escravizou o povo.

Àquela altura da história de Atenas, o povo já estava acostumado a gozar de diversas liberdades. Em parte pelo processo de abertura política e econômica implementado por Sólon, mas também graças a algumas ações de Pisístrato. Atenas floresceu no comércio, nas artes, na educação, na cultura e, principalmente, no desenvolvimento de uma sociedade organizada, com pensamento livre.

Iságoras menosprezou esse pequeno detalhe. Também desconsiderou a capacidade de Clístenes de organizar um povo desprovido de líderes militares e sem conhecimento de organização de combate. O palco estava armado para um dos episódios mais eletrizantes da história da humanidade.

A insatisfação geral contra Iságoras foi tamanha que o povo, mesmo sem experiência nem treinamento militar, rebelou-se contra o exército profissional dos espartanos. Clístenes estabeleceu alguns planos e o povo ateniense correspondeu e se levantou em fúria. Os espartanos, confiantes naquele que na época era o exército mais sofisticado do mundo, surpreenderam-se com a força popular ateniense. Armados apenas com paus e pedras e muita tenacidade, os combatentes de Atenas fizeram com que Iságoras e sua legião espartana se refugiassem na Acrópole. Ali, os espartanos ficaram dias sitiados, acuados por um povo enfurecido. Depois de um acordo de salvo conduto, enfim o exército de Esparta deixou Atenas, levando consigo Iságoras.

Relatos de que milhares de cidadãos atenienses subiram pelas encostas da Acrópole sem armas e aos gritos de fúria mortal reverberam na sociedade grega até hoje. De fato, a humanidade viu poucos momentos equivalentes, e esta é uma narrativa fundamental para que possamos entender a história do Ocidente.

Essa passagem histórica me veio à memória durante as manifestações de 2014 até 2016, e fiz questão de incluí-la neste livro, pois representa um paralelo com o que a sociedade brasileira vivenciou ao se levantar contra o governo corrupto e populista do PT, liderado pela então presidente Dilma Rousseff. A sociedade

> **A SOCIEDADE BRASILEIRA DO PERÍODO 2014-2016, ASSIM COMO A ATENIENSE, NA ANTIGUIDADE, AGIU SEM LIDERANÇA, SEM ARMAS E SEM CONHECIMENTO DE COMO FAZER UM LEVANTE POPULAR FRENTE A UM INIMIGO QUE TINHA TODO O ESTADO NAS MÃOS E UM VASTO CONHECIMENTO DE MOBILIZAÇÃO POPULAR.**

brasileira, assim como a ateniense, agiu sem liderança, sem armas e sem conhecimento de como fazer um levante popular frente a um inimigo que tinha todo o Estado nas mãos e um vasto conhecimento de mobilização popular. Mesmo assim, a sociedade brasileira obteve sucesso e iniciou o processo de remoção da maior organização política criminosa que o Brasil já teve. Mas preciso voltar junto com você, caro leitor, para a Grécia antiga.

Após a saída de Iságoras, há um momento *sui generis* da história ateniense que mudaria toda a evolução dos sistemas políticos do mundo: o povo conquista sua liberdade e encontra-se sem líder, mas com o poder político nas mãos. Reconhecendo a debilidade em se organizar, a população reconvoca o único líder aristocrático que havia ajudado na liberação de Atenas com capacidade de organizar um governo. Assim, no ano de 508 a.C., Clístenes é nomeado arconte com vasto apoio popular. O que se sucede à ascensão de Clístenes é uma série de decisões fundamentais para a história da humanidade, cujos conhecimentos estão sendo resgatados aqui e agora por você, leitor.

Em seu retorno à liderança da cidade-estado, Clístenes se depara com o seguinte dilema: todos os modelos de governo de Atenas até então eram baseados na liderança da aristocracia, que elegia a força política de um monarca esclarecido (arconte) para governar e legislar. Ele sabia que já não era possível criar um governo legítimo baseado somente nessas duas forças tradicionais. Tinha consciência de que teria de incorporar a nova força política do povo que conquistara sua própria liberdade e seu poder político.

Em suma, Clístenes teria de inovar. Então ele decidiu fragmentar o poder das cinco famílias aristocráticas que comandavam toda a região de influência de Atenas, transferindo poder político para os cerca de 140 "demos" (distritos, em grego).

O líder de cada "demo" teria autoridade jurídica e tributária sobre seu distrito. Nessa nova configuração, o poder central do Estado serviria somente para manter a segurança, a justiça e o sistema eleitoral, enquanto o representante local ganhava autonomia para decidir como seriam investidos os impostos coletados no distrito. Desse novo sistema, nasce o termo "democracia" – ou seja, "governo dos distritos". Assim, Clístenes torna-se o segundo pai da democracia ateniense, logo após Sólon.

Dessa passagem obtemos a verdadeira intenção e definição histórica da democracia: a criação de um governo distritalizado, extremamente descentralizado e próximo do eleitor, uma estrutura de poder para se manter com estabilidade ao longo dos séculos.

A próxima vez que você, leitor, escutar um político dizendo que está "lutando pela democracia" no Brasil, exija que ele concorde com a representação e com o voto distrital. Caso contrário, ele não estará lutando pela verdadeira democracia.

No Brasil atual, assim como na Atenas da Antiguidade, manter o poder central forte, no comando de toda a diversidade que existe em cada distrito de fato é uma proposta impossível. Não há muita dúvida de minha parte de que a falta de representatividade que vemos hoje no sistema político brasileiro gera um descrédito generalizado, o que tende a causar uma instabilidade política cíclica.

A consciência de que democracia significava uma estrutura de poder descentralizado em distritos estava presente entre os liberais revolucionários dos séculos XVIII e XIX. Quando os países ocidentais abandonaram seus regimes absolutistas e adotaram constituições de soberania popular, os liberais lutaram para assegurar o voto distrital, um dos mais importantes instrumentos da democracia. Na criação do Brasil Império não foi diferente: a Constituição de 1824 passou a incluir a representação popular por distritos nas províncias.

De volta à Antiguidade, vamos reencontrar Clístenes retomando os conceitos preconizados por Sólon 86 anos depois da primeira tentativa constitucional ateniense. Assim, Clístenes inicia as reformas democráticas que tornariam a Atenas da Antiguidade um exemplo conhecido por toda a humanidade. Mas, diferentemente de seu antecessor democrata, Clístenes entendeu que não era o regime, mas sim a estrutura de poder centralizada que possibilitava o surgimento de tiranias como as de Pisístrato e seus filhos e de Iságoras. Poder central forte e distante do povo é a fórmula mágica das oligarquias tirânicas até hoje.

Desse modo, a primeira e principal contribuição de Clístenes, que serviu de modelo para vários países até os dias de hoje, foi fragmentar o poder das principais aristocracias de Atenas enquanto assegurava que elas permanecessem no sistema como forças estabilizadoras. Ao subdividir a cidade-estado, o poder político passa a ser vinculado a um representante residente em cada distrito.

Clístenes tomou diversas outras medidas inovadoras, como o sorteio de cidadãos para o serviço público, algo que o economista austríaco Friedrich Hayek (*1899 – †1992) mais tarde chamaria de "demarquia", um sistema que eliminava a necessidade de competição pelo poder político e que hoje é usado na seleção de júris populares. Clístenes criou ainda uma medida chamada ostracismo, o exílio para líderes políticos que se tornassem uma ameaça à democracia, o que mais tarde evoluiu para o processo de impeachment e o direito de *recall* de mandatos. Esse conjunto de reformas marcou o princípio que Clístenes chamou de "isonomia", todos iguais perante a lei do Estado.

A história poderia terminar por aqui e viveríamos felizes em saber o que é a real democracia e como ela nasceu. As reformas de democracia direta implementadas por Clístenes foram radicais para a época e criaram as bases da Era de Ouro que Atenas vivenciaria no século seguinte. Sistemas políticos, contudo, são submetidos a processos de amadurecimento que só se consolidam ao longo do tempo e a partir do acúmulo de experiências. Assim, cabem algumas perguntas. Será que o modelo democrático ateniense conseguiu eliminar o populismo? Terá sido capaz de assegurar a estabilidade e a soberania?

Infelizmente, a resposta para as duas perguntas é não. O sistema durou apenas cerca de setenta anos. Muito pouco. A volatilidade política interna continuou e se radicalizou. Agora a instabilidade não era causada pelo tirano, mas pelo abuso de poder por parte do povo. A tirania da maioria surgiu no radar da história e o sistema democrático de Atenas logo deteriorou para uma oclocracia – oriundo do grego, o termo designa um governo das massas, das hordas, das facções.

O pêndulo que antes pendia em favor de sistemas de representação monárquicos e aristocráticos agora se movia fortemente para o lado do povo. O desgaste das instituições democráticas pelas massas fez ressurgir um desejo popular por um modelo mais estável, nos moldes do sistema aristocrático anterior. Houve até mesmo a tentativa de resgate de constituições como as de Drácon e Sólon.

Como a democracia direta de Clístenes não tinha limites, abusos foram cometidos, gerando insatisfação e perda de legitimidade pelo sistema. Essa perda de legitimidade, por sua vez, possibilitou rupturas democráticas e o surgimento de novos populistas que prometiam restaurar a paz e a ordem, com a influência direta de outras cidades-estados, a exemplo de Esparta.

> A DEMOCRACIA DIRETA DE CLÍSTENES FOI MAIS UM PASSO NA LONGA E ÁRDUA HISTÓRIA DA HUMANIDADE EM SUA BUSCA POR APERFEIÇOAR OS MODELOS POLÍTICOS.

Em consequência dessa fragilidade, a história de Atenas como uma cidade-estado livre e soberana termina cedo quando comparada à história de outras cidades da Grécia Antiga. Em 338 a.C., Atenas capitula completamente. Perde sua independência e passa a ser administrada como uma cidade livre, mas sob comando do rei Filipe II da Macedônia (359 a.C.–336 a.C.), pai daquele que veio a se tornar Alexandre, o Grande.

Do ponto de vista estritamente político, o sistema democrático de Clístenes era desequilibrado em favor da vontade da opinião pública. Isso criava possibilidades de excessos e abusos sem limites constitucionais ou controles de outro poder estabilizador capaz de fazer um contraponto ao poder da massa desordenada. A necessidade de uma instituição de Estado menos envolvida com a governança do dia a dia tornou-se evidente.

A democracia direta de Clístenes foi mais um passo na longa e árdua história da humanidade em sua busca por aperfeiçoar os modelos políticos. Suas reformas melhoraram o sistema de representação, mas não os de governança. Influenciaram as cidades-estados vizinhas e deram ideias valiosas de como organizar melhor a força democrática. A grande lição que tiramos daí é que apenas a democracia não garante estabilidade. O equilíbrio de forças legítimas e que se regulem mutuamente é necessário para a longevidade de um sistema.

Como Aristóteles mais tarde diria, Atenas nunca conseguiu equilibrar as forças democráticas, aristocráticas e monárquicas. O poder sempre terminava concentrado em uma dessas forças, o que acabava gerando abusos, ilegitimidade e anseios por troca de governança. Esparta, por sua vez, limitava muito bem essas três forças. Era governada por dois reis espartanos que limitavam um ao outro e ambos eram limitados pelos magistrados, os éforos, eleitos pelos distritos. O rei responsável pelas guerras era sempre acompanhado por um éforo para que houvesse responsabilidade compartilhada institucional nas batalhas. A aristocracia espartana que dominava a Gerúsia (Senado) era limitada pela *Appela* (Assembleia) de cidadãos e vice-versa. Com limites bem estabelecidos entre si, os três poderes viviam em um equilíbrio regido pela eunomia, as boas leis de um Estado de direito.

Essa foi a base de conhecimento que serviu para que o barão de Montesquieu (*1689 – †1755) escrevesse sua famosa obra O *Espírito das Leis*, na qual descreve que o governo ideal equilibra os Poderes Executivo, Legislativo e Judiciário.

Antes de Sólon, todos os arcontes eram selecionados por um conselho formado por ex-arcontes, aristocratas e anciãos, e depois legitimados por voto numa Assembleia composta de poucos cidadãos. Ou seja, era um sistema de validação com participação bem limitada.

Com Sólon, a definição de cidadão se ampliou, incluindo mais segmentos da sociedade nas assembleias públicas. Com o ciclo populista de Pisístrato e de seus filhos, houve um retrocesso constitucional e pouquíssimos avanços políticos.

Já Clístenes implementou um sistema de organização da força popular e um processo de validação dessa vontade. Com Clístenes, a participação foi ampliada para mais cidadãos e para os distritos, que passaram a escolher líderes locais que estabeleceriam as pautas a serem votadas na Eclésia (Assembleia ateniense). Sua grande contribuição foi a criação de um método capaz de ordenar as aspirações populares num sistema que o povo percebia como legítimo e representativo. A organização por demos (distritos) foi tão profunda que alterou até mesmo os nomes das pessoas. Elas passaram a incorporar os nomes de seus distritos ao sobrenome. Essas mudanças influenciaram diversas sociedades ocidentais.

O poder de escolha de representantes e de pautas via voto direto e o mecanismo de remoção de representantes via ostracismo fez com que a vontade popular de fato valesse sobre qualquer outra força política – até mesmo sobre as leis constitucionais. Daí a natureza instável da democracia direta implementada em Atenas.

Esse turbilhão político pelo qual Atenas passou não reverberou em Esparta. Ao contrário, Esparta permaneceu estável o bastante para interferir algumas vezes na política interna de Atenas e de outras cidades-estados. É fato que em alguns momentos na história do convívio entre as duas cidades, Esparta agia como uma espécie de irmã mais velha de Atenas. Em outros, como uma rival sanguínea. Daí podemos tirar outra lição importante.

O que assegurava a solidez política de Esparta, permitindo sua expansão e influência nas cidades vizinhas, era o equilíbrio das forças políticas que a sociedade conseguiu desenvolver. O modelo de Esparta evoluiu de maneira menos traumática, aprimorando lentamente seu sistema aristocrático e fazendo com que a cidade pudesse:

1. Equilibrar forças políticas legítimas (monarquia, aristocracia e democracia);
2. Criar poderes independentes de magistrados, administradores, guerreiros e legisladores;
3. Limitar os poderes de todos por meio de freios e contrapesos em seu sistema político.

Atenas, por outro lado, no período anterior a Drácon e a Sólon, era um sistema de aristocracia com poderes plenos e poucos limites impostos pela democracia. Depois de Drácon e Sólon, manteve um sistema aristocrático, mas o povo passou a ter mais chances de nomear um poder central e de limitar os interesses dos aristocratas. A partir de Clístenes, Atenas passou a ser um sistema democrático pleno, com poucos limites impostos pela aristocracia, numa completa inversão do sistema pré-draconiano. Esse movimento pendular de troca de forças políticas no poder nunca ocorreu em Esparta.

> **HISTORICAMENTE, A DEMOCRACIA NÃO CONSEGUIU SERVIR COMO A ÚNICA FORÇA POLÍTICA, INDEPENDENTE DE OUTRAS FORÇAS, DE MODO ESTÁVEL E POR MUITO TEMPO.**

Historicamente, a democracia não conseguiu servir como a única força política, independente de outras forças, de modo estável e por muito tempo. Aliás, toda vez que a força da democracia prevalecia, o país sofria com instabilidade política. Portanto, a experiência com o sistema "democrático" ateniense foi útil para delinear um método de validação e canalização do poder do povo para legitimar um sistema político de maneira eficaz.

A democracia não deve existir por si só, de maneira irrestrita. Tampouco deve ser o objetivo final da evolução política de qualquer nação. O sistema deve coexistir com outros poderes legítimos e independentes. Idealmente, todos esses poderes devem limitar-se uns aos outros e ser ordenados e limitados por um conjunto de leis. O objetivo final, portanto, é a eunomia, as boas leis da governança que trazem consigo a estabilidade, a paz e a prosperidade.

Hoje entendemos a democracia como "governo do povo" ou "governo da maioria". Alguns ainda acham que democracia significa "Estado de direito" e outros acham que significa "República". No entanto, o termo vem sendo utilizado de maneira equivocada, bem distante de seu propósito e significado inicial.

A construção de um Estado de direito que ordena, limita e equilibra os poderes legítimos do ecossistema político por meio de leis é que deve ser o objetivo final de todo e qualquer estadista. Era esse o intento que os pais fundadores dos Estados Unidos detinham quando da elaboração da Constituição daquele país. Era também o objetivo de José Bonifácio, D. Leopoldina e Pedro I quando encomendaram a primeira Constituição do Brasil. Foi esse o intento que se perdeu ao longo da história do nosso país.

CAPÍTULO 12
OPTAMOS PELO PIOR

Se quase todo o mundo desenvolvido é parlamentarista, o que nos prende ao presidencialismo?

No momento em que escrevo este livro, há uma sucessão de grandes eventos políticos no mundo que denotam a extrema precariedade em que a civilização ocidental se encontra. Localizada justamente na fronteira do Ocidente, a Turquia, país que foi o limite final onde a civilização e a cultura cristã conseguiram barrar a expansão da fé islâmica, vem sofrendo um revés em sua evolução política.

Desde sua criação, em 1923, a República Turca vinha servindo como ótimo amortecedor contra o choque entre as civilizações do Ocidente e do Oriente Médio. Os princípios estabelecidos por seu fundador, Mustafá Kemal Atatürk, mantinham um regime laico, herdado do Império Otomano, e aprimoravam o Estado de direito representativo e legitimado popularmente. A Turquia preservava uma base minoritária, porém expressiva, de cidadãos cristãos. Foi um país que amadureceu seu sistema político e constituiu um sistema parlamentar, separando as funções de chefe de Estado e de chefe de governo, em linha com a maioria dos países europeus. Mas isso tudo mudou em 2016.

ESTABILIDADE | Mustafá Kemal Ataturk, o fundador da moderna República Turca: estadista optou por um modelo parlamentarista capaz de equilibrar forças antidemocráticas para a formação de uma nação estável, com nítida separação entre as funções do chefe de Estado e do chefe de governo
[Crédito: Arquivo / República da Turquia]

O atual presidente e chefe de Estado, Recep Erdogan, transformou a Turquia em um sistema presidencialista sem sequer votar a mudança de maneira constitucional. No entanto, o fato relevante para este livro não é a inconstitucionalidade desse evento, mas sim as razões pelas quais Erdogan manobrou em favor do presidencialismo.

No parlamentarismo encerrado pelo presidente, os poderes do chefe de Estado e o do chefe de governo são separados. O chefe de Estado é eleito para representar a soberania do país na esfera internacional, comandar as forças armadas, os grandes acordos internacionais e a ratificação de leis que podem afetar a Constituição. Ocasionalmente, ao chefe de Estado também é reservada a prerrogativa de convocar novas eleições caso o governo parlamentarista se mostre insustentável.

Nesse sistema, o chefe de governo é o primeiro-ministro escolhido entre os representantes da Câmara dos Deputados. O primeiro-ministro é o nome principal do Poder Executivo e administra o país, a burocracia, a política econômica e demais demandas temporais.

Há inúmeros freios e contrapesos que os poderes estabelecem entre si para equilibrar forças e dar mais transparência à sociedade. Ter esses dois poderes separados e legitimados separadamente é o que produz a estabilidade do sistema. Erdogan sempre deixou muito claro que, para que ele conquistasse a implementação de sua agenda política sem oposição, seria necessário eliminar um dos poderes e concentrar os dois poderes em sua própria figura. Isso já aconteceu antes na Europa e o resultado não foi nada bom.

Durante a ascensão de Hitler na Alemanha, entre 1932 e 1933, é interessante notar como houve uma deterioração do sistema semipresidencialista democrático para um sistema presidencialista autocrático. De modo geral, a corrente de evolução de sistemas políticos tem ocorrido no sentido inverso, com sistemas presidencialistas evoluindo para sistemas parlamentaristas. Em contrapartida, no retrocesso para o presidencialismo há quase sempre líderes carismáticos com planos de poder absoluto.

TIRANIA | Na Alemanha de 1933 e 34, Adolf Hitler manipulou a opinião pública de uma nação ainda democrática para concentrar poderes na posição de primeiro-ministro, enquanto o presidente Hindenburg (à direita, na foto) perdeu espaço gradativamente: fim da República de Weimar foi marcado pela aniquilação do equilíbrio entre os dois poderes executivos e o início do pesadelo nazista sem limites [Crédito: Arquivo / Berliner Verlag / Alamy]

A destruição da República de Weimar por Hitler na década de 1930 serve como um paralelo para a destruição do parlamentarismo por Erdogan na Turquia de hoje. Em julho de 1932, o Partido Nacional Socialista dos Trabalhadores Alemães conquistou cerca de 37% dos votos. Isso não assegurava a maioria dos assentos no Parlamento, mas tornava impossível uma coalizão para formar um governo. Por isso, o então presidente Paul von Hindenburg convocou novas eleições para o mês seguinte, nas quais os nazistas conquistaram menos votos que antes, 33%. Ainda assim, eles continuavam tendo o controle sobre uma fatia do Parlamento que, novamente, inviabilizava uma composição para o novo gabinete. Em vez de convocar novas eleições, Hindenburg aceitou relutantemente um plano de formação de governo no qual Hitler seria o primeiro-ministro.

Um mês depois da posse de Hitler, o Parlamento alemão é incendiado, num atentado possivelmente causado pelo próprio Hitler. Este, por sua vez, evoca um estado de emergência que o permite fechar o Parlamento, suspender direitos cívicos e políticos e ter poderes ilimitados por um curto período. Erdogan fez o mesmo após o polêmico e suposto golpe militar contra seu governo, em julho de 2016. Em sintonia com Hitler, o líder turco usa uma situação de alarme para perseguir seus oponentes políticos.

Na Alemanha sob Hitler, mesmo depois do expurgo de opositores, os nazistas ainda não controlavam todo o sistema político.

O presidente Hindenburg, que, estarrecido, monitorava todos os acontecimentos, convoca uma nova eleição já em março de 1933. Os resultados não divergem da eleição anterior. No entanto, agora Hitler tem meios para usar a máquina pública na perseguição aos adversários que restam e o controle de uma militância fiel que inferniza a vida de membros dos partidos opositores. Em razão do desgaste, os outros partidos aceitam fazer parte de uma coalizão que dava a Hitler a maioria de dois terços no Parlamento alemão.

Graças a essa composição, Hitler garante os votos necessários para alterar a Constituição e criar um artigo que concede ao primeiro-ministro plenos poderes para aprovar leis sem consulta ao Parlamento durante quatro anos. Esse ato, ainda em 1933, marca o fim da República de Weimar. Convém observar que, desde que Hitler assume como primeiro-ministro, sua legitimidade como líder majoritário é questionada. Alguns historiadores alimentam o mito de que ele foi escolhido democraticamente, quando na verdade não detinha a maioria e foram articulações de bastidores que o colocaram em proeminência.

Com a morte do presidente Hindenburg em 1934, extingue-se o último freio ao todo-poderoso primeiro-ministro. Hitler passa a concentrar as chefias do Estado e do governo. Essa concentração resultou em um modelo similar ao modelo presidencialista que Erdogan está criando na Turquia de hoje, que é, por sua vez, similar aos sistemas presidencialistas predominantes na América Latina.

Isso é bom? Vejamos. O objetivo de todo sistema de governo é garantir a estabilidade política. Nenhum povo na face da Terra tolera instabilidade. Para que se possa garantir estabilidade em um Estado de direito moderno, é preciso equilibrar forças legítimas. Do ponto de vista histórico, como apontado por Aristóteles e explicado anteriormente, essas forças legítimas vêm do povo (poder democrático), dos cidadãos comprometidos com a pátria e com o bem comum (poder da aristocracia) e de um líder soberano e legítimo que direcione todo o sistema (poder monárquico).

Quando uma dessas forças domina as demais, todo o sistema eventualmente se perverte e passa a representar somente uma das forças, deslegitimando as demais. Essa perversão do sistema o torna ilegítimo, resultando em instabilidade política. O sistema presidencialista não é capaz de equilibrar essas forças justamente por concentrar muito poder no Executivo.

Mas o que isso significa na prática? Se há um Poder Executivo excessivamente forte no comando o tempo todo, há muita competição política por esse poder. Essa competição se torna maléfica quando, uma vez que se tem tanto poder, a alternância se torna um tremendo desafio em vez de tão somente um dado da realidade a ser encarado com tranquilidade. Quem está com o poder faz de tudo para alterar as regras de modo a conseguir manter-se na posição.

Essa alteração de regras costuma favorecer grupos que manterão o *status quo*, e isso gera instabilidade política ao longo do tempo. Em outras palavras, é muito difícil assegurar uma base estável duradoura para que os cidadãos persigam com a cabeça fria seus objetivos pessoais e o país encontre o caminho da prosperidade. Regimes instáveis não são capazes de sustentar a criação de riqueza por longos períodos. Pelo contrário, fomentam a perpetuação da pobreza e da mediocridade.

A riqueza a qual me refiro é medida pelo Índice de Desenvolvimento Humano, o IDH. Esse índice, como se sabe, é composto a partir de dados de expectativa de vida ao nascer, nível de escolaridade da população e PIB per capita. O indicador utiliza uma escala que vai de 0 a 1, sendo 1 a nota mais alta possível. Quando associamos o IDH a todos os sistemas de governo que hoje existem no mundo, temos uma validação do argumento proposto anteriormente.

Países com IDH mais elevado tendem a ter sistemas de governo com a separação do Poder Executivo entre chefe de Estado e chefe de governo, ao passo que países mais pobres, com IDH mais baixo, demonstram predileção pelo sistema presidencialista de Executivo centralizado e forte.

Para entender melhor os quadros a seguir é importante descrever como os sistemas de governo são organizados e quais as diferenças entre eles. Os países são Estados de direito com sistemas democráticos de validação de poder ou autocracias sem democracia. Os Estados de direito se dividem entre repúblicas e monarquias.

As monarquias têm duas variantes:

1. **Monarquia constitucional** – Nessa modalidade, há uma Constituição que governa todo o sistema. A chefia de Estado é preenchida por um monarca que em geral tem poder de nomear o primeiro-ministro, ratificar leis e chamar novas eleições. Na monarquia constitucional, o monarca tem uma função mais ativa na administração pública. Esse era o modelo do Brasil Império do século XIX.

2. **Monarquia parlamentarista** – O Parlamento escolhe o primeiro-ministro e o monarca somente valida a escolha. Assim como na monarquia constitucionalista, a função do chefe de governo, desempenhada pelo primeiro-ministro, tende ser do líder do partido majoritário. Quando não há líder majoritário, escolhe-se o líder da coalizão. Caso seja inviável a formação de um consenso, o monarca convoca novas eleições. De qualquer

QUADRO 50
PAÍSES COM ALTO IDH

	ESTADOS DE DIREITO		
	MONARQUIAS		**REPÚBLICAS**
MODELO	Constitucional Parlamentarista	Constitucional	Presidencialista
CHEFE DE ESTADO	Figurativo	Executivo	Executivo Povo elege
CHEFE DE GOVERNO	Primeiro-ministro eleito	Nomeado pelo chefe de Estado	N.A.
PAÍSES COM IDH >0,85 (muito alto) + Membros OCDE	12: Espanha, Inglaterra, Bélgica, Suécia, Dinamarca, Noruega, Japão, Canadá, Nova Zelândia, Austrália, Holanda	3: Liechtenstein, Luxemburgo, Mônaco	2: EUA, Coreia do Sul

maneira, a função principal do monarca é a de guardião da Constituição e da integridade do sistema. Assim, para tal efeito, ele fica à margem do debate político. Este é o modelo de nações como Reino Unido, Holanda, Noruega, Suécia e Dinamarca.

Já as repúblicas têm quatro variantes:

1. República presidencialista – As funções de chefe de Estado e de chefe de governo são preenchidas pela mesma pessoa, o presidente. Há separação de poderes entre Executivo, Legislativo e Judiciário, mas a tradição é um desequilíbrio em favor do Executivo. O presidente é excessivamente forte e ativo no dia a dia do governo.

ESTADOS DE DIREITO			AUTOCRACIAS
REPÚBLICAS			
Presidencial/ Parlamentar	Parlamentar/ Presidencial	Parlamentarista	Absolutista
Executivo eleito pelo povo	Executivo Parlamento nomeia	Figurativo Povo elege	Executivo
Nomeado: submisso ao Parlamento e ao Presidente	Eleito: submisso ao Parlamento	Primeiro-ministro elege	N.A.
2: França, Áustria	1: Suíça	5: Alemanha, Finlândia, Irlanda, Itália, Israel	3: Vaticano (M), Brunei, Qatar (M)

Fonte: Elaborado pelo próprio autor.

2. **República semipresidencialista** – Diferentemente do caso anterior, há separação entre as funções de chefe de Estado e de chefe de governo, cargos ocupados, respectivamente, pelo presidente e pelo primeiro-ministro. O presidente é eleito periodicamente e de maneira direta. De modo similar à monarquia constitucional, o presidente escolhe o primeiro-ministro, e este é subordinado ao presidente, e não ao Parlamento. Esse era o modelo da Alemanha na República de Weimar. Depois da Segunda Guerra, o país se tornou parlamentarista.

3. **República semiparlamentarista** – Trata-se de uma modalidade mais rara, na qual o Parlamento escolhe tanto o chefe de governo quanto o chefe de Estado. O primeiro-ministro e o presidente são subordinados ao Parlamento.

QUADRO 51
PAÍSES COM IDH MÉDIO ALTO

	ESTADOS DE DIREITO		
	MONARQUIAS		REPÚBLICAS
MODELO	Constitucional Parlamentarista	Constitucional	Presidencialista
CHEFE DE ESTADO	Figurativo	Executivo	Executivo Povo elege
CHEFE DE GOVERNO	Primeiro-ministro eleito	Nomeado pelo chefe de Estado	N.A.
PAÍSES COM IDH 0,85<>0,7 (médio alto)	7: Andorra, Barbados, Bahamas, Belize, Granada, Jamaica, Malásia	6: Barém, Jordânia, Kuwait, Tonga, Emirados Árabes	16: Argentina, Bielorrússia, Brasil, Chile, Colômbia, Costa Rica, Chipre, Equador, Irã, Cazaquistão, México, Palau, Panamá, Peru, Uruguai, Venezuela

4. REPÚBLICA PARLAMENTARISTA – O Parlamento escolhe quem será o primeiro-ministro e o presidente ratifica a escolha. O presidente é eleito diretamente pelo povo e tem mandatos mais longos. Assim como nas monarquias parlamentaristas, toda ação pública é iniciada pelo Parlamento e o presidente é limitado a ratificar leis que alteram a Constituição ou a chamar novas eleições em situações de instabilidade. Tanto o presidente quanto o primeiro-ministro são legítimos, mas atuam em esferas diferentes do Executivo.

O poder do chefe de Estado varia muito de país para país e há inúmeros detalhes que explicam o fato. Em geral, quando há iniciativa de ações públicas e submissão de autoridade ao Legislativo em relação ao presidente ou ao rei, o sistema é considerado parlamentarista. Esse é o

ESTADOS DE DIREITO			AUTOCRACIAS
REPÚBLICAS			
Presidencial/ Parlamentar	Parlamentar/ Presidencial	Parlamentarista	Absolutista
Executivo eleito pelo povo	Executivo Parlamento nomeia	Figurativo Povo elege	Executivo
Nomeado: submisso ao Parlamento e ao Presidente	Eleito: submisso ao Parlamento	Primeiro-ministro elege	N.A.
10: Algéria, Armênia, Azerbaijão, Geórgia, Portugal, Romênia, Rússia, Sri Lanka, Tunísia, Ucrânia	1: Suriname	20: Albânia, Bósnia, Bulgária, Croácia, Rep.Dominicana, Estônia, Fuji, Hungria, Letônia, Líbano, Líbia, Lituânia, Malta, Ilhas Maurício, Montenegro, Polônia, Sérvia, Eslováquia, Turquia, Macedônia	6: Omã (M), Arábia Saudita (M), China (R), Cuba (R), Tailândia (M)

Fonte: Elaborado pelo próprio autor.

caso da monarquia parlamentarista, da república semiparlamentarista e da república parlamentarista.

Em contraste, quando o poder do chefe de Estado é forte e atuante e toda a ação de governo é iniciada e subordinada ao Poder Executivo, temos outros sistemas – caso da monarquia constitucional, da república presidencialista ou da república semipresidencialista.

Apesar de não acreditar que qualquer forma de governo autocrático deva ser promovida, temos que incluir as autocracias na tabela, dado que algumas apresentam IDH elevado.

As autocracias também são subdivididas em monarquias e repúblicas. Por definição, as autocracias não têm um sistema de validação popular, separação de poderes, muito menos freios e contrapesos ao Poder

QUADRO 52
PAÍSES COM IDH MÉDIO BAIXO

	ESTADOS DE DIREITO		
	MONARQUIAS		REPÚBLICAS
MODELO	Constitucional Parlamentarista	Constitucional	Presidencialista
CHEFE DE ESTADO	Figurativo	Executivo	Executivo Povo elege
CHEFE DE GOVERNO	Primeiro-ministro eleito	Nomeado pelo chefe de Estado	N.A.
PAÍSES COM IDH 0,7<>0,5 (médio baixo)	1: Camboja	2: Butão, Marrocos	21: Angola, Bolívia, Camarões, Congo, El Salvador, Guatemala, Guiné Equatorial, Gabão, Honduras, Indonésia, Quênia, Maldívias, Nicarágua, Nigéria, Paraguai, Filipinas, Ruanda, Turcomenistão, Uzbequistão, Zâmbia

Executivo. As liberdades políticas dos cidadãos são extremamente limitadas. Mas as autocracias com IDH alto têm sistemas de validação de poder que as mantêm legítimas por mais tempo do que as autocracias que dependem de opressão constante.

O primeiro conjunto de países com IDH acima de 0,85 (quadro 50), página 226, é o conjunto de países mais ricos. No grupo há uma predominância de países com monarquias parlamentaristas e poucos países com Poder Executivo forte, notadamente repúblicas presidencialistas e semipresidencialistas.

No segundo conjunto de países com IDH considerado médio ou alto, entre 0,70 e 0,85 (quadro 51, página 228), ainda há muitos com o sistema de república parlamentarista, mas nota-se um aumento da presença de

ESTADOS DE DIREITO			AUTOCRACIAS
REPÚBLICAS			
Presidencial/ Parlamentar	Parlamentar/ Presidencial	Parlamentarista	Absolutista
Executivo eleito pelo povo	Executivo Parlamento nomeia	Figurativo Povo elege	Executivo
Nomeado: submisso ao Parlamento e ao Presidente	Eleito: submisso ao Parlamento	Primeiro-ministro elege	N.A.
7: Cabo Verde, Timor Leste, Egito, Mongólia, Namíbia, Palestina, Síria	4: Botsuana, Guiana, Kiribati, África do Sul	9: Bangladesh, Índia, Iraque, Quirguistão, Moldávia, Paquistão, Samoa, Vanuatu, Nepal	3: Laos (R), Vietnã (R), Suazilândia (M)

Fonte: Elaborado pelo próprio autor.

países que seguem repúblicas semipresidencialistas e presidencialistas, entre eles o Brasil.

Entre os países com o IDH considerado médio ou baixo, de 0,50 até 0,70 (quadro 52, página 230), vemos um número elevado de países com repúblicas presidencialistas.

Finalmente, os países mais pobres (quadro 53, página 232) têm uma predileção desproporcional por repúblicas presidencialistas e semipresidencialistas.

O fato de os Estados Unidos serem um país com alto IDH e mesmo assim adotar o presidencialismo desde sua fundação deve-se à estrutura de poder. É necessário, mais uma vez, recorrer à história para entender a peculiaridade do sistema norte-americano.

QUADRO 53
PAÍSES COM IDH BAIXO

	ESTADOS DE DIREITO		
	MONARQUIAS		**REPÚBLICAS**
MODELO	Constitucional Parlamentarista	Constitucional	Presidencialista
CHEFE DE ESTADO	Figurativo	Executivo	Executivo Povo elege
CHEFE DE GOVERNO	Primeiro-ministro eleito	Nomeado pelo chefe de Estado	N.A.
PAÍSES COM IDH 0,5< (baixo e muito baixo + Membros OCDE		3: Papua-Nova Guiné, Ilhas Salomão, Lesoto	19: Iêmen, Chade, Zimbábue, Tanzânia, Cômodos, Uganda, Benin, Togo, Sudão, Afeganistão, Costa do Marfim, Gâmbia, Malaui, Libéria, Moçambique, Guiné, Burundi, Serra Leoa, África Central

Como vimos no capítulo anterior, na Grécia Antiga o modelo ateniense elegia democraticamente tiranos com controle absoluto. Várias cidades-estados gregas adotaram o modelo e ele sempre dava errado, pois concentrava muito poder em uma só pessoa. Essa concentração acabava por gerar muita competição pelo poder. Além da competição extrema, quando um tirano sucedia outro, costumava alterar todo o sistema criado pelo antecessor. A consequência eram sucessivos ciclos de instabilidade política.

Em contrapartida, em Esparta a estabilidade não era episódica. O Poder Executivo era divido em dois. Havia dois reis: um era responsável pelos assuntos externos, como guerras e acordos comerciais, e o outro, pela administração pública interna. Além disso, havia uma assembleia

ESTADOS DE DIREITO			AUTOCRACIAS
REPÚBLICAS			
Presidencial/ Parlamentar	Parlamentar/ Presidencial	Parlamentarista	Absolutista
Executivo eleito pelo povo	Executivo Parlamento nomeia	Figurativo Povo elege	Executivo
Nomeado: submisso ao Parlamento e ao Presidente	Eleito: submisso ao Parlamento	Primeiro-ministro elege	N.A.
10: Nigéria, Congo, Burquina, Guiné-Bissau, Mali, Djibuti, Haiti, Senegal, Mauritânia, Madagascar		1: Etiópia	1: Eritreia

Fonte: Elaborado pelo próprio autor.

eleita composta por aristocratas e plebeus. A competição e a fiscalização entre os poderes criavam limitações naturais à atuação de cada um, freios e contrapesos.

Em 509 a.C., em Roma, os fazendeiros romanos se libertaram dos tiranos etruscos. Os romanos livres observaram atentamente os resultados dos diversos modelos de governo que existiam na Grécia para definir que sistema adotariam. Sabiamente, optaram pelo modelo espartano, mas com algumas variantes. Chamaram esse novo modelo de *res publica* (coisa pública) e definiram que, em vez de dois reis, teriam dois cônsules e ambos seriam eleitos todos os anos. Os cônsules receberiam orientações do Senado que, assim como no modelo espartano, seria composto por representantes eleitos oriundos da aristocracia e do povo. Uma conduta meritocrática e de serviço militar foi imposta tal qual a espartana, o que estimulou o espírito cívico nos novos líderes. Havia competição por honra e serviços cívicos entre os senadores.

Tendo esses valores em mente, a Constituição romana foi gradualmente incluindo setores da sociedade que se destacavam por sua dedicação à causa comum e os freios e contrapesos entre os poderes iam sendo refinados. O sistema gerou tanta estabilidade e prosperidade nos primeiros duzentos anos, que muitos dos vizinhos de Roma queriam se tornar cidadãos romanos sem que para isso Roma precisasse conquistar territórios. Demorou mais de trezentos anos para o sistema dar sinais de deterioração, e o modelo tirânico só retornou em 27 a.C.

Mais tarde, em 1787, os pais fundadores dos Estados Unidos se depararam com o mesmo problema que os romanos de 2.300 anos antes. Depois de se livrarem da tirania inglesa, optaram por abraçar a sabedoria histórica do modelo greco-romano. Criaram uma Constituição separando o Poder Executivo em dois. Havia um chefe de Estado, que chamaram de presidente, para tratar somente de assuntos externos, enquanto a administração pública seria feita por cada chefe de governo de cada um dos estados-membros da federação. O chefe de Estado e o chefe de governo tinham, portanto, funções distintas e um limitaria a ação do outro.

> OS REGIMES EUROPEUS DO SÉCULO XIX REESTRUTURARAM SEUS SISTEMAS DE GOVERNO TENDO COMO PRINCÍPIO A SEPARAÇÃO DAS FUNÇÕES DO PODER EXECUTIVO EM DOIS, COM DOIS PROCESSOS DE LEGITIMIDADE POPULAR DISTINTOS.

A Constituição norte-americana é muito clara em definir que a função do presidente não é governar, mas sim representar a república e somente interferir nos estados-membros para proteger o cidadão contra possíveis ações abusivas dos governadores. Em outras palavras, o presidente era para ser visto como um protetor da liberdade de cada cidadão e não como um governador de pessoas, o gestor estratégico do país.

Alguns anos mais tarde, no Brasil, quando D. Pedro I encomendou a primeira Constituição, em 1824, ele aplicou a mesma sabedoria espartana que inspirou os Estados Unidos e a República Romana. A estrutura de poder do Brasil Imperial também separava as funções do imperador, que atuava como chefe de Estado, e do primeiro-ministro, o chefe de governo. Como o Executivo era dividido, os poderes se limitavam mutuamente, e o sistema mais uma vez se provou extremamente estável e gerador de prosperidade durante todo o século XIX.

No que diz respeito à estrutura do Poder Executivo, a diferença entre o nosso sistema e o norte-americano era somente o rótulo: o Brasil era uma monarquia constitucionalista enquanto os Estados Unidos nasceram como uma república. No entanto, na base, os dois sistemas tinham como princípio ativo a separação das funções do Poder Executivo em dois, com dois processos de legitimidade popular distintos.

Os regimes europeus do século XIX captaram a mensagem e reestruturaram seus sistemas de acordo com os mesmos princípios. Variavam em nome e no rótulo, mas a maioria dos regimes de sucesso até hoje separa bem as funções de chefe de Estado e de chefe de governo.

Infelizmente, no entanto, o Brasil não aplicou a sabedoria espartana quando do surgimento da República, em 1889. Os republicanos depositaram no título de presidente ambas as funções: chefe de Estado e de governo. Agiram como se não tivessem entendido as lições da História, tampouco se ocuparam com a criação de freios e contrapesos para evitar concentração de poder no Executivo.

Essa concentração gerou muita instabilidade na nossa república, dado que muitos dos presidentes brasileiros atuaram como se dispusessem de poderes quase tirânicos. Assim, desde a criação de nossa República, temos sido obrigados a depor tiranos quase como os antigos gregos.

O presidencialismo não deu certo no Brasil porque o país copiou somente o rótulo, e não a estrutura de poder que traria o sucesso.

O Brasil republicano improvisou em nome da novidade e o brasileiro paga o preço com instabilidade política e pobreza desde então. As nações que cometeram o mesmo erro convivem até hoje com alta instabilidade política e elevados indicadores de pobreza – é este o cenário em quase todos os países presidencialistas da América Latina, da África e da Ásia.

Se o Brasil tiver a feliz oportunidade de rever sua estrutura de poder, registre-se aqui a importância das lições da História. Que tenhamos a sabedoria de examinar as experiências greco-romana, norte-americana, europeia e mesmo o nosso passado. Que a História política seja respeitada e não descartada em nome de rótulos da moda.

CAPÍTULO 13

CONSCIENTIZAÇÃO COLETIVA

Precisamos redescobrir o
que temos de defender

Uma característica marcante do início das mobilizações cívicas de 2014 contra a então presidente Dilma Rousseff foi que diversos grupos se levantaram por causas díspares. Os escândalos de corrupção já vinham aumentando ao longo de seu primeiro mandato, criando um cenário explosivo. Porém, foi a reeleição da presidente Dilma que apertou o gatilho dos movimentos cívicos livres. A percepção geral de fraude eleitoral era grande – e não sem motivo, dado que a presidente havia nomeado um grande aliado para o cargo de presidente do Tribunal Superior Eleitoral (TSE), o ex-advogado do PT José Antonio Dias Toffoli. Como o sistema do TSE não é transparente nem passível de auditoria, as suspeitas eclodiram por toda a nação. As manifestações que se iniciaram ao final de 2014 só aumentaram no ano seguinte.

À medida que os protestos evoluíam em 2015, crescia a união entre integrantes de diversos grupos favoráveis ao impeachment e às ações da Operação Lava Jato.

Naquele momento da nossa história recente, várias pessoas começaram a se perguntar o que estava por trás do amplo envolvimento das instituições públicas nos esquemas de corrupção e proteção política aos que se revelaram corruptos. Até certo ponto, naquela época, muitos ainda acreditavam que a questão se resumia a um punhado de agentes no Poder Executivo, os quais uma vez removidos, tudo melhoraria. Outros achavam que bastava ter leis mais severas para punir com mais rigor. Uma terceira vertente de pensamento acreditava que a chave da questão era melhorar a gestão pública e reconquistar "eficiência" e focar na "sustentabilidade". Todas essas correntes de pensamento não eram capazes de resumir a extensão do problema; muito menos, de propor soluções.

POR QUE O ESTADO É O CULPADO DESSE ATRASO? ELE TEM SIDO A FORÇA MOTRIZ DE NOSSA POLÍTICA E ECONOMIA POR MUITO TEMPO SEM TRANSPARÊNCIA, SEM COMPETIÇÃO E, PORTANTO, CORROÍDO POR CORRUPÇÃO E INEFICIÊNCIA.

Demorou dois anos (2015 e 2016) para que uma narrativa inédita no nosso diálogo político maturasse com uma síntese do problema, ganhando adeptos de maneira vertiginosa. Os diversos movimentos liberais, que até 2014 não passavam de pequenos grupos de intelectuais regionais, começaram a engrossar seus quadros, passando a convocar as pessoas para as ruas com autoridade. E qual era a narrativa que passou a convencer cada vez mais brasileiros a se juntarem a esses grupos? O tamanho da máquina política e burocrática e o excesso de regulamentações e impostos concentravam muito poder jurídico e econômico nas mãos de agentes do Estado, o que gerava amplas possibilidades para a corrupção. Pela primeira vez, surgiu um discurso consistente vinculando o tamanho do Estado com o problema da corrupção.

O diagnóstico se tornou evidente pelos diversos noticiários: fraude nos orçamentos públicos, rombos impagáveis em quase todas as estatais, desvios em programas sociais, em programas nacionais de saúde, em programas nacionais de moradia e alimentação e, até mesmo, em loterias federais. Tudo isso graças ao poder, conferido pela Constituição, de controle e acesso desimpedido ao caixa de monopólios estatais e controle de inúmeras autarquias, como do BNDES e de outras agências reguladoras. A Constituição, ou seja, o Estado, foi quem permitiu que governos tivessem influência e controle sobre os maiores agentes econômicos. Por consequência, notáveis esquemas e volumes de desvios de recursos públicos foram perpetrados. Essa visão mais abrangente logo se disseminou além dos movimentos liberais e influenciou boa parte dos demais grupos que lideravam as ações nas ruas.

Essa constatação nos leva a mais uma resposta para a pergunta que dá título a este livro: "Por que somos um país atrasado?". A ineficiência dos serviços públicos, causada, em grande parte pela corrupção, é resultado do tamanho do Estado. E isso tem sido uma das causas do nosso atraso em desenvolvimento humano. E por que o Estado é o culpado desse atraso? Porque as instituições estatais têm sido a força motriz de nossa política e economia por muito tempo sem transparência, sem competição de mercado e, portanto, sem eficiência. A classe média, em geral, e a sociedade empreendedora têm sido sistematicamente afastadas da política e sufocadas pelas diversas regulamentações dos agentes do Estado. Pois justamente a sociedade empreendedora e a classe média, não o Estado, é que deveriam responder aos desafios políticos de criar um país próspero, com alto desenvolvimento humano.

Depois do impeachment de Dilma Rousseff, em agosto de 2016, uma das bandeiras prioritárias da sociedade civil organizada, além do combate contra corrupção, tem sido a redução do tamanho do Estado. Muitos entenderam que a carga tributária e a burocracia são os culpados pelo que se chama de gigantismo do Estado. Mas essa percepção, apesar de correta, por si só não satisfaz. É genérica demais – até mesmo, inconsequente. Mesmo que um governo central surja e resolva reduzir a carga tributária, privatizar e desburocratizar ao máximo, mas mantendo a atual Constituição do jeito que está, quem o suceder poderá fazer com que tudo volte como antes. É uma percepção rasa a de que apenas diminuir tributos e burocracia é capaz de criar o modelo que irá perenizar nossos anseios. E isso é um grande risco.

E por que corremos o risco de repetir os erros de modelos de Estados interventores do século xx? Na falta de uma nova visão de Estado, preferimos afundar com a certeza de estarmos num barco furado a pular em mar aberto no risco de, talvez, encontrarmos nossa salvação. A sociedade está limitada para somente negar o que existe, sem propor uma saída. Em outras palavras, nós, como sociedade, precisamos de uma nova visão de Estado para defender. E essa nova visão de Estado é baseada em muitos dos princípios que pontuamos nesta obra.

> **NA FALTA DE UMA NOVA VISÃO DE ESTADO, PREFERIMOS AFUNDAR COM A CERTEZA DE ESTARMOS NUM BARCO FURADO A PULAR EM MAR ABERTO NO RISCO DE, TALVEZ, ENCONTRARMOS NOSSA SALVAÇÃO.**

Para isso, é necessário entender os porquês de tudo. Em um nível mais profundo de análise, estão as causas estruturais. Elas é que dão muitas permissões aos agentes de Estado e criam poucos freios populares em todo o arranjo de poderes. Ao contrário do que muitos pensam, o tamanho do Estado não é uma causa unicamente associada a políticos ou a partidos. Sim, há partidos que sempre vão querer dar mais poderes ao Estado, notadamente os de esquerda. Mas, na tese de um sistema político saudável, deveria haver outras legendas – de direita – propondo menos interferência estatal. A Constituição seria a base de partida que definiria até que ponto o Estado pode se expandir e até onde deve encolher. Mas esta não foi a tese que prevaleceu no Brasil após 1988 – e nem a Carta promulgada naquele ano era uma boa base. Há quatro fatores que contribuíram para chegarmos ao tamanho de Estado que temos hoje:

1. Nossa Constituição dá amplos poderes para o Estado se expandir e interferir na sociedade;

2. A Carta de 1988 é facilmente alterada por emendas constitucionais e leis complementares;
3. A Constituição não cria freios eficazes para que estados, municípios e cidadãos limitem o crescimento do Estado;
4. Desde 1988, houve um predomínio de partidos políticos de esquerda, com ideologia assistencialista, que defendiam uma visão expandida do Estado calcada em planos nacionais de planejamento central.

Com o Estado agigantado que resultou desses fatores, hoje temos uma dinâmica de jogo político binária entre quem está "dentro" *versus* quem está "fora" do Estado. Fez-se notório para diversos ativistas, entre 2014 e 2017, a maneira como partidos políticos e poderes de Estado, que supostamente eram independentes e até mesmo rivais, se uniam para se defender contra mobilizações populares legítimas. Em suma, há diversos buracos na nossa organização de poderes que envolvem suas obrigações e limites e que acabam por gerar falta de transparência e controle, permitindo fenômenos como os grandes escândalos de corrupção. Sem atentar a esses fatores estruturais e mantendo-se essa mesma visão arcaica de Estado delineado pela Constituição de 1988, os mesmos problemas se repetirão.

Há detalhes associados a esses fatores que se tornaram mais visíveis e evidentes. O mais óbvio é que a grande causa direta dos esquemas de corrupção é oriunda do sistema eleitoral proporcional. Ele torna demasiadamente caro eleger deputados federais e depois pulveriza a representação entre diversos partidos. Com esse modelo, tornou difícil se obter uma base para governar na Câmara Legislativa Federal. O Poder Executivo acabava tendo que cooptar deputados por meio de emendas parlamentares, convites para cargos em autarquias, estatais e ministérios – sem falar no pagamento de propinas para que os parlamentares financiassem suas reeleições. Isso gerou o que se convencionou chamar de "presidencialismo de coalizão". Além do sistema eleitoral, há o financiamento de campanha – que, em todos os países do mundo, gera debate. A proposta para resolver essa questão via financiamento público, por intermédio de um fundo partidário bilionário, constitui um erro maior ainda.

Então, se consertarmos o modelo eleitoral, reduziremos o problema? Seria um começo. As eleições não deveriam ser caras e somente acessíveis aos que têm financiamento público ou possuem grandes fortunas pessoais. O modelo distrital seria o mais adequado e resolveria o problema de custo; e resolveria, também, a questão da representatividade e transparência. Porém, exigiria outros ajustes estruturais para assegurar seu sucesso no longo prazo. O voto distrital ideal deveria ser acompanhado de um processo de descentralização jurídica e tributária, para que o deputado não precisasse legislar em Brasília para fazer valer um pleito local de seu distrito – e este distrito precisa ter mais autonomia jurídica. O parlamentar também não deveria ter de mendigar recursos ao Poder Executivo da República, que hoje controla a vasta maioria dos recursos tributários arrecadados no país.

> QUANDO SE FALA EM SOBERANIA ESQUECEMOS DAS FAMÍLIAS, DAS COMUNIDADES E DOS MUNICÍPIOS ONDE REALMENTE VIVEMOS. SOMOS AFETADOS DIRETAMENTE PELA FALTA DE REPRESENTATIVIDADE DE UM MODELO CENTRALISTA E CONCENTRADOR DE PODER QUE COMANDA NOSSOS RECURSOS TRIBUTÁRIOS.

Isso alude para outro problema estrutural grave: há muita concentração de poder no Executivo presidencialista. O presidente comanda não somente o maior orçamento, mas também a maior parte da burocracia federal, controlando, ainda, outros poderes que, no cenário ideal, deveriam ser independentes e iguais, agindo de contrapeso assim como de poder complementar, ao Poder Executivo. Com tamanho poder nas mãos de uma só pessoa, qualquer representante eleito ou nomeado pode facilmente ser corrompido pelo poder concentrado no presidente da República.

Quando se fala em soberania, esquecemos das famílias, das comunidades e dos municípios onde realmente vivemos. Somos afetados diretamente pela falta de representatividade de um modelo centralista e concentrador de poder que comanda nossas leis e recursos tributários. A falta de mecanismos de soberania popular para que as diversas comunidades possam limitar essa interferência central simplesmente não existe. Cidades, municípios, setores sociais ou econômicos estão, na prática, subjugados ao centralismo com nenhum recurso para rejeitar novas leis, regulamentações e impostos criados por representantes distantes em Brasília. Além disso, o fato de termos uma Constituição altamente interventora em todas as atividades dos brasileiros alimenta a crescente percepção de que vivemos numa autocracia. E são esses itens, menos visíveis, que são os fatores geradores de nossos atrasos evolutivos já apresentados nos capítulos anteriores.

Então, se adotarmos estruturas mais sólidas e organizarmos os poderes de maneira mais consciente, eliminaremos a variável política que causa nosso atraso? A resposta, pelo que vimos, é sim. Mas, antes de discutir em profundidade o tema da organização, convém dar um passo atrás. O fato de a maioria não saber o que defender além da difusa bandeira do combate à corrupção e do tamanho do Estado aponta para dois grandes problemas:

1. Nós não sabemos quais são os nossos valores de base;
2. Também não sabemos que a maneira de organizar o nosso Estado tem tudo a ver com a melhor forma de representar os nossos valores de base.

É necessário entender que, quando não se tem visão clara do que se é e do que se quer, vive-se de acordo com a visão de outro que tenha clareza a esse respeito, pois vácuo ideológico é algo que não existe na política. A visão de um Estado que represente e defenda nossos valores de base permeia todos os aspectos e detalhes organizacionais da política, da economia e da sociedade. Não há espaços não ocupados. Na falta de uma visão liberal clara, estamos vivendo sob a visão de um Estado interventor ou autocrático. Há toda uma ideologia e um método voltados a destruir as raízes e as bases naturais de um povo, como o brasileiro, para criar uma nova identidade artificial, que justifique a existência de um Estado interventor. Mas que raízes são essas? E que valores de base temos? Para responder, é necessário revisitar a história da fundação de nosso país.

Considero que o Brasil foi fundado em 1824, ano em que a nossa primeira Constituição foi outorgada. A Carta acumulava conhecimentos da experiência da humanidade até aquele ponto, no que diz respeito a direitos individuais e à organização do Estado, e refletia os aprendizados adquiridos em quase 3 mil anos de civilização ocidental. O modelo constitucional elaborado para o Brasil vinha de um processo evolutivo das ideias liberais da Inglaterra e dos Estados Unidos e criava os alicerces para a organização de uma sociedade em que prevaleceria a liberdade, o equilíbrio e a estabilidade. Naquela época, o Brasil já era um país de diversidade extrema, o que de modo algum foi impeditivo para a criação de um documento que permitia a convivência harmoniosa entre os diferentes grupos, ao mesmo tempo em que unificava o território em torno de valores comuns. Vamos a eles.

Boa parte dos valores brasileiros está firmemente calcada na tradição judaico-cristã. Aqui, é importante fazer uma distinção entre fé, religião e valores. Os valores não são a fé, tampouco a religião. Ter valores judaico-cristãos não significa professar o judaísmo ou o cristianismo, ou viver em um país de maioria judia ou cristã. Valores são muito mais amplos e menos exclusivos do que a esfera da fé ou da religião. A tolerância, o livre-arbítrio (aí entendido como liberdade de escolha), a irmandade, o respeito ao próximo, a justiça, a inclusão, a verdade, a honestidade e a família são alguns dos valores que permeiam essas duas crenças milenares – mas não são valores exclusivos dessas religiões, posto que também estão presentes em países que seguem outras modalidades de fé e de religião e não tiveram a influência direta do judaísmo ou do cristianismo.

O segundo grupo de valores está relacionado à busca da prosperidade. Trata-se de um valor inerente ao ser humano, e o brasileiro não é diferente.

A epistemologia da palavra "brasileiro" vem da expressão "alguém que trabalha o Brasil". Caso quiséssemos usar um termo que significasse "alguém que vem do Brasil", deveríamos nos chamar de "brasilianos". Claro que o hábito de nos referirmos a nós mesmos como brasileiros, em vez de brasilianos, não carrega a noção da distinção entre os termos. De todo modo, na origem, "trabalhar o Brasil" era nossa vocação. Historicamente, toda migração e população do Brasil estiveram sob comando de empreendedores. Em um primeiro momento, houve as capitanias hereditárias, lideradas não pelo Estado português, mas sim por empreendedores autônomos. Depois, os bandeirantes expandiram as fronteiras das capitanias em busca de riquezas naturais, tornando-se responsáveis, em grande parte, pela vasta extensão territorial que o país hoje possui.

No século XIX, os símbolos nacionais já demonstravam quais eram os intentos dos brasileiros: trabalhar, prosperar, progredir. A bandeira do Império, por exemplo, além de portar a cruz da Ordem de Cristo ao centro (herança direta da Ordem dos Templários) e fazer nítida referência à luz do conhecimento e da melhoria do ser por meio do trabalho, mencionava, ainda, as riquezas da terra, como o tabaco e o café. No século XX, a bandeira da República manteve reverência a esse valor do trabalho e prosperidade, fazendo referência explícita ao progresso.

A bandeira nacional é um símbolo importante e manteve a alusão do propósito da nação e seu vínculo com a criação de riqueza e de prosperidade. Ela deixa claro que o Brasil é um país aberto para aqueles que desejam construir sua vida em paz e prosperar. Implícito nessa afirmação estão a liberdade de trabalho e o direito à propriedade. Em 1964, quando o então presidente João Goulart quis promover reformas comunistas, violando o direito à propriedade privada, a sociedade civil saiu às ruas em defesa da família e da livre iniciativa, denunciando a imoralidade das propostas do então chefe do Executivo. Trabalhar e conquistar a prosperidade é um valor inato de cada ser humano, e reconhecer isso em símbolos nacionais valida o intento do Brasil como nação que aspira à criação de riqueza.

O terceiro grupo de valores está associado à liberdade e ao livre comércio. O Brasil detém muita diversidade regional e é um país vasto. Como todos os países de dimensões quase continentais, não é possível controlar o território de maneira centralizada. Também não é possível impor o mesmo conjunto de leis para todo o território nacional. Normas criadas pela União são, muitas vezes, desconexas de realidades locais. Esta é, sem dúvida, uma das razões para termos leis que "pegam", enquanto outras são totalmente ignoradas.

ENQUANTO O ESTADO NÃO SE LIMITAR À SUA FUNÇÃO DE PROTETOR DE VALORES E CONTINUAR INSISTINDO EM MANTER UMA FUNÇÃO DE PROVEDOR DO BEM-ESTAR CONTINUARÁ LIMITANDO A ASCENSÃO SOCIAL NATURAL E NUNCA TERÁ O RESPEITO DO BRASILEIRO.

O regime militar (1964–1985) adotou um sistema extremamente protecionista, baseando sua política de comércio exterior no modelo de substituição de importações. De acordo com esse modelo, nenhuma importação era permitida se o mesmo produto tinha equivalente nacional. Isso tornou o país dependente de um sistema de controle alfandegário restrito, a fim de proteger as indústrias nacionais – mas, ao mesmo tempo, gerou um imenso mercado negro e estimulou a corrupção de agentes alfandegários.

Na época, dizia-se que o mercado informal do Brasil representava de 30% a 40% do PIB. Havia, de fato, um país dentro do país, o que foi parcialmente resolvido com a abertura dos mercados ao livre comércio, nos anos 1990. Mesmo assim, a alta tributação aplicada ao produto importado ainda gera um mercado negro e muita corrupção nos dias de hoje.

O que essa breve recapitulação da história econômica recente tem a ver com o tema em análise aqui? Ora, mencionei a política comercial protecionista geradora de corrupção para pontuar que o brasileiro não tolera controles da burocracia nas relações comerciais. Ele quer viver e trocar bens e serviços livremente. Seguramente, sempre encontrará um caminho para que isso aconteça, mesmo quando houver intervenções ou limitações por parte do Estado.

De um ponto de vista mais subjetivo, a vontade por liberdade que o brasileiro tem como base de seu caráter se manifesta em sua notável irreverência e no deboche ao poder do Estado e de suas instituições. Esse deboche, frequentemente mal interpretado como um defeito de caráter, é sinal de resistência a um Estado que limita liberdades em vez de protegê-las. Não raro, esse Estado interventor e autocrático se torna ilegítimo. Foi assim durante a Primeira República (1889–1930); durante a ditadura de Getúlio Vargas, entre 1930 e 1945; ao longo do regime militar, de 1964 a 1985; com os governos populistas de Lula e Dilma, de 2003 até 2016; e depois com o governo de Michel Temer. Enquanto o Estado não se limitar à sua função de protetor de valores e continuar insistindo em manter uma função de provedor do bem-estar, continuará limitando a ascensão social natural e nunca terá o respeito do brasileiro.

Outro valor de base importante é o da estabilidade. No século XIX, a estabilidade política estava associada à integridade física do território brasileiro, à estabilidade econômica e à língua portuguesa. O processo longo de reconhecimento da Independência do Brasil pelos vizinhos e por Portugal, bem como a Guerra do Paraguai, eram lembretes de que, sem território, não há pátria. Uma vez passado esse desafio, uns dos fatores de união foram a moeda estável e a língua portuguesa. Sem esses não haveria bases para cidadania e união do território. Em 2017, uma nova lei de migração tramitou no Congresso cujo real intento não era abrir o país ao imigrante – pois essa porta sempre esteve aberta –, mas sim desvirtuar o território nacional e relativizar a cidadania do brasileiro. As consequências políticas de se ter um território amorfo e uma cidadania sem definição seriam devastadoras para o Brasil. Houve comoção popular e mobilização contra essa lei por diversos grupos em todo o país quando se percebeu o que, realmente, estava em jogo.

Há outros componentes da estabilidade que emergiram mais recentemente na nossa história e tornaram-se igualmente importantes para nossa análise. Um deles, o desejo de estabilidade financeira, originado no período de hiperinflação, e a dependência de bancos internacionais, como o Fundo Monetário Nacional (FMI) desde o início dos anos 1990. Desde o final do século XX, o brasileiro percebeu que, não tendo uma moeda estável, suas perdas de poder aquisitivo e de qualidade de vida são imediatas.

Finalmente, o brasileiro parece ter abraçado, mesmo que de maneira tardia, o valor da justiça e da igualdade perante as leis. O brasileiro do século XXI anseia pelo respeito de todas as leis, pelo fim dos privilégios e do enriquecimento ilícito a partir da coisa pública. Tudo isso, pode-se dizer, é resultado direto do combate à corrupção e à impunidade trazido à tona pela Operação Lava Jato, da Polícia Federal.

A justiça é desejada não somente por aqueles que lutam contra a corrupção na coisa pública, mas por aqueles que desejam ver um país seguro, com menos violência e criminalidade. Nesse quesito, o Brasil, tristemente, vem batendo seus próprios recordes, a ponto de termos um número de mortos pela criminalidade equivalente ao de regiões que se encontram em guerra. Tanto é que cresce sem parar o número de brasileiros que migram para o exterior por questões de violência. A sociedade clama por mais segurança. Portanto, a justiça, hoje, é anseio basilar para diversos segmentos da sociedade civil.

Temos, em suma, uma lista bastante ampla de valores que o brasileiro preza e defende a todo momento e pelos quais está disposto a ir para as ruas para preservar:

1. Tradição judaico-cristã;
2. Trabalho e prosperidade;
3. Liberdade e livre iniciativa;
4. Estabilidade e cidadania;
5. Justiça, segurança e igualdade de todos perante a lei.

São esses, aliás, os mesmos valores dos povos mais desenvolvidos do mundo. Podemos dizer que essa lista é uma maneira de definir os anseios naturais de todo ser humano que vive em qualquer sistema político. Sendo assim, qualquer constituição que viole um ou mais desses valores se torna ilegítima e tirânica; e toda carta constitucional que proteja a integridade e a inviolabilidade desses valores tem boas chances de prosperar e ser defendida pelos seus cidadãos com grande entusiasmo.

Mas a nossa Constituição de 1988 viola esses valores? Sim, e de maneiras diretas e indiretas. Direitos à propriedade, que antes eram plenos na Constituição de 1824, se tornaram violáveis na Constituição de 1946 em diante. A liberdade de expressão e a liberdade ao trabalho seguiram o mesmo trajeto e se encontram, hoje, limitadas e condicionadas por leis. O que era direito natural passou a ser direito relativo. Toda Constituição interventora tem como característica a violabilidade e a relativização desses valores, de uma maneira ou de outra – e é esse o caso da Constituição de 1988. Um Estado que proteja esses valores e sua plenitude inviolável e sem relativização é o que precisamos ter.

Agora que sabemos o que precisamos defender, resta responder à questão de como organizar o Estado para que ele possa nos representar e nos proteger quando for preciso. Note que tratamos da Constituição Federal, e não das constituições estaduais nem das leis orgânicas dos municípios. Via de regra, uma Constituição federal interventora acarreta em constituições estaduais inócuas, que não proporcionam liberdades de organização e não tem autonomia para adotar leis morais, criminais e cívicas alternativas, senão aquelas que a Federação impõe. Isso traz grandes prejuízos à diversidade presente no nosso vasto território nacional e é uma das causas de nossa instabilidade.

O reverso é o que norteia o caminho adequado. Uma Constituição liberal, que defenda somente os valores de base e somente quando são violados e que não crie novos direitos para si próprio. É de um denominador mínimo comum entre todos os cidadãos e a Federação. Ela não dará a liberdade aos poderes da União para criar planos nacionais mirabolantes. Ela não suscitará intervenções de forma ativa nos entes federativos. Estes devem ter mais liberdades e competências para resolver seus problemas por conta própria. É no entendimento desse quesito que precisamos nos expandir antes de nos reorganizar politicamente para poder nos preservar. Há diversos alertas de cautela importantes. Falhar em defender os princípios corretos e não se organizar adequadamente faz com que caiamos novamente na tirania de Estado, contra a qual José Bonifácio de Andrada e Silva tanto alertava quando encomendou nossa primeira constituição.

Durante os levantes populares ocorridos entre 2014 e 2016, os ativistas notaram que há muito pouca inflexão direta nas diversas esferas de poder público. A sociedade percebeu que ela é limitada no exercício da defesa dos valores que quer preservar. No governo de Michel Temer, que sucedeu Dilma Rousseff, essa percepção não melhorou. Pelo contrário – o Estado e suas instituições pioraram ainda mais no quesito da defesa dos valores e interesses da sociedade. Houve mais restrição à liberdade de expressão e alterações nos mecanismos de mandatos de segurança e ações públicas que criaram impedimentos ainda maiores para bloquear ações dos poderes de Brasília. Isso parece a descrição de um cenário típico de país que vive em uma ditadura.

No entanto, desde a era Vargas, nos anos 1930, não se viu a reaparição de um ditador. Nem mesmo durante o regime militar tal tipo de liderança surgiu. Lula e Dilma, por mais populistas e envolvidos em escândalos de corrupção que estivessem, não poderiam se classificar como ditadores; tampouco Michel Temer, sucessor de Dilma, que contou com ampla maioria no Congresso, seria reconhecido como ditador. Daí a confusão em dizer que vivemos em uma autocracia (ditadura). Boa parte dos juristas existentes no Brasil seria certamente contrária a essa afirmação e até faria uma contraposição, afirmando que o Brasil é organizado constitucionalmente como um Estado de direito, com governo e burocracia regidos e limitados por leis.

Há de fato um problema grave de anomia: de um lado, o Estado se diz organizado para atender à sociedade; e de outro, a sociedade diz que o Estado e seus agentes não a representam. Desse ponto de vista, percebe-se que todo o sistema se tornou uma ditadura, não necessariamente vinculado à figura de uma pessoa como sendo o ditador. Portanto, para iluminar essa questão, é preciso dar mais perspectiva, fazendo uma rápida retrospectiva da evolução do Estado de direito nos últimos 300 anos.

Com a expansão do liberalismo político no século XIX, as monarquias que antes eram absolutistas passaram a ser monarquias limitadas por constituições ou se tornaram repúblicas. Apesar dos contratempos e das complicações naturais de criar um sistema constitucional novo, o propósito do liberalismo político permaneceu puro durante todo o século XIX: libertar a sociedade da tirania de Estado por meio da Constituição. Os monarcas ou presidentes pós-liberalismo do século XIX adotaram a função de defender a soberania nacional e os direitos naturais da sociedade contra abusos de poder da aristocracia e, até mesmo, da própria democracia. Nesse arranjo, a sociedade era livre e o governo – bem como sua burocracia e seus agentes – era limitado pelos chefes de Estado. Na mesma moeda, estes eram limitados pela Constituição e pelos demais poderes. O resultado do Estado liberal era o equilíbrio entre todos os poderes.

No século XX, logo depois da Primeira Guerra Mundial, infelizmente, houve um grande retrocesso nessa lógica e nessa função dada aos chefes de Estado. Isso afetou o equilíbrio dos poderes. Com o advento das doutrinas socialistas e comunistas e sua influência no mundo, o Estado passou a governar ativamente a sociedade. O Poder Executivo se torna preponderante no Estado interventor, cuja variante mais extrema é a comunista. Nesse novo arranjo do poder público do século XX, os demais países que não adotaram o comunismo passaram a ser influenciados pela doutrina. Essas nações socialistas passaram a criar menos limites aos seus governos e suas burocracias, para que se tornassem mais ativos em regulamentar e governar a sociedade.

O grande efeito catalisador dessa inversão de lógica e de propósito do Estado foi o processo de "nacionalização do bem-estar": nele, o Estado se autonomeia responsável por garantir inúmeros "direitos da sociedade" e, portanto, se autoimpunha poderes para burocratizar as atividades da sociedade por intermédio de normas e tributos. O Estado Novo do ditador Getúlio Vargas, em 1937, foi um dos expoentes da época. Doravante, o Estado passou a intervir na economia e na sociedade para "garantir" esses direitos. Em promovendo o "bem-estar social", o Estado produziu não apenas um inchaço da burocracia, mas também uma barreira contra a evolução natural das comunidades, de suas escolhas e de suas trocas de bens e serviços. Esse foi o destino de vários países que entraram no século XX como Estados de direito liberais, mas se encontram no final do mesmo século estagnados, com governos de políticas assistencialistas mais próximas daquelas gestadas em ambientes típicos de oligarquias socialistas. França, Alemanha, Espanha, Itália, Áustria, Portugal e até mesmo a Inglaterra seguiram esse rumo. No arranjo interventor do século XX, supostamente, o Estado "libertaria" o cidadão das amarras e das "injustiças" da ordem natural da sociedade e do mercado. No entanto, o que se viu em todos esses casos foi o Estado passar a defender a si próprio, seu gigantismo e sua autoridade, e não os interesses da sociedade.

> **NA VERDADE, INVENTAR NOVOS DIREITOS ALÉM DOS QUE SÃO NATURAIS, E TORNÁ-LOS DIREITOS ADQUIRIDOS, SE TORNOU O MECANISMO PRINCIPAL DE AUMENTO DE CONTROLE DA SOCIEDADE PELO ESTADO.**

Esse é o socialismo na forma do estamento burocrático cujos capitães foram muito eficientes em inverter a função do Estado liberal por meio do exagero de sua função protetora de direitos, a fim de que comandassem cada vez mais os meios de produção privados e se perpetuassem no poder. Especificamente no Brasil, que começou a implementar um Estado nos moldes socialistas a partir de 1934, notamos como a defesa de novos "direitos adquiridos" – como à saúde, ao emprego, à moradia, à alimentação, à educação, ao trabalho, à maternidade, à greve, ao repouso, à assistência social, ao lazer, aos sindicatos etc – ajudou a criar inúmeros tributos para custear novos ministérios, autarquias e departamentos de

Estado para implementarem grandes planos nacionais que iriam corrigir injustiças e atrasos do qual o Brasil sofria.

E como teria sido a evolução do Brasil nos últimos 100 anos, se não tivéssemos incorrido no mesmo erro da Europa ocidental no século xx? Não se pode dizer ao certo, mas é inegável que, no último século, o modelo de Estado interventor perdeu o foco nos valores de base e direitos básicos naturais, aos quais deveria se ater, e aumentou a burocracia e a carga tributária para toda a sociedade para defender novos direitos inventados.

Em virtude da difícil percepção dessa realidade, o brasileiro também passou a associar mais valor aos direitos inventados e perdeu de vista seus direitos básicos de ir e vir, de consciência, de liberdade de expressão, de defesa pessoal, de escolha, de liberdade de trabalho e de propriedade. O Estado, aos poucos, subjugou esses direitos naturais às condições impostas pela lei e os diluiu perante outros direitos inventados por governos. Na verdade, inventar novos direitos, além dos que são os naturais, e torná-los direitos adquiridos se tornou o mecanismo principal de aumento de controle da sociedade pelo Estado.

Logo, tudo que não fosse permitido tornou-se proibido. O Estado assumindo para si a obrigação de garantir todos os direitos possíveis e imagináveis da sociedade limitou a sociedade a uma entidade pagadora de impostos. É essa perversão da função de Estado que o torna autocrático mesmo que, juridicamente, esteja baseado em leis e em uma Constituição. Essa nuance é o divisor de águas entre constituições liberais e constituições socialistas interventoras nos dias de hoje, como já foi exposto no capítulo 3.

Olhando para as lições da história do Ocidente, vemos que somente algumas poucas sociedades, como as da América do Norte, Europa ocidental, Japão, Austrália e Nova Zelândia, conseguiram limitar o assistencialismo no final do século xx, reliberalizando suas economias e sociedades e prosperaram. Outras tantas sociedades do Ocidente não liberalizaram o suficiente e foram seduzidas, mais uma vez, pelo canto da sereia do assistencialismo, como ocorreu no Brasil e em vários outros países da América Latina.

O assistencialismo de Estado foi um fenômeno do século XX e se aprofundou de tal maneira que tentou mudar os valores de base de todos os povos nos quais se materializou. Historiadores, sociólogos, professores e políticos trabalharam para fazer parecer uma evolução natural o papel de um Estado forte. Para o século XXI, os pensadores políticos têm a missão de resgatar esses valores de base e mostrar o artificialismo de se ter um Estado interventor assistencialista e como esse arranjo interventor é um retrocesso disfarçado de avanço social. A sociedade, por sua vez, precisa decidir se quer viver sob a tutela de um Estado caro, corrupto e ineficiente ou se quer se dar a chance de poder fazer melhor para si mesma.

Alguns que se deparam com essas questões se perguntam se, com a adoção de um Estado liberal, todos os programas sociais irão desaparecer, assim como vários outros planos nacionais de saúde, previdência, educação e alimentação etc. A resposta rápida é que esses planos têm de deixar de ser competência da União (Estado) e passarem a ser dos estados e municípios. Planos assistencialistas têm de deixar de ser obrigações permanentes na Constituição e se tornarem opcionais de governos locais. A população desses estados e municípios deve ter o direito de, a qualquer momento, revogar esses planos assistencialistas ou mesmo de recriá-los, mas que eles fiquem circunscritos às jurisdições e de natureza revogável.

Neste capítulo, cabe fazer algumas conexões importantes. Primeiro, considerar que o tamanho do Estado está diretamente ligado à corrupção, à ineficiência e à nossa mediocridade e atraso. Porém, combater o tamanho do Estado, apesar de ser essencial num primeiro momento, não é o objetivo principal. Vemos que o agigantamento da burocracia tem raízes nas estruturas legais e de organização de poderes delineados pela Constituição de 1988. Alterar essas estruturas que permitem que o Estado se agigante e colaborem para nosso fracasso como sistema político é essencial. Precisamos estabilizar o sistema político brasileiro para sempre. Para que esse novo arranjo estrutural se torne perpétuo, é necessário que ele respeite e preserve nossos valores de base, para que sempre tenha apoio popular e se reforce ao longo dos anos.

Os países desenvolvidos seguem alguns pilares fundamentais para se manterem sempre nesta condição:

1. Estado de direito de fato (Liberal) requer: um chefe de Estado independente que represente instituições basilares do Estado; leis que limitam, em vez de reforçar grupos de interesses no comando da coisa pública; que as leis devam ser originárias das atividades da sociedade, e não impostas por um poder central; que o povo possa limitar tudo que exerce poder sobre o povo, e para tal efeito precisa de mecanismos de ação direta;
2. Descentralização de poder público: aplicar o princípio da subsidiariedade dos poderes públicos às comunidades, no qual a base, o poder local, tem autonomia e é mais relevante e tem mais força jurídica e recursos que o topo – no caso, o governo federal. Assim, qualquer serviço público ou programa social se torna mais próximo do beneficiário, atentando para a diversidade local e proporcionando cobrança mais eficiente;
3. Livre iniciativa e a classe média empreendedora devem ser o carro--chefe da economia e os criadores de riqueza e bem-estar da sociedade, não o Estado. O Estado deve ter a função de proteger o direito natural ao trabalho, à propriedade e à livre iniciativa, e não de limitá-los ou regulamentá-los.

Se contrastarmos esses pilares com a Constituição que nos rege atualmente, verificamos que nenhum deles está representado. Isso nos força a uma situação para considerarmos seriamente uma nova constituição respeitando a receita que dá certo. Um Estado de direito que represente essas premissas em sua Constituição tem chances maiores de ser mais representativo e estável e gerar mais prosperidade para a sua sociedade. Cada um desses pilares pode ser expandido para uma miríade de detalhes importantes que precisam ser incorporados em uma futura revisão constitucional. Obedecendo os três pilares fundamentais acima, a política deixa de ser um gargalo à nossa vontade de atingir os mais elevados patamares de qualidade de vida e civilização. E isso resume o que temos que querer.

BEM COMUM | Tela *Cincinattus abandona o arado para ditar leis a Roma*, de Juan Antonio Ribera, retrata o momento em que o fazendeiro é chamado pelos cônsules para assumir o governo: após cumprir missão de restabelecer a ordem e a legalidade, ele retomou sua vida comum, abdicando da perpetuação no poder [Crédito: Juan Antonio Ribera y Fernández]

A seguir uma extrapolação dos pilares:

1. CONSTRUÇÃO DE UM ESTADO DE DIREITO DE FATO:
a. Fragmentação do Poder Executivo: A separação entre chefe de governo e chefe de Estado pode ser feita por meio da implementação do parlamentarismo ou da ampla descentralização do sistema presidencialista (tornando os governadores em chefes de governo). Prefiro o

parlamentarismo, pois torna a separação das competências mais nítidas e é capaz de estabilizar os poderes mesmo se o conjunto se mantiver centralizado em Brasília. Ambos devem ser escolhidos em pleitos separados criando dupla legitimidade. O chefe de Estado deve assumir uma função apartidária ficando encarregado da segurança, justiça e ordem institucional. Ratifica leis, mas não as cria, e monitora o chefe de governo contra abusos e instabilidades ocasionais contra os quais pode convocar novas eleições;

b. Limitação de nomeações do Poder Executivo: É necessário limitar o poder de nomeação direta do chefe de governo (presidente ou primeiro-ministro) para autarquias, estatais, agências reguladoras e para outros poderes de Estado e estabelecer métodos de pré-seleção para esses órgãos baseados na meritocracia em combinação com eleições diretas para vários cargos em instituições como STF, TSE, STJ, TCU, MPF, PF, BNDES, CVM, Banco Central, entre outras;

c. Reforma Política para atingir transparência, representatividade com custo de campanha acessível à maioria: Adotar o voto distrital puro; voto impresso e auditável; *recall* de mandato para todo político eleito e burocrata nomeado; limite para reeleições; extinguir o fundo partidário.

d. Reformar o Tribunal Superior Eleitoral: O TSE é o portal da idoneidade do sistema. Infelizmente além de ser um poder nomeado pelo Poder Executivo, ele concentra funções de legislar, julgar e implementar as regras que cria. É muito perigoso ter um órgão central com todas essas funções no comando do processo eleitoral;

e. Mecanismos de Democracia Direta: Permitir aos cidadãos o poder de vetar novas normas, leis, tributos, criação de autarquias, aumentos salariais e emendas constitucionais via referendos populares e via abaixo-assinado, que tramite isolado da interferência política. Esse processo automático vale também para projetos de lei de iniciativa popular (PLIP) que, apesar de já existirem, são muitas vezes iniciados por entidades do próprio governo e terminam engavetados ou distorcidos pela dinâmica do Congresso;

f. Antitotalitarismo: É necessário mitigar força de intento a criação de um poder totalitário em qualquer entidade federativa. Limitações devem ser impostas contra partidos, ideologias e crenças que trabalham contra a ordem social, a lei natural e as liberdades individuais; políticos e burocratas que criam mais concentração de poder para si próprios devem ser limitados. Alterações na Constituição devem incluir ¾ de aprovação dos estados e estarem sujeitas a ratificação pelo chefe de Estado assim como referendos;

g. Cidadania e Soberania: Temos de rever Direitos Individuais que estão em linha com nossos valores e restabelecer sua inviolabilidade. A liberdade de expressão, de propriedade, de trabalho, entre outras foram condicionadas às ambiguidades da lei. Há leis ambientais, territoriais, migratórias e de direitos humanos de organizações supranacionais que relativizam nossa soberania e cidadania, e precisamos restabelecer a real cidadania e que só o cidadão brasileiro é soberano do território brasileiro;

h. Novos Direitos – O Estado não tem o direito de criar ou defender novos direitos, senão os direitos individuais naturais enumerados na Constituição. Qualquer direito não listado não é da União, mas sim dos estados, dos municípios e do povo.

2. **Descentralização para conquistar uma Federação de fato:**

a. Competências da União precisam ser repassadas aos estados-membros, aos municípios e às comunidades. Leis criminais, cíveis, morais, ambientais, trabalhistas, previdenciárias etc. Ou seja, uma revisão dos artigos 21, 22 e 23 da CF de 1988 e transferência para os estados;

b. Subsidiariedade: Esse princípio dita que a instância de governo acima da família e da comunidade só será permitida a exercer funções com a aquiescência das mesmas e diante da incapacidade de resolverem seus próprios problemas. A partir disso se ordena as competências dos municípios, dos estados e da União;

c. Autodeterminação: Liberdade de estados e municípios se organizarem para atender a seus desafios locais e se ajustar à sua realidade tributária.

Com autonomia de se organizar, assumindo competências que antes eram da União, o controle fiscal e a política de repasses aos estados a partir de Brasília tornam desnecessários. Ampliar direito de autodeterminação de comunidades que queiram se emancipar de municípios;
d. Transparência: Precisamos de instrumentos legais que obriguem toda instância de governo a informar quanto imposto foi cobrado e quanto foi alocado por distrito ou bairro.

3. Capitalismo: Garantir a livre iniciativa em prol do consumidor eleitor e da classe média empreendedora

a. Reforma tributária: Pessoa Jurídica: Desonerar efeito de impostos em cascata na cadeia produtiva; reduzir os ciclos de cobrança para uma ou duas vezes ao ano, tributar o resultado final das operações das empresas, e não a cada transação; Pessoa Física: ampliar oportunidades para abater do imposto de renda, zerar impostos de doação e herança, eliminar tabela progressiva de impostos; Governamental: transferir competências tributárias da União para os estados e municípios comensuráveis a descentralização de responsabilidades, nomear tributos por serviço prestado ou necessidade atendida, total transparência de arrecadação e alocação de recursos em todos os níveis;
b. Reforma das Agências Reguladoras: Eliminar princípio de concessão e aplicar princípio de manutenção de um mercado em livre competição; eliminar o processo de nomeação direta pelo Poder Executivo; reduzir e eliminar autarquias reguladoras no nível federal; sujeitar agentes reguladores à perda de mandato por veto popular;
c. Desregulamentação setorial especialmente dos setores que têm monopólios estatais e preços controlados; ampla reforma trabalhista e da justiça do trabalho;
d. Competitividade: Privatização e fragmentação de monopólios e oligopólios estatais ou privados; redução ou eliminação de alíquotas de importação; facilitar processo de abertura e fechamento de empresas; extinguir o BNDES.

É óbvio que há centenas de outras boas propostas que se encaixam perfeitamente sob esses três pilares. A grande questão é: quem vai impor essa agenda? A resposta: a própria sociedade civil, bastando apenas que sejam criadas possibilidades constitucionais para tal efeito.

Não, a "Constituição cidadã" de 1988 não permite que a sociedade civil brasileira tenha o mesmo nível de influência no Estado, no governo e na burocracia que os países desenvolvidos permitem. Se mecanismos como o voto distrital, o direito de revogar medidas governamentais via referendos populares e o acesso ao voto de não confiança (*recall*) forem implementados, a sociedade brasileira terá uma chance de se autodeterminar e de se autogovernar. A função do Estado, depois que isso estiver instalado, será preservar a intenção desse sistema de soberania popular.

Até que esses mecanismos sejam criados em nossa Constituição, será que teremos que apostar em mais um líder messiânico salvador da pátria? Em toda a história da humanidade, somente um nome desponta como um verdadeiro salvador da pátria. Foi um aristocrata da República Romana da antiguidade, Lucius Quinctius Cincinnatus. Por sua vasta experiência militar e popularidade, ele foi convocado pelos cônsules de Roma, em 458 a.C., para assumir poderes ditatoriais. Tinha como missões prioritárias restabelecer a lei e a ordem e preservar a legitimidade da Constituição e do Senado. E ele assim o fez: uma vez instalado no poder, cumpriu seu papel. Depois, voltou ao cotidiano de pequeno latifundiário, abdicando de qualquer ideia de se perpetuar no poder.

Quais as chances de um líder como o romano Lucius Cincinnatus surgir e defender o povo brasileiro das garras de uma série histórica de oligarquias e constituições que trabalham contra a sociedade, a família e o cidadão? Acredito no poder do leitor desta obra e na conscientização coletiva daquilo que funciona, pois ninguém é capaz de determinar tudo o que podemos querer como uma sociedade. O Cincinnatus salvador da pátria que surge altruisticamente para exercer sua missão é você, leitor – e você não está mais sozinho, pois a verdadeira sociedade organizada brasileira acordou.

CONCLUSÃO
A NOSSA MISSÃO

Defender o que queremos depende
de sabermos o que fazer

O motivo de o Brasil ser um país atrasado obedece diretamente à estrutura de poder oligárquico que controla a coisa pública brasileira desde o início da Primeira República e às constituições a partir de 1934. Esses fatores têm permitido que governos e burocracias interfiram, sem limites, na sociedade e na economia. Por consequência, modelos de governo controladores e interventores nos regem por mais de cem anos.

Do ponto de vista político, em nenhum momento da nossa trajetória desde o início do Século xx até os dias de hoje, o Estado brasileiro permitiu que as comunidades de todo o Brasil se organizassem livremente e resolvessem seus próprios problemas. A infinidade de planos nacionais de desenvolvimento, de planos mirabolantes de assistencialismo social e do enrijecimento do sistema político comandado sempre do topo para baixo limitaram essas comunidades. Vivemos em um Estado que não aplica o princípio da subsidiariedade.

QUADRO 54
BRASIL E A AUSÊNCIA DO PRINCÍPIO DA SUBSIDIARIEDADE

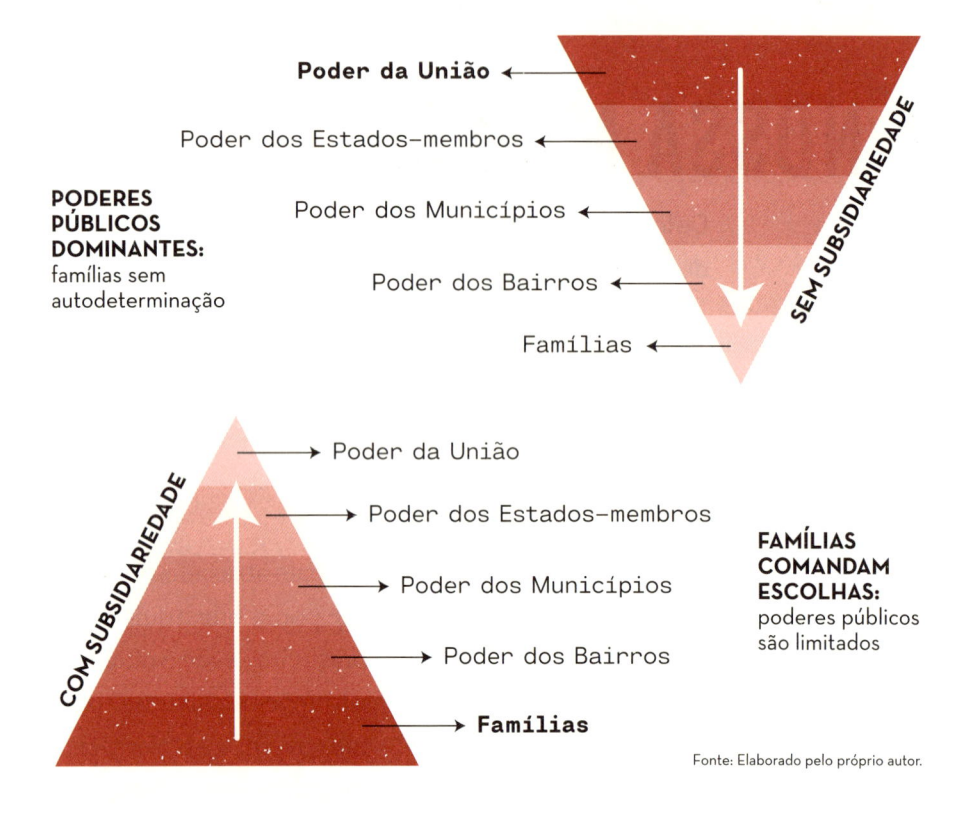

PODERES PÚBLICOS DOMINANTES: famílias sem autodeterminação

Poder da União
Poder dos Estados-membros
Poder dos Municípios
Poder dos Bairros
Famílias

SEM SUBSIDIARIEDADE

COM SUBSIDIARIEDADE

Poder da União
Poder dos Estados-membros
Poder dos Municípios
Poder dos Bairros
Famílias

FAMÍLIAS COMANDAM ESCOLHAS: poderes públicos são limitados

Fonte: Elaborado pelo próprio autor.

Do ponto de vista econômico, o planejamento central, controle da moeda, dos juros e das taxas de câmbio, assim como as diversas agências reguladoras de atividades econômicas, resultaram em uma alta intervenção do Estado na economia. Isso não permitiu a maturação dos benefícios possíveis do real capitalismo. A ascensão social passou a depender do Estado, e não dos efeitos positivos do livre mercado. Criamos um modelo neossocialista ou oligarquista por excelência.

Esses fatores acima relatados foram a causa do nosso atraso, independente de qualquer outro fator cultural, histórico, religioso, comportamental ou étnico. Despertar para o fato de que nossas constituições não são oriundas de nossa cultura, mas de uma imposição de ideias de poucos sobre os demais, é o primeiro passo. O segundo é atentar que essas constituições têm sistematicamente reforçado o poder central das instituições da União em detrimento de poupança e liberdade das famílias e da sociedade como um todo. Portanto, somente com a constatação desses dois fatores será possível o vislumbre de um novo horizonte.

A instabilidade do Brasil na publicação desta obra reflete a derrocada das nossas arcaicas estruturas de poder elaboradas e reforçadas ao longo do século passado, muito mais do que a falácia de governos atuais. E em que pé nos encontramos em função disso? Antes de responder a essa pergunta, é necessário expor a contextualização a seguir.

Nas décadas que se seguiram à Segunda Guerra Mundial, cientistas políticos de todo o mundo passaram a avaliar os fatores que causam guerras e colapsos de sistemas políticos. Perceberam que as causas são diversas e nenhuma regra simples ou objetiva poderia ser sintetizada em lei. No entanto, notaram que países de Estado de direito com ampla validação democrática de seus poderes nunca entraram em conflitos bélicos com outros países constituídos no mesmo modelo. As guerras só se materializavam entre dois países autocráticos (ditatoriais) ou entre países autocráticos e países democráticos, mas nunca entre duas democracias.

OPTAMOS SISTEMATICAMENTE, HÁ MAIS DE CEM ANOS, POR GOVERNOS OLIGÁRQUICOS OU POPULISTAS COM POLÍTICAS SOCIAIS E ECONÔMICAS CENTRALIZADAS, TÍPICOS DE MODELOS SOCIALISTAS.

Mais tarde, com a criação do Índice de Desenvolvimento Humano (IDH) em 1990, notou-se que países de Estado de direito com validação democrática de seus poderes públicos são mais estáveis, mais prósperos e atingem índices de desenvolvimento humano mais elevados. A questão que intrigou e estimulou a maior parte dos estudos de ciência política

QUADRO 55
BAIXA LIVRE INICIATIVA, ALTA POBREZA, ALTA INSTABILIDADE POLÍTICA, PERPÉTUA MEDIOCRIDADE

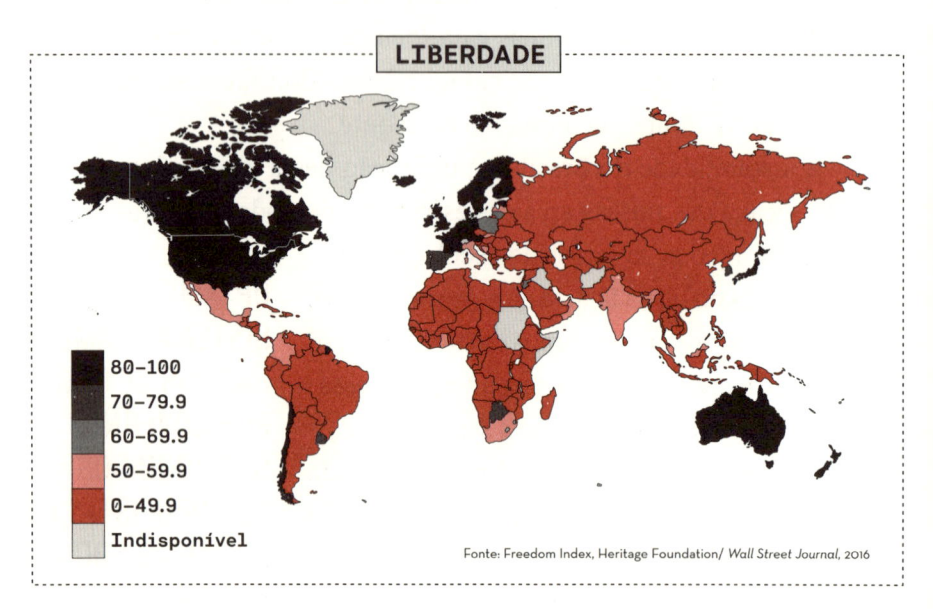

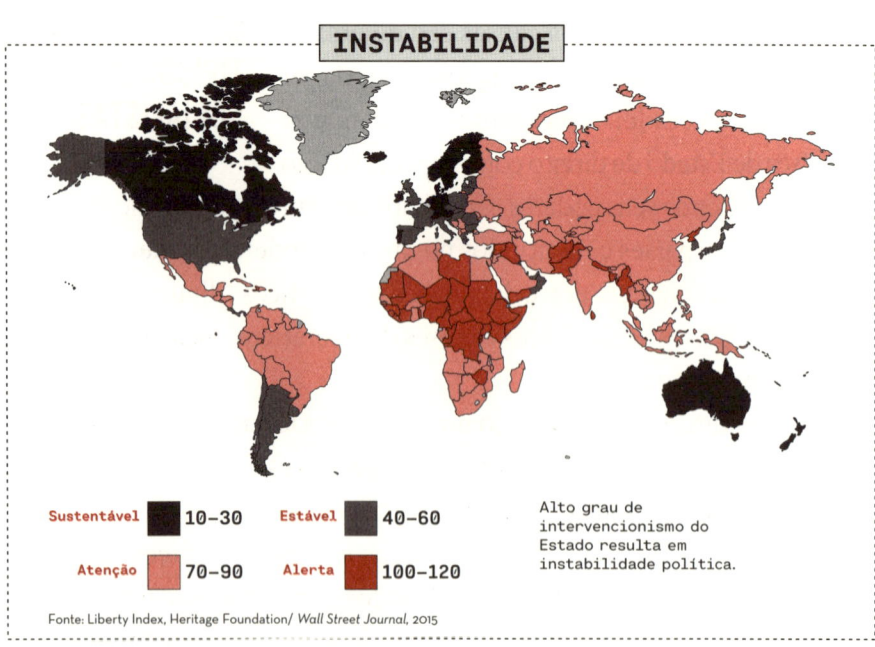

LIBERDADE

- 80–100
- 70–79.9
- 60–69.9
- 50–59.9
- 0–49.9
- Indisponível

Fonte: Freedom Index, Heritage Foundation/ *Wall Street Journal*, 2016

INSTABILIDADE

- Sustentável: 10–30
- Estável: 40–60
- Atenção: 70–90
- Alerta: 100–120

Alto grau de intervencionismo do Estado resulta em instabilidade política.

Fonte: Liberty Index, Heritage Foundation/ *Wall Street Journal*, 2015

POBREZA

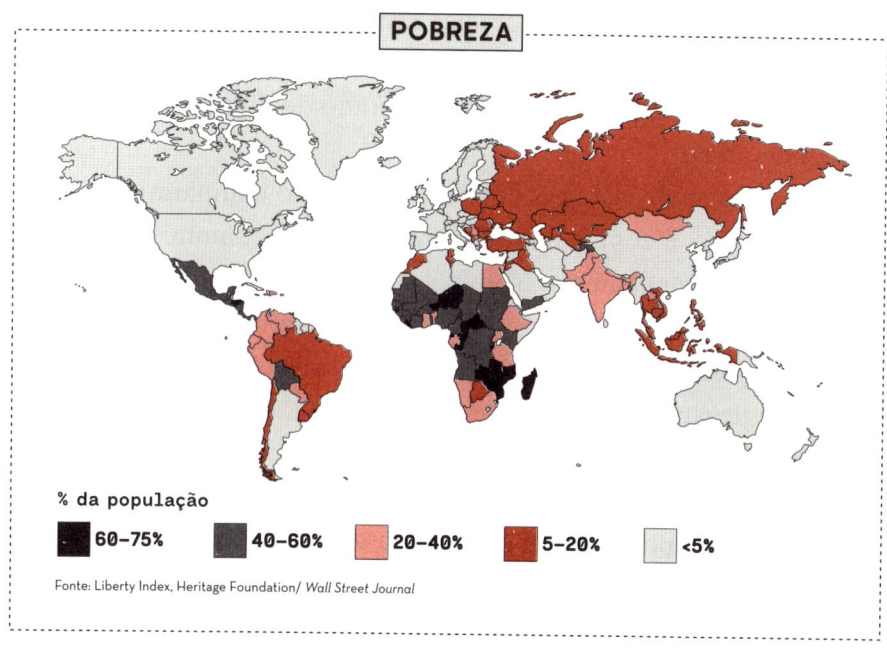

% da população

- 60-75%
- 40-60%
- 20-40%
- 5-20%
- <5%

Fonte: Liberty Index, Heritage Foundation/ *Wall Street Journal*

IDH MEDÍOCRE

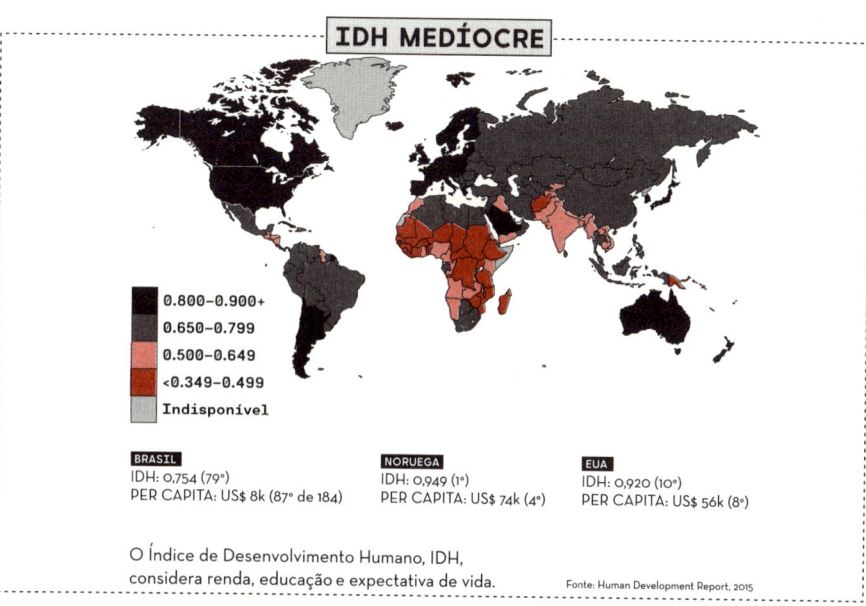

- 0.800-0.900+
- 0.650-0.799
- 0.500-0.649
- <0.349-0.499
- Indisponível

BRASIL
IDH: 0,754 (79°)
PER CAPITA: US$ 8k (87° de 184)

NORUEGA
IDH: 0,949 (1°)
PER CAPITA: US$ 74k (4°)

EUA
IDH: 0,920 (10°)
PER CAPITA: US$ 56k (8°)

O Índice de Desenvolvimento Humano, IDH, considera renda, educação e expectativa de vida.

Fonte: Human Development Report, 2015

Países com mais liberdades de empreendedorismo e direitos à propriedade privada geram mais oportunidades de ascensão social, combatem melhor a pobreza e mantêm um sistema político estável.

no pós-Segunda Guerra Mundial advém de quais fatores influenciam na criação e manutenção de um país estável, equilibrado, economicamente próspero, mantido por um Estado de direito e com validação democrática.

Do ponto de vista econômico, um quadro comparativo como o 55 (páginas 264 e 265) facilita expor o problema comum a vários países. Controlar e regulamentar o capitalismo de livre mercado, limitar os direitos à propriedade privada, mitigar a livre iniciativa impondo regulamentações que inibem a criação de oportunidades de trabalho se tornaram fatores negativos. Optar por um modelo de Estado interventor na economia para garantir a estabilidade e a igualdade social e para combater a pobreza com a esperança de atingir altos índices de IDH só tem gerado instabilidade política sem o benefício da esperada ascensão social. Em outras palavras, o modelo de Estado interventor não funciona. Esse é o caso do Brasil e dos demais países que fizeram a mesma escolha ao longo da História.

Do ponto de vista político, o julgamento não se presta à comparação tão facilmente. Vários fatores precisam ser considerados, pois a análise é mais subjetiva. Cientistas políticos divergem sobre quantos fatores são, quais os mais importantes e como classificá-los, mas a maioria não negaria os 14 fatores que ofereço no quadro 56 (páginas 268 e 269) como sendo relevantes.

Em síntese, temos alguns fatores importantes que nos dão esperança, porém outros negativos são preocupantes. A possibilidade de termos um retrocesso para um sistema político ainda mais autocrático que o atual é real. Se precisasse fazer uma alegoria, diria que o pouco de legitimidade política popular que nosso modelo de Estado ainda possui é semelhante ao de um avião prestes a estolar ou perder sustentação.

Mas, e agora? Essa tem sido a pergunta dominante dos últimos três anos. A falta de visão coletiva do que fazer decorre de não diagnosticar o problema de maneira completa. Também decorre da falta de visão de um modelo de Estado alternativo, com funções mais limitadas para os governos e burocracia. Parte da não percepção do problema vem das narrativas ideológicas sobre como definimos nossa nação Brasil. Após percorrermos os capítulos desta obra, constatamos que vivemos em um Brasil contrário à sua definição estatutária.

Entender o Brasil como sendo um Estado de direito constituído como República Federativa, que abraça a soberania popular e a livre iniciativa capitalista, é uma ilusão. O Brasil, como sendo um estado oligárquico constituído com um sistema unitário centralizado para defender a autocracia do governo e um modelo interventor, neossocialista ou oligarquista, na economia, seria uma visão mais alinhada com a realidade. Desse embate entre ilusão e realidade se extrai naturalmente a visão de Estado que precisamos criar. E isso envolve a elaboração de uma nova constituição.

Ao que escrevo esta obra, o Brasil encontra-se no preâmbulo de mais uma mudança constitucional. Há discussões sobre uma nova Constituição em andamento por diversos segmentos políticos. Seria a nossa oitava Constituição. Será que ela seguirá o viés interventor e centralizador como as de 1934 até 1988? Será que essa nova Constituição será demasiadamente fácil de ser alterada como a Constituição amorfa de 1988? Ou será que ela será feita para durar, com viés liberal, limitador de interferências de governo e burocracia, como as de 1824 e 1891? Seria demasiado desejar uma Carta Magna mais permanente que garanta estabilidade jurídica e blinde a sociedade da ascensão de governos totalitários?

A visão de Estado apontada nesta obra alude a um sistema no sentido oposto à tendência de criar autocracia central. Aponta para o equilíbrio dos três Poderes. Aponta também para a estabilização do sistema político brasileiro por meio da legitimidade que somente o princípio de subsidiariedade pode auferir, conferindo-se mais autonomia e relevância ao poder local em relação ao governo federal e aproximando as ações de Estado dos seus beneficiários. Finalmente, aponta para a introdução de princípios econômicos necessários para garantir livre mercado e progresso econômico.

QUADRO 56
INGREDIENTES ESSENCIAIS PARA DEMOCRACIA: RELATÓRIO

	CONDIÇÕES ESSENCIAIS	NOTA	COMENTÁRIO
1	ÍNDICE DE DESENVOLVIMENTO HUMANO (IDH) ACIMA DE 0,85	BEM	Nosso IDH é de 0,75, portanto, próximo. Porém, ainda é considerado médio. Está abaixo dos países considerados democracias avançadas. Sozinho não garante muita coisa, pois é o mesmo de alguns países mais autocráticos, assim como de países mais democráticos.
2	CLASSE MÉDIA MAJORITÁRIA	BEM	Notícia boa é que temos mais da metade da população brasileira na classe média. Sem classe média dominante é praticamente impossível sustentar uma democracia.
3	ELEIÇÕES PERIÓDICAS	BEM	Registramos alternância no poder, e regularidade e experiência eleitoral nos últimos 30 anos, o que é bom em criar a cultura democrática.
4	SOCIEDADE ORGANIZADA	BEM	Temos massa crítica de pessoas engajadas para fazer grandes mudanças políticas no Brasil. Faltam conhecimento e foco, mas o essencial existe.
5	VALORES COMPARTILHADOS	BEM	Apesar da alta diversidade étnica e de status, o brasileiro é homogêneo em seu comportamento, sua conduta e seu conjunto de crenças que o definem como brasileiro.
6	PARTICIPAÇÃO E COMPETIÇÃO	BEM	Há ampla participação de diversos segmentos da sociedade na representação política e competição entre vários partidos.

7	ELEIÇÕES TRANSPARENTES	MAL	Não há como auditar o resultado de uma eleição e falta credibilidade no sistema eletrônico de votos.
8	EDUCAÇÃO	MAL	Temos abrangência, mas baixa qualidade e muita doutrinação ideológica marxista, o que age contra o país e a democracia.
9	IMPRENSA LIVRE	MAL	Nossa imprensa é ideologicamente uníssona marxista ou anticapitalista. Isso não é condizente à criação de um sistema democrático. Para piorar, boa parte de nossa imprensa é dependente de repasses do governo.
10	LIBERDADE DE EXPRESSÃO	MAL	Há punição contra falar mal de políticos e/ou agentes públicos. Nenhuma restrição ou condição é aceitavel contra a liberdade de expressão.
11	PODER JUDICIÁRIO INDEPENDENTE	MAL	Os juízes permanecem partidários e interpretam a constituição como convém os interesses de suas ideologias. Há aparelhamento político em demasia de diversas outras autarquias também. Não há como proteger a sociedade da formação de um Estado autocrático.
12	RESPEITO À CONSTITUIÇÃO	MAL	Violações recordes e sempre em favorecimento do poder do Estado e de seus agentes políticos em detrimento do que é de interesse da sociedade.
13	SOBERANIA POPULAR / AUTODETERMINAÇÃO	MAL	Há poucos recursos de democracia direta para limitar o poder do Estado. Precisamos do *recall*, referendo popular, e iniciativa popular eficazes.
14	TRANSPARÊNCIA	MAL	O Mensalão e o Petrolão provaram quão velado e corrupto é o uso de recursos públicos no Brasil.

Fonte: Elaborado pelo próprio autor.

Foram excluídos propositalmente desta obra ensaios sobre a criação de valores de base comportamentais igualmente importantes para dar sustentação a esse novo modelo político e econômico: a identidade, a moralidade, a ética e a cultura do povo brasileiro. O trabalho para afetar a mudança nesses valores de base é mais longo, difuso, diverso e indireto. Para o brasileiro adotar novos modelos de comportamento que validem a visão de país de Primeiro Mundo que ele quer se tornar, requer que uma massa crítica de cidadãos promova experiências de sucesso para provar a um número ainda maior de pessoas que a sociedade tem chances de atingir seu potencial adotando novos comportamentos.

> CONSIDERANDO QUE A MAIORIA DAS CONSTITUIÇÕES DOS PAÍSES DE PRIMEIRO MUNDO FOI CRIADA EM CIRCUNSTÂNCIAS DE ALTA INSTABILIDADE POLÍTICA, COM SUAS SOCIEDADES EM FRANCO DESPREPARO PARA RECEBÊ-LAS, VALE O PARADOXO QUE A MUDANÇA PARA UM SISTEMA "DE BAIXO PARA CIMA" ADVÉM DA MUDANÇA NO ATUAL SISTEMA "DE CIMA PARA BAIXO".

Sem uma constituição que permita criar um ecossistema jurídico, que não interfira no objetivo de cunhar uma sociedade defensora do Estado de direito e do livre mercado, afetar a mudança comportamental se torna um desafio que transpassa gerações. Mesmo que haja ampla organização e foco nesse intento, sem uma constituição que proporcione uma base inicial, a realização desse objetivo fica distante. Por isso, acredito na mudança jurídica, antes.

Caso haja uma revisão constitucional que crie de fato um Estado de direito limitando poderes públicos e dando mais chances e liberdade de ação para a sociedade local a fim de comandar sua própria coisa pública, essas mudanças comportamentais e de valores de base virão com muito mais rapidez e efetividade.

Considerando que a maioria das constituições dos países de Primeiro Mundo foi criada em circunstâncias de alta instabilidade política, com sociedades em franco despreparo para recebê-las, vale o paradoxo que a mudança para um sistema "de baixo para cima" advém da mudança no atual sistema "de cima para baixo". Essa visão propõe uma alternativa prática e controlável contrária a muitos autores fiéis ao argumento de que a transformação cultural deve vir antes.

Contudo, não menosprezo o valor do resgate da identidade, da moralidade, da ética e da cultura do povo brasileiro, muito pelo contrário. Esses aspectos serão fundamentais para preparar o Brasil e sua sociedade para os desafios que estão por vir. E que desafios serão esses?

O livro *A Terceira Onda*, de Samuel Huntington, descrevia três ciclos de democratização seguidos por ciclos ditatoriais. A cada novo ciclo (ou onda), o número de democracias no mundo aumentava. Mas havia um limite. Huntington, já no inicio dos anos 1980, apontava os porquês dos sistemas democráticos serem incompatíveis com países de maioria islâmica ou confucionista. No seu livro subsequente, *Choque de Civilizações*, lançado em meados dos anos 1990, Huntington indicava que as culturas, e não as ideologias, entrariam em conflitos. Algumas dessas culturas toleram ou promovem hegemonia autocrática de governo ou de teologia em franco desacordo com os valores da sociedade ocidental.

Historicamente, a instabilidade política interna propiciou argumentos para que governos conquistassem mais poderes – mesmo com uma constituição que limitava expressamente tal possibilidade. Muitos políticos sabem disso e fomentam instabilidades propositalmente para obter os benefícios crescentes de controle central. Externamente, há também os riscos de pressão política de outros países, ONGs internacionais e organizações supranacionais como ONU e UNASUL. As interferências crescentes dessas organizações em questões internas causam um conflito de interesse óbvio sobre quem comanda a coisa pública de uma nação e age diretamente contra a autodeterminação das comunidades brasileiras.

A melhor arma contra o despotismo de governos e de interesses globalistas é a sociedade comandada por valores explícitos e coesos em pleno exercício de sua soberania e de seu modo de viver em seu território. Essas tendem a adotar seus sistemas políticos e econômicos como parte integrante de seus valores de base. E vice-versa. Sistemas políticos e econômicos que valorizam a soberania popular tornam a legitimidade do ecossistema político e econômico mais evidente.

O Brasil de hoje, que vive um pesadelo iniciado nos últimos anos, com instabilidade e incerteza políticas e derrocada de modelo econômico, tem uma chance de ressurgir como país de nossos sonhos.

Que esta obra sirva como uma referência sobre qual direção tomar todos aqueles que serão responsáveis por liderar esses esforços. Para a sociedade organizada que surgiu nos últimos anos, e até hoje tem aumentado seu tamanho e engajamento, fica o aprendizado que acumulei das minhas observações do Brasil e da humanidade até o presente momento. Espero que isso sirva como balizador de futuros governantes.

O Brasil é uma ideia viva que deve ser defendida e protegida. O Brasil desenvolvido, confiante e soberano não pertence a governo algum e já está rompendo, por conta própria, com a velha política e os dogmas do século XX que o amarraram na subserviência. Esse Brasil aguarda nossa resolução para entrarmos de vez para o século XXI.

APÊNDICE I

O RETROCESSO CONSTITUCIONAL DO BRASIL NO SÉCULO 20

Como as constituições brasileiras acabaram, aos poucos, com a liberdade para trabalhar e empreender

Desde 1988, o empreendedorismo e o trabalho não são mais livres no Brasil: tornaram-se regulamentados. A livre iniciativa é emaranhada em inúmeras etapas burocráticas e o trabalho, por legislações paralisantes. Nossas leis e a Constituição de 1988 não reconhecem o trabalho livre de regulamentação como um valor de base do povo brasileiro. Aliás, as últimas versões da Constituição brasileira vão nessa direção. O resultado foi a transformação do Brasil em um Estado autocrático, que se regula à revelia do bem comum.

Isso é mais um reflexo direto de leis e normas vindas de diversas esferas do poder público, com poucos limites, do que da nossa suposta "cultura paternalista". Na verdade, é um comportamento social fomentado por legislação, e não uma cultura. A utilização da palavra "cultura" infere uma profundidade da qual não há conserto no curto prazo para o brasileiro, pois ele seria perpetuamente contrário à livre iniciativa e a favor de programas do Estado para atingir seus avanços. Bobagem. A despeito de quase um século de um modelo paternalista de Estado, o brasileiro não para de empreender e de construir riquezas de forma independente. A falha está na construção da Constituição, criada por classes e grupos de interesses e que acabou com a liberdade para trabalhar.

A primeira Constituição do Brasil independente, de 1824 – influenciada por conceitos de Estado avançados para a época e incluídos na Constituição dos Estados Unidos –, incorporava evoluções para assegurar a estabilidade política. Ela propunha limites aos poderes de Estado, e não ao cidadão empreendedor. Desde então, houve um retrocesso jurídico. Para tornar a demonstração dessa afirmação mais clara, e também para fugir da aparência de uma narrativa de reinterpretação da história, vale lembrar como as cláusulas que regulamentavam o trabalho foram mudando com o passar do tempo, à medida que novas constituições foram surgindo.

> O BRASIL DO SÉCULO 21 TEM DE RESGATAR PRINCÍPIOS ATEMPORAIS PARA NÃO FICAR NO ETERNO ATRASO

A Carta outorgada em 1824 dizia, textualmente: "Nenhum gênero de trabalho, de cultura, indústria ou comércio pode ser proibido, uma vez que não se oponha aos costumes públicos, à segurança e saúde dos cidadãos". Em apenas duas linhas, a Constituição do Império reduzia, ao máximo, a possibilidade de o governo regular o trabalho e as empresas. Nada era proibido nessas áreas, exceto aquilo que ofendesse o bom senso.

Sensatez igual, não se viu mais. Já em 1891, com a primeira Constituição republicana, o mesmo trecho dizia o seguinte: "É garantido o livre exercício de qualquer profissão moral, intelectual e industrial". Houve uma nítida mudança de foco – fica claro, desde o início da conversa, que é o Estado que garante as coisas no Brasil da Primeira República, mesmo aquilo que é um direito natural. Com aquela Constituição, a liberdade deixa de ser do indivíduo e não pode ser garantida diretamente por ele – a liberdade é do Estado, e ele a dá aos cidadãos, em uma espécie de cessão de direitos.

É nítida a inversão de valores, a qual se aprofunda mais em 1934, sob o governo de Getúlio Vargas. A Constituição daquele ano estabelece que "é livre o exercício de qualquer profissão, observadas as condições de capacidade técnica e outras que a lei estabelecer, ditadas pelo interesse público". Temos, assim, que a primeira Constituição social-democrata de nosso país determinou que só pode ser feito o que for de interesse público – e que o responsável por interpretar o que é daquele interesse tem, de fato, o poder para determinar o que o brasileiro pode ou não fazer.

REGULAMENTAÇÃO

"A liberdade de escolha de profissão ou do gênero de trabalho, indústria ou comércio, observadas as condições de capacidade e as restrições impostas pelo bem público, nos termos da lei". Este preceito estava na Constituição de 1937, promulgada por Getúlio Vargas no mesmo dia em que decretou o Estado Novo. A partir de então, até a escolha do tipo de empreendimento deveria ser analisada, a fim de se avaliar se estava de acordo com a lei.

Com a redemocratização de 1946, o texto fica mais direto: "É livre o exercício de qualquer profissão, observadas as condições de capacidade que a lei estabelecer". Se, por um lado, a mudança foi boa, pois a liberdade de escolha foi removida do artigo, a partir de então a autonomia de exercício é que deveria ser regulada. Isso tornou o efeito ainda mais perverso: até a forma como um trabalho era exercido passava a ser regulada pelo governo.

"É livre o exercício de qualquer trabalho, ofício ou profissão, observadas as condições de capacidade que a lei estabelecer", rezava a Carta de 1967, já no chamado regime militar. Com a nova mudança, acrescentou-se o "trabalho" e o "ofício" sob o poder regulatório da Constituição, já que a atividade regulada cria, necessariamente, a atividade não regulada. Nada mais que uma tentativa de extensão de controle mal feita.

Por fim, chegamos a 1988. A "Constituição Cidadã", como foi denominada à época, é a versão atualizada da Carta social-democrata de 1934 e remete a questão do trabalho para a burocracia do Estado de forma muito mais contundente. *In verbis*: "É livre o exercício de qualquer trabalho, ofício ou profissão, atendidas as qualificações profissionais que a lei estabelecer". Note que, nessa Constituição de 1988, a palavra "atendidas" aufere mais poder ao burocrata que o termo "observadas" da Carta de 1967. O impacto dessas e outras alterações se tornam óbvios. Não somente as escolhas das pessoas foram limitadas por sua capacitação, mas o responsável por julgar se o indivíduo pode realizar tal tarefa não é nem o próprio, nem o empregador e, muito menos, o consumidor de seus produtos e serviços – e sim, a burocracia. A partir de 1988, a liberdade de poder trabalhar deixou de existir por completo no Brasil.

Quando falamos em leis e constituições antigas, pensamos em retrocesso. Ledo engano. Essa é a versão da história ditada pelas escolas durante o século 20, para validar a República presidencialista e a lógica invertida de que avanços devem ser comandados pelo Estado, e não por uma sociedade agindo livremente. Fica documentado, portanto, que desde a primeira Constituição da República a capacidade de escolher e exercer qualquer trabalho tem sido limitada ao ponto da estagnação no início do século 21.

A ideia de que a liberdade de trabalho é um direito natural e que não deve ser condicionada a qualquer regulamentação precisa preceder a elaboração de qualquer Constituição. Ela deve, no mínimo, reconhecer isso. Contudo, basta ler as constituições brasileiras do século 20 para se perceber que esse conceito simplesmente desapareceu. Por isso, o Brasil do século 21 tem de resgatar princípios atemporais para não ficar no eterno atraso.

APÊNDICE 2

A DITADURA PELAS MINORIAS

Igualdade perante as leis é a única saída para a defesa de uma democracia real e sustentável

Ao passo que a inclusão de diversos grupos sociais se tornou um dos pilares das democracias liberais no Ocidente, a estabilidade política passou a ser calcada na percepção de que segmentos distintos da sociedade têm acesso às mesmas oportunidades e aceitam a proposta civilizatória que o país oferece. A política de classes, no entanto, age contra essa percepção. Como consequência, a defesa dos direitos das chamadas minorias ocupa grande parte da agenda dos progressistas no início do século 21.

O processo político, que em um primeiro momento parece legítimo, transforma a defesa de interesses de classes numa força contrária ao princípio da igualdade perante as leis. Consequentemente, defensores de bandeiras de classes não estão advogando a democracia ou o Estado de Direito. Pelo contrário – atuam para desestabilizar nossa sociedade e as instituições, mesmo quando suas reivindicações pareçam, à primeira vista, justas.

O objetivo desse tipo de movimento é, e sempre foi, desestabilizar governos eleitos ou desqualificar instituições, através da geração do caos na sociedade com o objetivo de fragilizar as percepções de que há inclusão social. O resultado final é liderar o processo que tira a legitimidade do *status quo* político e social, fomentando e armazenando a indignação das classes.

Imagine que os chamados grupos minoritários – negros, gays, feministas e indígenas, por exemplo – conquistem subsídios, exceções ou proteções legais. Imagine, ainda, que ocorra o ataque de um índio contra um integrante do MST. O indígena estará protegido por seus direitos específicos, mas a vítima ficará injustiçada. Logo, do ponto de vista dos movimentos sociais que reivindicam a reforma agrária, a lei terá falhado. E se um grupo de sem-terras invadir uma comunidade quilombola? Esta ficará vulnerável e aqueles, protegidos.

> DIVERSIDADES PODEM COEXISTIR, MAS SOMENTE COM O PACTO PELA HARMONIA IMPLÍCITO NO CONCEITO DE IGUALDADE PERANTE AS LEIS

Fica claro como a Justiça pode facilmente falhar quando há garantias legais assimétricas e as diversas classes competem por "direitos" tidos como somente seus. Com efeito, no momento em que cada grupo minoritário se sente injustiçado, as instituições públicas e o governo perdem credibilidade. Mas, quem ganha com isso? Se recapitularmos fatos recentes ocorridos em nosso país, notaremos que sempre há um protótipo de salvador da causa da classe minoritária em voga.

Os governos petistas – primeiro, o presidente Luiz Inácio Lula da Silva (2003-2010) e depois, sua sucessora, Dilma Rousseff, que governou até 2016 – souberam usar bem esse artifício de narrativa, posicionando-se como heróis salvadores de tais grupos. A campanha pela Presidência do petista

Fernando Haddad, em 2018, não foi diferente. O apelo para cada minoria eleger o líder que "vai subir lá e resolver a nossa vida" se revelou como a maneira de incutir a percepção de que as instituições agem contrariamente aos interesses de tais classes e que só um poder executivo forte conseguirá libertá-las da opressão do sistema. Em outras palavras, viabilizou-se a ideia de um ditador para agir pelas minorias contra as instituições do Estado de Direito.

LOBO EM PELE DE CORDEIRO

No início do século 20, o mantra marxista era de que a classe operária somente seria salva por um "ditador do proletariado", aquele que concentraria poder e propriedade a fim de distribuir tudo com justiça e igualdade. Hoje, no início do 21, com a redução do trabalho no setor industrial e a alta diversificação da sociedade, o proletariado não é a classe majoritária que os marxistas têm usado para desestabilizar sociedades; eles se valem das diversas minorias. A luta operária deu lugar às causas de segmentos como LGBT+, negros, jovens, índios e feministas, entre outros chamados grupos minoritários, sempre encabeçados por dirigentes marxistas.

Não importa a época, a missão desse tipo de líder é, sob o mesmo falso pretexto de estabelecer a democracia, tomar o poder em nome dos grupos que alega representar. Só que, por tradição histórica, ditadores, uma vez no comando, removem liberdades de todos os grupos, inclusive daqueles que os ajudaram a assumir o poder. Afinal, eles bem sabem que ter minorias reivindicando direitos assimétricos é desestabilizador. A história ensina a quem quer subir ao poder e exercê-lo de maneira autoritária que terá de, antes, gerar o caos – e quem gera esse caos sabe que o resultado é quase sempre um governante autoritário, e quase nunca um democrata esclarecido, que é o que se vende à população durante o processo de conquista do poder.

Essa observação histórica criou a fórmula mágica dos movimentos políticos progressistas radicais: fomentar o caos desqualificando as instituições, a Constituição e a sociedade, classificando-as como opressoras, para alimentar a visão de um salvador único para cada um dos grupos. A única defesa que a sociedade tem contra esse ataque ao Estado de Direito é a da igualdade perante as leis. Somente essa saída poderá preservar uma democracia real e sustentável. Isso tem de ser defendido a todo o custo, pois é o denominador mínimo comum entre todos os grupos, todas as minorias, todas as classes.

Diversidades precisam coexistir, mas somente dentro de um pacto pela harmonia implícito no princípio de isonomia perante as leis. Esse pacto requer a ciência das consequências inevitáveis de sua violação – e tal consciência coletiva é o que vai definir a estabilidade política de um país livre e civilizado no século 21.

APÊNDICE 3

O INÍCIO DO FIM DA ERA PROGRESSISTA NO BRASIL

A harmonia social só é sustentável e verdadeira se houver como base a igualdade perante as leis, em vez da busca aflita pela justiça social

Um dos maiores medos dos progressistas é ver uma ascensão ao poder de conservadores de maneira propositiva e organizada. Na leitura de alguns desses progressistas, como a base majoritária da sociedade brasileira é conservadora – uma vez que o vínculo entre eleitorado conservador e seu eleito conservador se restabelece –, ficará difícil rompê-la de maneira natural. O resultado das eleições em 2018 denota o início do fim da era progressista no Brasil.

Para entender o que foi essa era e por que o conservadorismo ressurge, precisamos fazer uma pequena retrospectiva. Desde 1995, com o governo de Fernando Henrique Cardoso, ideias progressistas vêm galgando espaço no poder público, até se tornarem hegemônicas no Estado, meios de comunicação, universidades e escolas. Mas foi no período em que o Partido dos Trabalhadores (PT) governou o país, entre 2003 e

2016, que a visão progressista se estabelece como dominante. Para os progressistas brasileiros do final do século 20 e início do 21, o Estado é visto como o responsável por garantir o "avanço" da sociedade, sem o qual esta retrocederá em preconceitos, discriminações e intolerância. Segundo eles, leis devem ser criadas para fazer justiça social e buscar atingir igualdade social, sempre que possível, em todos os aspectos da sociedade.

Os progressistas, erroneamente, postulam que a sociedade conservadora é intolerante e injusta por natureza e que as leis, por terem sido criadas por essa sociedade conservadora, não representam minorias. Daí, procede que conquistar subsídios, exceções e proteções especiais para grupos ou classes minoritárias perante as leis é uma vitória e um avanço. Ou seja, no processo de se criar uma sociedade progressista, violar o princípio de igualdade perante as leis é implícito e necessário.

> O CONSERVADORISMO NÃO É INTOLERANTE, MUITO MENOS RETRÓGRADO; É, SIMPLESMENTE, NATURAL E EVOLUI CONFORME AS GERAÇÕES DE MANEIRA LIVRE

Essa visão progressista atual destoa enormemente daquela dos progressistas de cem anos atrás, que viveram entre o fim do século 19 e início do 20. Ser progressista, naquela época, era ser favorável aos avanços da ciência e da tecnologia, do conhecimento e da troca livre de ideias sem os limites impostos por tabus e idolatrias comuns nos grupos regentes. Naquele período, nos EUA, permitiu-se voto para mulheres, rompeu-se com oligopólios e monopólios para garantir a livre iniciativa e introduziram-se mecanismos de democracia direta em vários estados, a fim de tornar o sistema mais transparente e representativo e menos dominado por oligarquias. Leis progressistas da época visavam a garantir que as regras fossem iguais para todos, e não para criar subsídios, exceções ou proteções especiais para grupos.

Na América do início do século passado, a era progressista foi liderada por princípios liberais e não por marxismo cultural, como é hoje. Entretanto, no Brasil progressista dos anos 2000, infestado pelo marxismo cultural, cada classe social dita para as demais suas reivindicações, a ponto de não haver mais lei comum para todos. Isso afeta tudo: as ações policiais, as relações de trabalho, o ensino nas escolas, a propriedade privada, o direito de ir e vir, a livre expressão etc.

ASCENSÃO DO CONSERVADORISMO

No Brasil do início do século 21, vemos como o direito de classes, agindo acima das prerrogativas individuais, exacerba a insegurança jurídica, não cria estabilidade social e termina por não proteger as minorias que alega favorecer. A instabilidade social e a insegurança jurídica resultantes desse processo são um dos pilares da ascensão do conservadorismo no Brasil nesse período. Por consequência, vivemos o esgotamento da era progressista no país.

Contudo, será que o medo dos progressistas é justificável? Veremos um retrocesso nas nossas relações sociais com conservadores no poder? Claro que não. O conservadorismo não é intolerante, muito menos retrógrado; é, simplesmente, natural e evolui conforme as gerações de maneira livre. O aprendizado para todos é que os avanços da sociedade se devem mais às ações dela própria, e não pelos mandos e desmandos de quem comanda a legislação. A harmonia social só é sustentável e verdadeira se houver como base a igualdade perante as leis, em vez da busca utópica pela justiça social. É com esses aprendizados que o conservadorismo no Brasil ressurge, agregado a tudo mais que a sociedade aprendeu com suas experiências nos últimos três mil anos.

BIBLIOGRAFIA

ADAM II, H. *O Estado no terceiro milênio.* Rio de Janeiro: Capivara, 2015. 232 p.

ARISTÓTELES. *A política.* 2. ed. rev. São Paulo: Edipro, 2009. 288 p.

BRZEZINSKI, Z; HUNTINGTON, S.P. *The clash of civilizations and the remaking of World Order.* Nova York: Simon and Schuster, 2011.

DAHL, R.A. (1991). *Democracy and its critics.* Ed. rev. Londres: Yale University Press, 2016.

DAHL, R.A. *Poliarquia.* São Paulo: Edusp, 2005. 234 p.

DEUTSCHER, I. *Stalin:* A political biography. 2. ed. Oxford: Oxford University Press, 1993.

DIAMOND, L.; PLATTNER, M.F. *The global resurgence of democracy.* 2. ed. Baltimore: Johns Hopkins University Press, 1996. 432 p.

GARSCHAGEN, B. *Pare de acreditar no governo.* Rio de Janeiro: Record, 2015. 322 p.

GILPIN, R. (1981). *War & change in world politics.* Ed. rev. Cambridge: Cambridge University Press, 1983. 288 p.

GOMES, L. 1808: Como uma rainha louca, um príncipe medroso e uma corte corrupta enganaram Napoleão e mudaram a História de Portugal e do Brasil. 3. ed. rev. ampl. São Paulo: Globo, 2014. 384 p.

GOMES, L. *1822*: Como um homem sábio, uma princesa triste e um escocês louco por dinheiro ajudaram dom Pedro a criar o Brasil – um país que tinha tudo para dar errado. 2. ed. São Paulo: Globo, 2015. 376 p.

GOMES, L. *1889*: Como um imperador cansado, um marechal vaidoso e um professor injustiçado contribuíram para o fim da monarquia e a proclamação da República no Brasil. São Paulo: Globo, 2013. 416 p.

HARARI, Y. N. *Sapiens*: A brief history of humankind. Nova York: HarperCollins, 2015. 464 p.

HUNTINGTON, S. P. *A terceira onda*. São Paulo: Ática, 1994. 335 p.

IRVING, D. *Göring*. Nova York: William Morrow & Co, 1989. 573 p.

JOHNSON, P. (1983). *Modern times*: A history of the world from 1920's to the 1980's. Nova York: HarperCollins, 1991. 882 p.

KENNEDY, P. *Preparing for the Twenty-First Century*. Londres: Vintage, 1994. 448 p.

KENNEDY, P. *The rise and fall of great powers*. Nova York: Random House, 1989. 704 p.

KRASNER, S. *International regimes*. Ithaca: Cornell University Press, 1983. 384 p.

MAQUIAVEL, N. *O príncipe*. São Paulo: Lafonte, 2012.

MICKINNON, R. I. *The order of economic liberalization*. 2. ed. Baltimore: Johns Hopkins University Press, 1993. 264 p.

MONTESQUIEU. *O espírito das leis*: As formas do governo. A federação. A divisão dos poderes. 9. ed. São Paulo: Saraiva, 2008. 232 p.

NORTH, D. C. *Institutions, institutional change and economic performance*. Cambridge: Cambridge UniversityPress, 1990.

PLATÃO. *A república*. 2. ed. São Paulo: Martins Fontes, 2014. 462 p.

POWELL JR, G. B. *Contemporary democracies*: participation, stability, and violence. Cambridge: Harvard University Press, 1984. 294 p.

RANDALL, B. *Solon*: The lawmaker of Athens. Nova York: Rosen Publishing Group, 2003. 112 p.

REICH, R. B. *The work of nations*. Nova York: Vintage Books, 1992. 352 p.

REZZUTTI, P. *D. Pedro:* A história não contada. Rio de Janeiro: Leya, 2015. 432 p.

SHIRER, W. (1960).*The rise and fall of the third reich.* Nova York: Simon and Schuster, 2011. 1280 p.

SMITH, D.M. *Mussolini:* a biography. Nova York: Knopf, 1982. 429 p.

SNIDERMAN, P. (1991). *Reasoning and choice:* explorations in political psychology. Cambridge: Cambridge University Press, 1993. 324 p.

TOCQUEVILLE, A. *Democracy in America.* Hayward: Andesite Press, 2017. Vol. 1.

TZU, S. *A arte da guerra.* São Paulo: Novo Século, 2015. 158 p.

WILSON, J.Q. *Bureaucracy*: What Government Agencies Do And Why They Do It. Nova York: Basic Books, 1991. 464 p.

ZALLER, J.R. *The nature and origins of mass opinion.* Cambridge: Cambridge University Press, 1992. 382 p.

Este livro foi impresso em São Paulo, em 2022, pela Promove Artes Gráficas e Editora, para a Maquinaria Editorial. Obra composta na família tipográfica FreightTextProBook. O papel do miolo é Avena 70grs. Capa brochura em papel Cartão Supremo 250grs.